近思录全鉴

〔宋〕朱熹 吕祖谦◎编著

东篱子◎解译

中国纺织出版社有限公司

国家一级出版社

全国百佳图书出版单位

内 容 提 要

《近思录》是北宋理学家朱熹、吕祖谦，从周敦颐、张载、程颢、程颐四位儒学大师的著作中取其精华、辑录而成的。全书分成道体、为学、致知、存养、克治、家道、出处、治体、治法、政事、教学、警戒、辨别异端、总论圣贤十四卷，总六百二十二条，讲述了儒学的基本原理、以儒家礼乐制度为核心的各种制度、为人处世之道等，被认为是一部了解、学习理学思想的入门书、必读书。

图书在版编目（CIP）数据

近思录全鉴 /（宋）朱熹，（宋）吕祖谦编著；东篱子解译. -- 北京：中国纺织出版社有限公司，2020.8（2024.1重印）

ISBN 978-7-5180-7678-9

Ⅰ.①近… Ⅱ.①朱… ②吕… ③东… Ⅲ.①理学—中国—南宋 ②《近思录》—注释 ③《近思录》—译文
Ⅳ.①B244.7

中国版本图书馆CIP数据核字（2020）第129195号

责任编辑：段子君　　责任校对：高　涵　　责任印制：储志伟

中国纺织出版社有限公司出版发行
地址：北京市朝阳区百子湾东里 A407 号楼　邮政编码：100124
销售电话：010—67004422　传真：010—87155801
http://www.c-textilep.com
中国纺织出版社天猫旗舰店
官方微博 http://weibo.com/2119887771
永清县晔盛亚胶印有限公司印刷　各地新华书店经销
2020年8月第1版　2024年1月第2次印刷
开本：710×1000　1/16　印张：20
字数：291千字　定价：68.00元

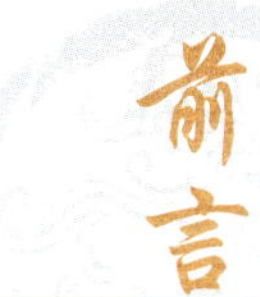

前言

《近思录》是由朱熹和吕祖谦编纂的一部理学经典，共有道体、为学、致知、存养、克治、家道、出处、治体、治法、政事、教学、警戒、辨别异端、总论圣贤十四卷，总六百二十二条。其内收录了周敦颐、程颐、程颢、张载四位理学家的语录，全面阐述了理学思想的主要内容。

其名“近思”，取自《论语》的“博学而笃志，切问而近思”。而这部书的编撰缘起，是在宋孝宗淳熙二年（1175），朱熹和吕祖谦在朱熹的寒泉精舍相聚，两个人对儒学经典进行了深刻的探讨，并决定收录其中的精华编订成书，希望此书可以帮助那些初学者入门，就像朱熹所言“四子，六经之阶梯；《近思录》，四子之阶梯”，让此书帮助儒生更好地理解和学习儒家经典；另外，也希望借由此书，矫正当时好高骛远的风气，告诫儒生学习要循序渐进、脚踏实地。

特别要说的是，读此书者不能不了解本书的两位编者——朱熹和吕祖谦，尤其前者，是一位影响了中国思想界数百年的大人物。

朱熹（1130—1200），字元晦，又字仲晦，号晦庵，晚称晦翁，谥文，世称朱文公。祖籍江南东路徽州府婺源县（今江西省婺源县），出生于南剑州尤溪（今属福建省尤溪县）。宋朝著名的理学家、思想家、哲学家、教育家、诗人，同时也是闽学派的代表人物，儒学集大成者，世尊称为朱子。他一生学而不厌、诲人不倦，博闻强识，著作等身，对于儒学的发展做出了巨大的贡献。

吕祖谦（1137—1181），字伯恭，世称“东莱先生”，婺州（今浙江省金华市）人，原籍寿州（治今安徽省凤台县）。南宋著名理学家、文学家，出身“东莱吕氏”，为吕夷简六世孙、吕大器之子。吕祖谦与朱熹、张栻齐名，并称“东南三贤”，并开“浙东学派”先声，创立“婺学”，对理学发展做出了巨大的贡献。

《近思录》一书在理学发展史上具有重要的地位。清代江永称：“凡义理根源，圣学体用，皆在此编。”国学大师钱穆说：“后人治宋代理学，无不首读《近思录》。”所以想要了解儒家思想，一定要去读一读《近思录》。另外，哪怕你仅仅是想汲取一些个人修养、交友、学习、生活的人生道理，从这本书中一定也会有所收获、有所启发。

解译者

2020 年 5 月

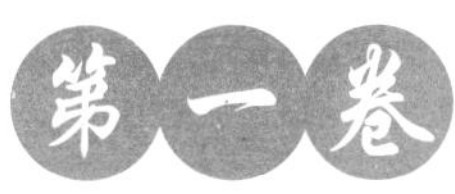

天下常久之理

1.01

【原文】

濂溪先生[1]曰：无极[2]而太极。太极[3]动而生阳，动极而静；静而生阴，静极复动。一动一静，互为其根；分阴分阳，两仪[4]立焉。阳变阴合，而生水、火、木、金、土；五气顺布，四时行焉。五行，一阴阳也；阴阳，一太极也；太极，本无极也。五行之生也，各一其性。无极之真，二五之精，妙合而凝，"乾道成男，坤道成女"，二气交感，化生万物。万物生生，而变化无穷焉；惟人也，得其秀而最灵。形既生矣，神发知矣，五性感动而善恶分、万事出矣。圣人定之以中正仁义，而主静，立人极焉。故圣人与天地合其德，日月合其明，四时合其序，鬼神合其吉凶。君子修之吉，小人悖之凶。故曰："立天之道，曰阴与阳；立地之道，曰柔与刚；立人之道，曰仁与义。"又曰："原始反终，故知死生之说。"大哉《易》也，斯其至矣！

——周敦颐《太极图说》

【注释】

①濂溪先生：周敦颐（1017—1073），字茂叔，谥号元公，北宋道州营道（今湖南省道县）人，世称濂溪先生。为北宋五子之一，是宋朝儒家理学思想的开山鼻祖。

②无极：一种古代哲学思想，指称道的终极性的概念。在这里指无形无象的宇宙原始状态。

③太极：一般是指宇宙最原始的秩序状态，出现在阴阳分别也就是无极之后，万物形成也就是宇宙出现之前。

④两仪：通常指阴阳。

【译文】

濂溪先生说：无极而后有太极。太极动而后生发阳气，动到极处反而归于平静，静而后生发阴气，静到极处复而动。一动一静，相互为其根本，分为阴与阳，两仪就这么出现了。阳气变动而阴气与之相合，而后生发五行。五行之气顺畅，四季便能有规律地运行。五行，归于阴阳；阴阳，归于太极；太极的根本是无极。五行的生发，都各自归于其天性。无极的本真，阴阳与五行的精华，神妙结合而后凝聚成万物，象征天的乾道化而为男，象征地的坤道化而为女。阴阳交互感应，化形而生成万物。万物生发生长，变化无穷。

只有人，得到天地灵气之精华而最能与天地感应。形体已经生成，神识生发出智慧，五种性情感应外界而发生变动，而后善恶之分别现，万物之纷繁出。圣人凭借中正仁义于善恶万事中平定己身，而主张静为人立身之极致。因此圣人与天地之德相合，与日月之明相合，与四时之序相合，与鬼神吉凶相合。君子顺应此道修行，因此得到吉祥，小人悖逆此道修行，因此得到凶恶。所以说："建立天的准则，叫阴与阳；建立地的准则，叫柔与刚；建立人的准则，叫仁与义。"又说："追寻万物的本源而后反推万物的终结，因此知晓生死的道理。"《周易》的伟大，大概已经到达了极致了！

1.02

【原文】

诚，无为；几[1]，善恶。德：爱曰仁，宜曰义，理曰礼，通曰智，守曰信。性焉、安焉之谓圣，复焉、执焉之谓贤，发微不可见、充周不可穷之谓神。

——周敦颐《周子通书·诚几德第三》

【注释】

①几：苗头，征兆。

【译文】

做到诚，便可以清静无为；生发杂念，便有了善恶。德有五种：爱人叫作仁，适宜叫作义，顺理叫作理，通慧叫作智，守诺叫作信。安于本性的叫作圣人，恢复天性守执不易的叫作贤人，发生于细微之处不被察觉，充斥于周身而又无穷无尽的叫作神。

——周敦颐《周子通书·诚几德第三》

1.03

【原文】

伊川先生[1]曰：喜怒哀乐之未发谓之中。中也者，言寂然不动者也，故曰天下之大本。发而皆中节谓之和。和也者，言感而遂通者也，故曰天下之达道。

——《河南程氏遗书》卷二十五《畅潜道录》

【注释】

①伊川先生：程颐，汉族，字正叔，洛阳伊川人，世称伊川先生，北宋理学家和教育家。为程颢之胞弟。程颐和他的兄长程颢在周敦颐处求学，共创"洛学"，奠定了理学的基础，世称"二程"。

【译文】

伊川先生说：没有表现出来的喜怒哀乐叫作中。中，就是寂定安然，不动声色，所以说是天下的根本。将喜怒哀乐表现出来却全部合乎天理就是和。和，就是有感应于是就能通达，所以说和是放眼天下顺畅无阻的准则。

1.04

【原文】

心一也，有指体[①]而言者，有指用[②]而言者，惟观其所见如何耳。

【注释】

①体：指本体。

②用：指作用。“体”是最根本的、内在的、本质的，“用”是“体”的外在表现、表象。

【译文】

心之一字，有从内在而言的，有从表象而言的，只看你是如何见解的了。

1.05

【原文】

乾[①]，天也。天者，乾之形体；乾者，天之性情。乾，健也，健而无息[②]之谓乾。夫天，专言之，则道[③]也，天且弗[④]违是也；分而言之，则以形体谓之天，以主宰谓之帝，以功用谓之鬼神，以妙用谓之神，以性情谓之乾。

——《周易程氏传》卷一《乾传》

【注释】

①乾：本身是八卦之一，代表天。

②息：停止，止息。

③道：天理当然之路。

④弗：不。

【译文】

乾之象为天。天，是乾的形体；乾，是天的性情。乾之意为健，健进而不停止就是乾。天，专门来说就道，天尚且不会违背道。分开来讲，则把形体高大无边的称为天，把主宰万物而有定序的称之为帝，把自然的有迹变化称之为鬼，把自然发生的不可测的变化称为神，把性情刚健的称为乾。

1.06

【原文】

四德[①]之元，犹五常[②]之仁。偏[③]言则一事，专言则包四者。

——《周易程氏传》卷一《乾传》

【注释】

①四德：《周易》中《乾》卦有元、亨、利、贞四德。

②五常：儒家讲求仁、义、礼、智、信。

③偏：片面。

【译文】

《乾》卦元、亨、利、贞中的元，就像五常中仁、义、礼、智、信中的仁。片面地讲就只是四德之一，专门而言那么亨、利、贞也被包含在其中。

1.07

【原文】

天所赋[①]为命，物所受为性。

——《周易程氏传》卷一《乾传》

【注释】

①赋：赋予、给予。

【译文】

上天给予的东西是性命，万物接受的东西是天性。

1.08

【原文】

鬼神者，造化[①]之迹也。

——《周易程氏传》卷一《乾传》

【注释】

①造化：自然或是自然的创造演变。

【译文】

鬼神，是自然的创造演变的迹象。

1.09

【原文】

《剥》①之为卦，诸阳消剥已尽，独有上九②一爻③尚存，如硕大之果不见④食，将有复生之理。上九亦变则纯阴矣。然阳无可尽之理，变于上则生于下，无间⑤可容息也。圣人发明此理，以见阳与君子之道不可亡也。或⑥曰："《剥》尽则为纯《坤》⑦，岂复有阳乎？"曰："以卦配月，则《坤》当十月。以气消息言，则阳剥为《坤》，阳来为《复》，阳未尝尽也。《剥》尽于上，则复生于下矣。故十月谓之阳月，恐疑其无阳也。阴亦然，圣人不言耳。"

——《周易程氏传》卷二《剥传》

【注释】

①《剥》:《周易》中第二十三卦。

②上九：是卦最上边的阳爻。

③爻（yáo）:组成八卦中每一卦的横道。

④见：用在动词前，表被动。

⑤间：间隔。

⑥或：有的人

⑦《坤》:本身是八卦之一，代表地。

【译文】

《剥》的卦象，各个阳爻都已经消逝剥落完了，只有最上边的阳爻还存在，就像硕大的果子不被吃，就会重新生长的规律。卦最上边的阳爻变了，那么整个卦象就变成纯阴的了。然而阳没有穷尽的可能，上一爻变阴那么下一爻就会生出阳，没有间隔可以容忍。圣人阐明这个道理，可以见得阳气与君子之道不能消亡。有的人说："《剥》卦一变那么就变成了纯阴的《坤》卦，怎么还会有阳呢？"回答："用卦与月份配，那么《坤》卦与十月相配。用气消逝生发的过程来说，那么《剥》卦最上一爻转阴为《坤》卦，《坤》卦最初一爻转阳为《复》卦，阳没有消尽。《剥》卦中阳在上爻消失殆尽了，那么阳又在下一爻复生了。所以十月又称作阳月，恐怕就是怀疑担心十月没有阳气啊。阴也是此理，只是圣人不说罢了。"

1.10

【原文】

一阳复于下，乃天地生物之心也。先儒皆以静为见天地之心，盖[1]不知动之端[2]乃天地之心也。非知道[3]者，孰能识[4]之？

——《周易程氏传》卷二《复传》

【注释】

①盖：大概。

②端：发端。

③道：天理当然之路。

④识：知道，懂得。

【译文】

一阳重返于下一爻，就是天地生发万物的心。现代大儒都凭借静来感悟天地之心，大概不知道动的发端也是天地之心吧。不是知道天理运行之道的人，又怎么能懂得呢？

1.11

【原文】

仁者，天下之公[1]，善之本[2]也。

——《周易程氏传》卷二《复传》

【注释】

①公：指共同认同的准则。

②本：根本。

【译文】

仁，是天下人都应该遵循的准则，是善的根本。

1.12

【原文】

有感[1]必有应。凡[2]有动皆为感，感则必有应，所应复为感，所感复有应，所以不已[3]也。感通之理，知道者默而观之可也。

——《周易程氏传》卷三《咸传》

【注释】

①感：感觉。

②凡：凡是，表概括。

③已：停止。

【译文】

有感觉就一定有回应。凡是有动静的都是有感觉的，有感觉那么就一定有回应，所回应的又变成感觉，所感觉的又有回应，所以如此循环不止。感觉通达的道理，懂得天理运行之路的人沉默观察就可以了。

1.13

【原文】

天下之理，终而复始，所以恒[①]而不穷。恒非一定之谓也，一定则不能恒矣。惟随时变易[②]，乃常道也。天地常久之道，天下常久之理，非知道者，孰能识[③]之？

——《周易程氏传》卷三《恒传》

【注释】

①恒：一直保持。

②易：改变。

③识：知道，懂得。

【译文】

天下运行的道理，就是终结后又重新开始，所以永久保持而不会穷尽。永久保持不是说固定不变，固定不变就不能永久保持了。只有跟随时间的改变而改变，才是长久之道。天地长久之路，天地长久的道理，不是知晓天地运行之道的人，又怎么能够懂得呢？

1.14

【原文】

“人性本善，有不可革[①]者，何也？”曰：“语其性则皆善也，语其才则有下愚之不移[②]。所谓下愚有二焉：自暴也，自弃也。人苟[③]以善自治，则无不可移者，虽昏愚之至，皆可以渐磨[④]而进。惟自暴者拒之以不信，自弃者绝之以不为；虽圣人与居，不能化而入也。仲尼之所谓下愚也。然天下自弃自暴者，非必皆昏愚也，往往强戾[⑤]而才力有过人者，商辛[⑥]是也。圣人以其自绝于善，谓之下愚，然考[⑦]其归，则诚[⑧]愚也。”“既曰下愚，其能革面，何也？”曰：“心虽绝于善道，其畏威而寡罪则与人同也。惟其有与人同，所以知其非性之罪也。”

——《周易程氏传》卷四《革传》

【注释】

①革：改革。

②移：改变。

③苟：如果。

④磨：磨砺。

⑤戾（lì）：乖张，凶暴。

⑥商辛：商纣王，名受，号帝辛。

⑦考：推究。

⑧诚：确实。

【译文】

“人性本善，有不可以变革的道理，是什么呢？”回答：“讨论别人的性格，就都是善良的，讨论别人的才能，就像下愚之人的难以改变一样。所说的下愚之人有两种：一种是自我损害的人，一种是自我放弃的人。人如果用善来约束治理自己，就没有不可改变的事，即使昏庸愚昧到了极点，都可以逐渐磨砺自我而进步。只有自我残害的人拒绝听从而不相信，自我放弃的人拒绝实践而无所作为，即使圣人和他们一起居住，也不能感化他们从而引领他们进入正道。这就是孔子所说的下愚之人。然而天下自暴自弃的人，不一定全是昏庸愚昧的，这其中通常有强暴乖张而才华能力超过常人的人，比如商辛。圣人因为他自我放弃了善的修养，而称其为下愚之人，然而推究他的结果归宿，也确实是愚昧的啊。”“既然叫下愚之人，他怎么会改变自我呢？”回答说：“心虽然隔绝了善的修养，但他们畏惧权威而不犯罪的行为，则与常人相同。因为他们与常人相同，所以知晓他们的错误不是本性的罪恶啊。”

1.15

【原文】

在物为理①，处②物为义。

——《周易程氏传》卷四《艮传》

【注释】

①理：事物的规律。

②处：处理，处置。

【译文】

存在于万事万物中的规律是理，处理万事万物的准则是义。

1.16

【原文】

动静无端①，阴阳无始。非知道②者，孰能识③之？

——《河南程氏经说》卷一《易说》

【注释】

①端：开端。

②道：天理当然之路。

③识：知道，明白。

【译文】

动静相推，阴阳密移，没有端始。不是通晓天理当然之路的人，又怎么会明白呢？

1.17

【原文】

仁者，天下之正理①，失正理则无序②而不和③。

——《河南程氏经说》卷六《论语解》

【注释】

①理：道理。

②序：秩序。

③和：和谐。

【译文】

仁是天下通行的准则，失去准则那么就没有秩序，然后社会就不能和谐。

1.18

【原文】

明道先生①曰：天地生物，各无不足之理。常思天下君臣、父子、兄弟、夫妇，有多少不尽分②处。

——《河南程氏遗书》卷一《端伯传师说》

【注释】

①明道先生：程颢（1032—1085），字伯淳，世称明道先生。程颐的哥哥，与程颐共创洛学，奠定了理学的基础。

②分：本分。

【译文】

明道先生说：天地生发万物，万物各自没有不足的道理。为人应常常思索天下君臣、父子、兄弟、夫妇，有多少没有尽到自己本分的地方。

1.19

【原文】

"忠信所以进①德"，"终日乾乾②"，君子当终日对越③在天也。盖上天之载，无声无臭④，其体则谓之易，其理则谓之道，其用则谓之神。其命于人则谓之性⑤，率性则谓之道，修道则谓之教。孟子去其中又发挥⑥出浩然之气，可谓尽矣。故说神"如在其上，如在其左右"，大事小事，而只曰"诚⑦之不可掩如此夫"。彻上彻下，不过如此。形而上为道，形而下为器，须著如此说，器亦道，道亦器，但得道在，不系⑧今与后，己与人。

——《河南程氏遗书》卷一《端伯传师说》

【注释】

①进：进步，健进。

②乾乾：自强不息的样子。

③对越：答谢颂扬。

④臭：气味。

⑤性：本性、天性。

⑥发挥：阐发。

⑦诚：真实，真实的。

⑧系：局限，牵制。

【译文】

“忠诚守信才能使自己的道德进步”，“要终日保持自强不息的样子”；君子应当终日对天答谢颂扬。因为上天承载万物，没有声息没有气味，它的本体叫作易，它的准则叫作道，它的妙用叫作神。它的命运对于人来说叫作本性，坦率本性就叫作道，修行道那么就叫作教。孟子进入其中又阐发出浩然之气，可以说是穷尽了这个道理。所以说神“就像是在人之上，就像是在人身旁左右”，大事小事，而只说“真实的事就像是这样不可掩盖啊”。从上至下，都是这样。超脱出形体外相之物为道，拥有具体形体之物为器，理论上应当这么说，器也是道，道也是器，但是只要道存在，就不会被牵制在今日和往后，也不会被牵制在自身与他人里。

1.20

【原文】

医书言手足痿痹①为不仁，此言最善名状②。仁者，以天地万物为一体，莫非己也。认得为己，何所不至？若不有诸己，自不与己相干。如手足不仁，气已不贯③，皆不属己。故博施济④众，乃圣之功用。仁至难言，故止曰：“己欲立而立人，己欲达而达人。能近取譬⑤，可谓仁之方⑥也已。”欲令如是观仁，可以得仁之体。

——《河南遗书》卷二上《元丰己未吕与叔东见二先生语》

【注释】

①痿痹（wěi bì）：是一种会手足痿弱、无力运动的病。

②名状：形容，描述。

③贯：贯通，贯穿。

④济：救助，帮助。

⑤譬：打比方，比喻。

⑥方：道理，礼义。

【译文】

医书上说手足痿弱、无力运动的疾患就是麻木不仁，这最好地形容了这个病。仁，就是把天地万物看作一体，也无非看作自己。认为天地万物是自己，那还有什么地方达不到呢？如果不是对于自己来说是有的，那么自然与自己没有关系。如果手足萎缩麻痹，就是气在体内已经不贯通，这就都是不属于自己的了。所以广博地施予帮助众人，就是圣人的功德体用。仁是难以用语言去描述的，所以只能说："仁德的人，自己想自立首先使别人也能自立，自己做到通达事理首先要使别人也通达事理。凡事能就近以自己作比，而推己及人，可以说就是实行仁的方法了。"要让人们这样观察仁的道理，就可以学到仁了。

1.21

【原文】

"生之谓性"，性即气，气即性，生之谓也。人生气禀[①]，理有善恶，然不是性中元有此两物相对而生也。有自幼而善，有自幼而恶，是气禀有然也。善固性也，然恶亦不可不谓之性也。盖"生之谓性""人生而静"以上不容说，才说性时便已不是性也。凡人说性，只是说"继之者善"也，孟子言性善是也。夫所谓"继之者善"也者，犹水流而就[②]下也。皆水也，有流而至海，终无所污，此何烦[③]人力之为也？有流而未远，固已渐浊；有出而甚远，方有所浊。有浊之多者，有浊之少者。清浊虽不同，然不可以浊者不为水也。如此，则人不可以不加澄治之功。故用力敏勇则疾清，用力缓怠则迟清。及其清也，则却只是元初水也，不是将清来换却浊，亦不是取出浊来置在一隅[④]也。水之清，则性善之谓也。故不是善与恶在性中为两物相对，各自出来。此理，天命也。顺而循之，则道也。循此而修之，各得其分，则教也。自天命以至于教，我无加损焉，此舜[⑤]有天下而不与焉者也。

——《河南程氏遗书》卷一《端伯传师说》

【注释】

①气禀：受之于气。

②就：向，从，跟。

③烦：烦劳，麻烦。

④隅：角落。

⑤舜：姚姓，妫氏，名重华，字都君，谥曰“舜”，被后世尊为帝，列入五帝，史称帝舜。

【译文】

“天生的禀赋叫作本性”，性与气本不相离，天生便有。人生来便受之于气，理应有善恶，然而并不是说人本性中就有善恶两性相对而生。有人自幼善良，有人自幼邪恶，是所受的先天之气有区别的缘故。善良固然是本性，然而邪恶也不能不说是本性。大概是“生之谓性”“人生而静”之前的事说不得了，才说天性的时候已经不是天性在时了。凡人说天性，只是说“先天之性继承的人为善”，这就是孟子的性善论。所谓的“先天之性继承的人为善”，就像是水往低处流。都是水，有流到海里也没有被污染的，这样的还需要劳烦人力澄清吗？有流的没多远就已经渐渐浑浊的；有流出很远了才开始变得浑浊的。有浑浊的比较严重的，有浑浊的不那么严重的。清浊虽然不同，但是浑浊的水也是水啊。这样，那么人就不可以不对水加以澄清治理。所以人用力快速果断则水清澈，用力缓慢懈怠水就会晚一些清澈。等到水清的时候，它也只是最初时的水呀，并不是拿清水来还浊水，也不是将浊水中的浊物提取出来放置在一边。水的清澈，就像是人天性的善一样。所以不是善与恶在天性中互相对立，各自显现。这个道理，就是天命啊。顺应然后依循，就是道啊。依循道然后修炼它，人各有所得，这就是教化呀。从天命到教化，我没有增加也没有减损，这就是舜“拥有天下而不加干预”吧。

1.22

【原文】

观天地生①物气象②。

——《河南程氏遗书》卷六

【注释】

①生：生育，养育。

②气象：迹象。

【译文】

观察天地生育万物的迹象。

1.23

【原文】

万物之生意①最可观，此“元者，善之长也”，斯②所谓仁也。

——《河南程氏遗书》卷十一《师诫》

【注释】

①生意：生气，生机。

②斯：那么，就。

【译文】

万物的生机最值得欣赏，这就是“元是善的首领”，那么也可以说得上是仁了。

1.24

【原文】

满腔子是恻隐①之心。

——《河南程氏遗书》卷三《谢显道记忆平日语》

【注释】

①恻隐：同情别人的不幸。形容对人寄予同情。

【译文】

内心是对别人不幸的同情。

1.25

【原文】

天地万物之理，无独①必有对，皆自然而然，非有安排也。每中夜②以思，不知手之舞之足之蹈之也。

——《河南程氏遗书》卷十一《师训》

【注释】

①独：单独，特殊。

②中夜：半夜。

【译文】

天地万物的道理，没有特殊的而一定会有相对的，这都是自然而然的，没有提前的安排。每到半夜思索这件事，不自觉地就会手舞足蹈。

1.26

【原文】

中者，天下之大本，天地之间，亭亭当当[1]，直上直下之正理。出则不是[2]，惟敬而无失[3]最尽。

——《河南程氏遗书》卷十一《师训》

【注释】

①亭亭当当：亭当，指妥当，合宜。

②是：正确。

③失：过错。

【译文】

中，是天下的大根大本，是天地之间妥当合宜、不偏不倚的正理。出于中的准则就不正确了，只有保持尊敬而没有过失才是最穷尽了这个道理。

1.27

【原文】

伊川先生曰：公则一[1]，私则万殊[2]。人心不同如面，只是私心。

——《河南程氏遗书》卷十五《入闽语录》

【注释】

①一：同一，一样。

②殊：差别，差异。

【译文】

伊川先生说：为公就会一视同仁，为私就会产生千万的差异。人心就像容貌一样不同，原因是各有各的私心。

1.28

【原文】

凡物有本末，不可分本末为两段事。洒扫应对[1]是其然，必有所以然。

——《河南程氏遗书》卷十五《入闽语录》

【注释】

①洒扫应对：洒水扫地，酬答宾客。封建时代儒家教育、学习的基本内容之一。

【译文】

所有的事物都有本末之分，不可以把本末当成是两件事。就像是学习洒水扫地、酬答宾客是结果，那么一定有其的原因。

1.29

【原文】

杨子[①]拔一毛不为，墨子[②]又摩顶放踵[③]为之，此皆是不得中。至如子莫执中[④]，欲执此二者之中，不知怎么执得。识得则事事物物上，皆天然有个中在那上，不待人安排也，安排着则不中矣。

——《河南程氏遗书》卷十七

【注释】

①杨子：杨朱，字子居，魏国人，中国战国初期伟大的思想家、哲学家。

②墨子：名翟，东周春秋末期战国初期宋国人，墨家学派的创始人，也是战国时期著名的思想家、教育家、科学家、军事家。

③摩顶放踵：从头顶到脚跟都擦伤了。形容不辞劳苦，不顾身体。

④执中：保持中庸之道，不超过也不会达不到。

【译文】

杨朱拔一毛可以救天下他也不会做，墨子即使从头顶到脚跟都擦伤了也要做，这都是没有做到中庸。想要做到中庸，不知道怎么保持。知道了那么事事物物上，天生便有着中庸之道，不用等人来安排，人为地干预了反而则不是中庸了。

1.30

【原文】

问：“时中[①]如何？”曰：“中字最难识，须是默识心通。且试言：一厅则中央为中；一家则厅中非中，而堂为中；言一国则堂非中，而国之中为中。推此类可见矣。如三过其门不入，在禹[②]、稷[③]之世为中，若居陋巷，则非中也；居陋巷，在颜子[④]之时为中，若三过其门不入，则非中也。”

——《河南程氏遗书》卷十八《刘元承手编》

【注释】

①时中：儒家认为立身行事要合乎时宜。

②禹：传说中国夏代的第一个君主，他曾经治过洪水。

③稷：后稷，姬姓，名弃。后稷出生于稷山，被称为稷王。农耕始祖，五谷之神。

④颜子：颜回，曹姓，颜氏，名回，字子渊，鲁国宁阳人，尊称复圣颜子，春秋末期鲁国思想家，孔门七十二贤之一。

【译文】

问："怎样立身行事合乎时宜呢？"回答说："中最难让人明白，一定要是默默地记在心里。比如说一间厅房则以其中央为中；一个家则以堂为中，而不是以厅堂的中为中；说一国的话则以国家的中央为中，而不是以堂为中。由此类推就可以知道了。就像大禹三过其门而不入，在禹、稷的时代是中，若是像颜子一样居陋室就不是中了；颜子居陋室，在颜子的时代是中，像大禹三过家门而不入就不是中了。"

1.31

【原文】

无妄①之谓诚，不欺②其次矣。

——《河南程氏遗书》卷六

【注释】

①妄：虚妄，荒诞，荒谬。

②欺：欺哄，欺骗。

【译文】

不生虚妄荒诞的念头叫作诚，其次才是不欺骗。

1.32

【原文】

冲漠无朕①，万象森然②已具，未应不是先，已应不是后。如百尺之木，自根本至枝叶，皆是一贯，不可道上面一段事，无形无兆，却待人旋安排引入来教入途辙③。既是途辙，却只是一个途辙。

——《河南程氏遗书》卷十五《入闽语录》

【注释】

①冲漠无朕：空寂无形。

②森然：形容繁密。

③途辙：指路上的车迹，也喻行事所遵循的途径或方向。

【译文】

在宇宙尚且空寂无形的时候，万物繁密茂盛的样子已经具备，未与之感应的时候不是先，已经与之感应也不叫后。就像百尺长的树木，从树根到枝叶都是一贯而通的，不可以说宇宙是无形象无预兆，却要等待人来周旋安排，引导人沿着前人行事所遵循的途径前进。既然是路上的车迹，却也只是一道车迹罢了。

1.33

【原文】

近取诸[①]身，百理皆具。屈伸[②]往来之义，只于鼻息[③]之间见之。屈伸往来只是理，不必将既屈之气，复为方[④]伸之气。生生之理，自然不息[⑤]。如《复》卦言“七日来复[⑥]”，其间元不断续。阳已复生，物极必返[⑦]，其理须如此。有生便有死，有始便有终。

——《河南程氏遗书》卷十五《入闽语录》

【注释】

①诸：兼词，用于句中，相当于“之于”。

②屈伸：进退。

③息：气息。

④方：副词，才，刚刚。

⑤息：止息，停止。

⑥七日来复：《周易》复卦，主十一月。复卦六爻，第一爻为阳，其他五爻为阴，表示阴气剥尽阳气复生，称为“来复”。现常指一星期。

⑦物极必返：事物发展到极致就

会反方向发展。

【译文】

通过自己身边就近的事物来看，万千的道理都具备了。进退往来的道理，只是从呼吸间就可以见到。进退往来只是道理，不必将已经屈往之气又当作刚刚伸来之气。生生之理，自然不会停息。就像《复》卦言里所说“七日阳气一复生”，这之间元气不间断。阳气已经复生，事物发展到极点，会向相反方向转化，道理就是这样。有生就会有死，有开始就会有结束。

1.34

【原文】

明道先生曰：天地之间只有一个感与应而已，更有甚[1]事？

——《河南程氏遗书》卷十五《入闽语录》

【注释】

①甚：代词，什么。

【译文】

明道先生说：天地之间只有一个感和应而已，除此之外还有什么事呢？

1.35

【原文】

问仁，伊川先生曰：“此在诸公自思之，将圣贤所言仁处类聚[1]观之，体认出来。孟子曰：‘恻隐[2]之心，仁也。’后人遂以爱为仁。爱自是情，仁自是性，岂可专[3]以爱为仁？孟子言：‘恻隐之心，仁之端[4]也。’既曰仁之端，则不可便谓之仁。退之[5]言‘博爱之谓仁’，非也。仁者固博爱，然便以博爱为仁则不可。”

——《河南程氏遗书》卷十八《刘元承手编》

【注释】

①类聚：同类的事物汇聚在一起。

②恻隐：同情别人的不幸。形容对人寄予同情。

③专：专一，专门。

④端：开端。

⑤退之：韩愈，字退之，汉族。唐代杰出的文学家、思想家、哲学家、政治家。

【译文】

问仁，伊川先生回答说：“这在于各位自己思量，将圣贤所说的是仁的地方汇聚归类在一起观察它们，体悟认识出答案。孟子回答：‘对别人的不幸表示同情，就是仁。’后人于是把爱当作是仁。爱本身是一种情感，仁本身是一种天性，怎么可以专一地把爱当作是仁呢？孟子说：‘对别人不幸的同情是仁的开端。’既然说是仁的开端，那么爱就不可能是仁本身。韩愈说‘博爱就叫作仁’，并不是这样啊。仁爱的人固然博爱，但是把博爱当作仁却不可以。”

1.36

【原文】

问：“仁与心何异？”曰：“心譬[①]如谷种，生之性便是仁，阳气发处乃情[②]也。”

——《河南程氏遗书》卷十八《刘元承手编》

【注释】

①譬：打比方，比喻。

②情：性情，情绪。

【译文】

问：“仁与心有什么差异吗？”回答说：“心就像是谷种，天生的性情就是仁，阳气生发的地方，就是性情了。”

1.37

【原文】

义训[①]宜，礼训别[②]，智训知，仁当何训？说者谓训觉[③]、训人，皆非也。当合[④]孔孟言仁处，大概研究[⑤]之，二三岁[⑥]得[⑦]之，未晚也。

——《河南程氏遗书》卷二十四《邹德久本》

【注释】

①训：解释，说明。

②别：区别，分别。

③觉：觉悟，醒悟，明白。

④合：配合，匹配。

⑤穷：穷尽。

⑥岁：年。

⑦得：领会，理解。

【译文】

将义解释为合乎时宜，将礼解释为有所分别，将智解释为通达知晓，那仁将被解释成什么呢？有人说解释成有所觉悟、解释成可体悟天地生人均气同理的人，都不对啊。应当配合孔子孟子讲仁的地方，大体的研究穷尽其中的道理，两三年可以领会，也不算晚了。

1.38

【原文】

性即理也。天下之理，原[①]其所自[②]，未有不善。喜怒哀乐未发，何尝不善？发而中节[③]，则无往[④]而不善。凡言善恶，皆先善而后恶；言吉凶，皆先吉而后凶；言是非，皆先是而后非。

——《河南程氏遗书》卷二十二上《伊川杂录》

【注释】

①原：推究，推求原因，探究。

②自：原来，本来，根源。

③中节：合乎礼义法度。

④无往：犹言无论到哪里。常与“不”“非”连用，表示肯定。

【译文】

本性就是理啊。天下的道理，推究它们的根源，没有不善的。喜怒哀乐还没有生发，哪里来的不善呢？感情生发但是合乎礼仪法度，那么就没有不善的。但凡是说善恶，都是先善然后是恶；说吉凶，都是先说吉然后说凶；说是非，都是先说是然后说非。

1.39

【原文】

问：“心有善恶否？”曰：“在天为命，在义为理，在人为性，主[①]于身为心，其实一[②]也。心本善，发于思虑则有善有不善。若既发，则可谓之情，不可谓之心。譬[③]如水，只可谓之水；至如流而为派[④]，或[⑤]行于东，或行于西，却谓之流也。”

——《河南程氏遗书》卷十八《刘元承手编》

【注释】

①主：掌管，主管。

②一：同一，一样。

③譬：打比方，比喻。

④派：水的支流。

⑤或：有的。

【译文】

问："心有善恶吗？"回答说："天道赋予万物的叫作命，事物生存天然通行的准则叫作理，人遵从理而生叫作性，主宰身体的叫作心，其实都是一体的。心本来是善的，生发出思虑，那么就有了善与不善。如果已经生发了思虑，那么就可以称之为情，而不是叫作心。就像是水，只能叫作水；直到水流而分成不同的分支，有的流向东，有的流向西，却把它们叫作河流。"

【原文】

性出于天，才[①]出于气[②]。气清则才清，气浊则才浊。才则有善有不善，性则无不善。

——《河南程氏遗书》卷十九《杨遵道录》

【注释】

①才：才能。

②气：气禀。

【译文】

本性出自于天道，才能出自于气禀。气禀清澈则才能清净，气禀浑浊则才能浑浊。才能有善与不善之分，本性则没有不善的。

1.41

【原文】

性者自然完具，信只是有此者也。故四端[①]不言信。

——《河南程氏遗书》卷九《少日所闻诸师友说》

【注释】

①四端：四端是儒家称应有的四种德行，即恻隐之心，仁之端也；羞恶之心，义之端也；辞让之心，礼之端也；是非之心，智之端也。

【译文】

本性天然就完备了仁义礼智，有其四者就叫作信。所以四端中没有说信。

1.42

【原文】

心，生道也。有是心，斯[①]具是形以生。恻隐之心，人之生道也。

——《河南程氏遗书》卷二十一下《附师说后》

【注释】

①斯：那么，就。

【译文】

心，天地生物的生存之道。有了这样的心，人才能具备这样的形体出生。对他人不幸的同情，是人的生存之道。

1.43

【原文】

横渠先生[①]曰：气坱然[②]太虚[③]，升降飞扬，未尝止息。此虚实、动静之机，阴阳、刚柔之始。浮而上者阳之清，降而下者阴之浊。其感遇聚结，为风雨，为霜雪，万品之流形，山川之融结。糟粕[④]煨烬[⑤]，无非教[⑥]也。

——张载《正蒙·太和篇第一》

【注释】

①横渠先生：张载（1020—1077），北宋哲学家，理学创始人之一。

②坱然：盛大氤氲的样子。坱，尘埃。

③太虚：又名大虚，是道教术语。这里指的是佛教所认为的大道。

④糟粕：造酒剩下的渣滓。比喻废弃无用的事物。

⑤煨烬（wēi jìn）：经焚烧而化为灰烬。

⑥教：教化，教育。

【译文】

横渠先生说：气充斥在道中，升降飞扬，从来没有停止。这就是虚实、动静的先机，阴阳、刚柔的起始。浮在上的是清阳之气，降在下的是阴浊之气。它们感应相遇又汇聚结合，形成了风雨，形成了霜雪，万类形状之流水，山川的汇聚交接。废弃无用之物经焚烧而化为灰烬，无非是天地对万物的教化。

1.44

【原文】

游气纷扰，合[①]而成质[②]者，生人物[③]之万殊。其阴阳两端循环不已者，立天地之大义。

——张载《正蒙·太和篇第一》

【注释】

①合：聚集，会合。

②质：物质。

③人物：人和物。

【译文】

游荡在天地间的阴阳之气聚集杂糅而生成物质，人和物的千万差别因此诞生。阴阳推移循环不止息，天地的道理也因此确立。

1.45

【原文】

天体[①]物不遗[②]，犹仁体事而无不在也。"礼仪三百，威仪三千"，无一物而非仁也。"昊天[③]曰明，及[④]尔出王[⑤]。昊天曰旦[⑥]，及尔游衍[⑦]"，无一物之不体也。

——张载《正蒙·天道篇第三》

【注释】

①体：以……为体。

②遗：遗漏，遗失。

③昊天：昊天上帝是中国神话中天的尊号。

④及：和，与。

⑤王：通"往"。

⑥旦：日出的时候，早晨。

⑦游衍：恣意游逛。

【译文】

以天为体，没有一物被遗漏，就好像以仁为体而无所不在。《中庸》上说："礼仪有三百则，威仪有三千则"，没有一则不是仁。"上天光明，和你一起来往。上天通旦，和你一起恣意游逛"，没有一物不是本体的体现。

1.46

【原文】

鬼神者，二气[①]之良能[②]也。

——张载《正蒙·太和篇第一》

【注释】

①二气：阴阳二气。

②良能：天赋之能。

【译文】

鬼神，是阴阳二气的天赋之能。

1.47

【原文】

物之初生，气日[①]至而滋息[②]；物生既盈，气日反[③]而游散。至之谓神，以其伸也；反之谓鬼，以其归也。

——张载《正蒙·动物篇第五》

【注释】

①日：一天天地。

②滋息：繁殖，增生。

③反：通“返”，返回。

【译文】

万物初生之时，气一日日到来并且繁殖；万物生机已经充盈，气反而一日日游离散去。气到来叫作神，因为生命伸张，气返回叫作鬼，因为生命离去。

1.48

【原文】

性者，万物之一源，非有我之得私也。惟[①]大人[②]为能尽[③]其道。是故立必俱立，知必周知，爱必兼爱，成不独成。彼自蔽塞而不知顺吾理者，则亦未如之何矣。

——张载《正蒙·诚明篇第六》

【注释】

①惟：只有。

②大人：德行高尚、志趣高远的人。

③尽：穷尽。

【译文】

本性，是万物的本源，不是我的私有之物，只有大人能做到穷尽这个道理。所以自己立足必让他人一起立足，自己知道一定让大家都知道，自爱也一定爱众人，不会让自己独自成功。那些自己闭塞无知的人不知道顺应遵循我说的道理，那么就不知道会怎么样了。

1.49

【原文】

一[①]故[②]神[③]。譬[④]之人身，四体皆一物，故触之而无不觉，不待心使至此而后觉也。此所谓“感而遂通”，“不行而至，不疾而速”也。

——《横渠易说·系辞上》

【注释】

①一：纯一。

②故：因此。

③神：神妙而无不通。

④譬：打比方，比喻。

【译文】

纯一因此能神妙而不通。就像是人的身体，人的四肢都属于一个整体，所以触摸四肢就没有不能感觉道德，不必等到心指挥到这个地方就有察觉。这就是所谓的“有感觉于是就通达”，“不必出行就可以到达，不求速度却已经很快”了。

1.50

【原文】

心，统[①]性情者也。

——张载《拾遗·性理拾遗》

【注释】

①统：主管，率领。

【译文】

心，是主管性情的地方。

1.51

【原文】

凡[1]物莫不有是性。由[2]通蔽[3]开塞，所以有人物之别；由蔽有厚薄，故有智愚之别。塞者牢不可开，厚者可以开，而开之也难，薄者开之也易，开则达于天道，与圣人一[4]。

——张载《拾遗·性理拾遗》

【注释】

①凡：凡是，表示概括。

②由：由于。

③蔽：受蒙蔽。

④一：同一，一样。

【译文】

凡是万物没有不是这样的天性的。由于通达、受蒙蔽、开放、闭塞，所以有人和物的种种差别；由于受蒙蔽也有薄厚之分，所以有智慧和愚昧的区别。闭塞的人牢固不可开化，受蒙蔽深厚的人虽然可以开化，但是开化也会非常困难，受蒙蔽薄的人容易被开化，开化就通达到天道，与圣人一样。

人之蕴蓄，由学而大

2.01

【原文】

濂溪先生曰：圣希①天，贤希圣，士②希贤。伊尹③、颜渊④，大贤也。伊尹耻⑤其君不为尧舜，一夫不得其所，若挞⑥于市；颜渊不迁怒，不贰过，三月不违仁。志伊尹之所志，学颜子之所学，过则圣，及则贤，不及则亦不失于令⑦名。

——《周子通书·志学第十》

【注释】

①希：希望，希求。

②士：读书人。

③伊尹：姒姓，伊氏，名挚。夏末商初政治家、思想家，商朝开国元勋，道家学派创始人之一，中华厨祖。

④颜渊：即颜回。曹姓，颜氏，名回，字子渊，鲁国宁阳（山东省泰安市宁阳县鹤山乡）人，尊称复圣颜子，春秋末期鲁国思想家，孔门七十二贤之一。

⑤耻：形意动，以……为耻辱。

⑥挞：用鞭子或棍子打。

⑦令：美好的。

【译文】

濂溪先生说：圣人希求与天道相合，贤人希求与圣人相合，读书人希求与贤人相合。伊尹、颜回，是大贤人。伊尹以自己的君主不是尧舜那样的明君而感到羞耻，只要有一个人没有得到安置的住所，他就好像在集市被鞭笞一样；颜渊不迁怒，不犯重复的错误，长久地不违背仁。以伊尹的志向为自己的志向，学习颜回学习的东西，超过了这种境界就是圣人，达到这种境界就是贤人，达不到这种境界也不会失去美好的名声。

2.02

【原文】

圣人之道，入乎耳，存乎心，蕴①之为德行，行之为事业。彼②以文辞而已者，陋③矣。

——《周子通书·陋第三十四》

【注释】

①蕴：积聚，蓄藏。

②彼：那，那个，与“此”相对。

③陋：见闻少，知识浅薄。

【译文】

圣人之道，用耳朵听，存在心里，积聚它就会成为德行，实践它就会成为功业。那些仅仅是学习圣人文辞的人，实在是知识浅薄啊。

2.03

【原文】

或[①]问：“圣人之门，其徒三千，独[②]称颜子为好学。夫《诗》《书》[③]六艺[④]，三千子非不习而通也，然则颜子所独好者，何学也？”伊川先生曰：“学以至圣人之道也。”“圣人可学而至欤？”曰：“然。”“学之道如何？”曰：“天地储[⑤]精，得五行之秀者为人。其本也真而静，其未发也五性具焉，曰仁义礼智信。形既生矣，外物触其形而动其中矣。其中动而七情出焉，曰喜、怒、哀、乐、爱、恶、欲。情既炽而益荡，其性凿矣。是故觉者约[⑥]其情使合于中，正其心，养其性；愚者则不知制之，纵其情而至于邪僻，梏[⑦]其性而亡之。然学之道，必先明诸心，知所养，然后力行以求至，所谓自明而诚也。诚之之道，在乎信道笃[⑧]。信道笃则行之果，行之果则守之固。仁义忠信不离乎心。造次[⑨]必于是[⑩]，颠沛[⑪]必于是”，出处[⑫]语默必于是，久而弗失，则居之安，动容周旋中[⑬]礼，而邪僻之心无自生矣。故颜子所事[⑭]，则曰：‘非礼勿视，非礼勿听，非礼勿言，非礼勿动。’仲尼称之，则曰：‘得一善，则拳拳服膺[⑮]而弗失之矣。’又曰：‘不迁怒，不贰过。有不善未尝不知，知之未尝复行也。’此其好之、笃学之道也。然圣人则不思而得，不勉而中；颜子则必思而后得，必勉而后中。其与圣人相去一息，所未至者，守之也，非化之也。以其好学之心，假[⑯]之以年，则不日而化矣。后人不达，以谓圣本生知，非学可至，而为学之道遂失。不求诸己而求诸外，以博闻强记、巧文丽辞为工[⑰]，荣华其言，鲜有至于道者。则今之学与颜子所好异矣。”

——《河南程氏文集》卷八《杂著·颜子所好何学论》

【注释】

①或：有的，有的人。

②独：唯独。

③《诗》《书》：指《诗经》和《尚书》，亦泛指一切经书。

④六艺：指六种技能——礼、乐、射、御、书、数。

⑤储：储存，蓄积。

⑥约：约束。

⑦梏（gù）：戴上手铐，监禁。

⑧笃：很，非常。

⑨造次：仓卒，紧迫。

⑩是：此，这。

⑪颠沛：跌倒在地，引申为流离失所。

⑫出处：出仕和隐退。

⑬中：符合。

⑭事：从事，做。

⑮拳拳服膺：恳切地牢记。

⑯假：假使，假如。

⑰工：精，精巧。

【译文】

有的人问："圣人的门下有弟子三千，唯独称赞颜子是好学之人。《诗》《书》六艺，三千弟子没有不是经过学习而通晓的，然而却唯独称赞颜子好学，他学的是什么呢？"伊川先生说："学习如果达到圣人的境界"。"圣人的境界可以通过学习达到吗？"答案是："可以。""学习的方法是怎么样的呢？"回答说："天地储存精华，其中得到天地灵秀的是人。人的本性是纯真秀静的。在形体还没有生成的时候，五性就已经具备了，叫作仁义礼智信。形体既然已经形成，外物触动形体而感动内心。内息感动而七情出现，叫作喜怒哀乐惧爱恶欲。情感炽热而内心更加动荡，人的本性就更加确凿了。因此觉悟的人，约束自己的性情，使其与中节相合，端正自己的内心，涵养自己的本性。愚昧的人不知道对其加以制止，放纵自己的情感以至于偏离正道，紧固自己的天性而使之消亡。然而学习道理，一定要先澄明内心，知道自己要达到的地方，然后身体力行谋求到达，这就是所谓的明白自己的内心而诚恳。诚之一道，在于非常相信圣人之道，深信诚之道那么就会果敢地实践，果敢地实践就会牢固地守护。仁义忠信，都离不开内心。《论语》中说‘君子在仓促与颠沛流离时也不违背自己固有的立场’‘出仕与退隐，发言与沉默也不违背立场’。长久没有失其立场，那么居住也安心。《孟子》里说‘动作仪容要符合礼仪’，那么不正之心自然无法产生。所以颜子所做的，就是孔子说过的：‘不合乎礼仪的不看，不合乎礼仪的不听，不合乎礼仪的不说，不合乎礼仪的不做。’孔子称赞他，就说：‘体悟到一处善，就恳切地牢记而不会失去它’。又说：‘不迁怒，不犯重复的错误。’‘有不对的地方一定知道，知道了就不会再犯。’这就是颜子好学之深、学习的方法了。然而圣人就‘不思索就能有所得，不勉强就能合乎道理’，颜子却一定要思索之后有所收获，一定要勉力而行后合乎道理。他和圣人相比，只有微小的差距。他所没有到达的地方，就是他太守成，不能灵活变通。凭借他的好学之心，假如多给他几年，那么不用多久他就可以灵活变通了。后人学习不能通达道理，以为圣人生而知之，不是后天学习可以达到的，因此求学求知的道理就被遗失了。不向自己的内心求索反而向外界求索，把博闻强记、巧文丽辞为精巧，是自己的言语华丽，很少有达到圣人的境界的了。那么今人所学的与颜子所喜好的道理就不一样了啊。”

2.04

【原文】

横渠先生问于明道先生曰：“定性①未能不动，犹累②于外物，何如？”明道先生曰：“所谓定者，动亦定，静亦定，无将迎③，无内外。苟④以外物为外，牵己而从之，是以己性为有内外也。且以性为随物于外，则当其在外时，何者为在内？是有意于绝外诱，而不知性之无内外也。既以内外为二本，则又乌⑤可遽⑥语定哉？夫天地之常，以其心普万物而无心，圣人之常，以其情顺万事而无情。故君子之学，莫若扩然而大公⑦，物来而顺应。易曰：‘贞吉⑧，悔亡⑨。憧憧⑩往来，朋从尔思。’苟规规⑪于外诱之除，将见灭于东而生于西也。非惟日之不足，顾其端无穷，不可得而除也。人之情各有所蔽，故不能适道，大率⑫患在于自私而用智。自私则不能以有为为应迹，用智则不能以明觉为自然。今以恶外物之心，而求照无物之地，是反鉴而索照也。易曰：‘艮⑬其背，不获其身，行其庭，不见其人。’《孟子》亦曰：‘所恶于智者，为其凿⑭也。’与其非外而是内，不若内外之两忘也；两忘则澄然无事矣；无

事则定，定则明，明则尚何应物之为累哉？圣人之喜，以物之当喜；圣人之怒，以物之当怒。是圣人之喜怒，不系于心而系于物也。是则圣人岂不应于物哉？乌得以从外者为非，而更求在内者为是也？今以自私用智之喜怒，而视圣人喜怒之正为何如哉？夫人之情，易发而难制者，惟怒为甚。第能于怒时遽忘其怒，而观理之是非，亦可见外诱之不足恶，而于道亦思过半矣。"

——《河南程氏文集》卷二《书记·答横渠张子厚先生书》

【注释】

①定性：安定心神。

②累：牵累，连累，拖累。

③将迎：送往迎来。

④苟：如果。

⑤乌：表示疑问或反问，相当于“哪里”“怎么”。

⑥遽（jù）：急忙，赶快。

⑦扩然而大公：多用于描写人物无私襟怀。

⑧贞吉：谓人能守正道而不自乱则吉。

⑨悔亡：祸害消除。

⑩憧憧：来往不绝的。

⑪规规：浅陋拘泥的样子。

⑫大率：大多。

⑬艮：八卦之一，止。

⑭凿：穿凿附会。

【译文】

张载问程颢说："安定心神又做不到心无波澜，因为内心仍然受着外物的牵累，怎么办呢？"程颢回答说："所谓的定，是动也安定，静也安定，不送往迎来，也不分别内心与外物。如果把外物作为外，引导着自己顺随着外物，这是你自己以为你的天性有内外之别。暂且认为你的心会顺随外物，那么当它在外时，什么是在内的呢？这是有意拒绝外界的诱惑，却不知道天性本来就没有内外之别。既然把内外当作两个东西，那又怎么可以匆忙地说定性呢？天地的长久，是因为它的心惠普万物而没有刻意之心，圣人的长久，是因为圣人之情顺应万事而无私情。所以君子的学习，没有比得上光明磊落，顺应万物。《周易》上说：'如果能守正道而不自乱就能消除祸害，如果内心往来不定，就只有少数的朋友顺从你的思想。'如果浅陋地拘泥于消除外界的诱惑，你将会看到东边的诱惑刚消除，西边的诱惑又出现了。并不是说没有足够的时间去消除诱惑，而是看诱惑的发端是无穷无尽的，所以不可能完全消除。人的性情都各自被各样地蒙蔽着，所以不能与圣人之道相合，大多在于自私自利还耍小聪明。有私心就不能通过自己的行动来顺应外物，耍小聪明就不能通过澄明觉悟符合自然。现在以一颗厌恶外物的心，要和一个空无一物的世界相观照，就好像把镜子翻过去用镜背去照一样。《周易》上说：'背对而止，则看不见身体面对的地方。在庭院里相背行走，则看不见人的存在。'孟子也说：'之所以讨厌耍小聪明的人，是因为他们会穿凿附会。'与其将外物视为错误而肯定内心，不如将内外都忘却。两忘就能做到内心澄明。没有杂事内心就安定，内心安定就心思澄明，心思澄明了还怎么会被外物拖累呢？圣人的喜悦，是因为遇到的事物值得喜悦。圣人的愤怒，是因为遇到的事物应当愤怒。这就是说圣人的喜怒不是取决于他的内心，而是与他遇到的事物有关。这样的话圣人不也与外物相应吗？怎能把顺遂外物作为错误，而又把追求内心当作是正确呢？现在用从你出自私心而用的小慧小智中诞生的喜怒，来看待圣人中正的喜怒是为什么呢？人的感情，容易生发却难以抑制，只有愤怒就更是这样。只有能在愤怒的时

候，马上忘掉愤怒，而看道理的正误，那就会发现外界的诱惑不足以讨厌，那么对于圣人之道的思索也差不多过半了。

2.05

【原文】

伊川先生答朱长文①书曰：圣贤之言，不得已也。盖有是言，则是理明；无是言，则天下之理有阙焉。如彼耒耜②陶冶③之器，一不制则生人之道有不足矣。圣贤之言虽欲已④，得乎？然其包涵尽天下之理，亦甚约也。后之人始执卷，则以文章为先，平生所为，动多于圣人。然有之无所补，无之靡⑤所阙⑥，乃无用之赘⑦言也。不止赘而已，既不得其要⑧，则离真失正，反害于道必矣。来书所谓欲使后人见其不忘乎善，此乃世人之私心也。夫子"疾没世而名不称"焉者，疾没身无善可称云尔，非谓疾无名也。名者可以厉⑨中人，君子所存，非所汲汲⑩。

——《河南程氏文集》卷九《事启·答朱长文书》

【注释】

①朱长文：北宋书学理论家。字伯原，号乐圃、潜溪隐夫，苏州吴人（今属江苏）。

②耒耜（lěi sì）：古代一种像犁的翻土农具。耜用于起土。耒是耜上的弯木柄。也用作农具的统称。

③陶冶：烧造陶器、冶炼金属。

④已：停止。

⑤靡：没有，无。

⑥阙：通"缺"。削弱，亏损。

⑦赘（zhuì）：多余的，无用的。

⑧要：重要。

⑨厉：通"励"。劝勉，激励。

⑩汲汲：急切追求的样子。

【译文】

程颐回复朱长文的信中说：古代圣贤的言论，是不得已说出来的。因为有这些话，天下人就明白事理，没有这些话，那么天下的道理就有欠缺。就像种地的耒耜、制陶的陶具、铸器的冶具等器具一样，有一种没有被制作出来，天下生养子民的需要就不能被满足。圣贤之言即使他想停止，可以吗？然而圣人之言包含尽了天下的道理，说得也很简约。后人刚刚开始读书，就先学习写文章。一个人一生所写的文章，动不动就比圣人的还要多，但这些文章对天下也没有什么益处，没有这些文章对天下也没有什么亏损，都是些无用的多余的话。还不仅是多余而已，既然说不到终点，就会偏离纯真失去中正，反而有害于圣人之道。来信中说到多写文章是想让后人看见从而知道自己不忘善道，这也是世人的私心。孔子说的“担心自己死后声名不显”，是担心到死也没有做出让人称道的善行，不是说担心自己没有名声。名声，可以用来激励中等的人。君子的存心，不是那些中等人努力追求的东西。

2.06

【原文】

内积忠信，所以进德也；择言笃[①]志，所以居业[②]也。知至[③]至之，致知[④]也。求知所至而后至之，知之在先，故可与几，所谓“始条理者，知之事也”。知终终之，力行也。既知所终，则力进而终之，守之在后，故可与存义，所谓终条理者，圣之事也。此学之始终也。

——《周易程氏传》卷一《乾传》

【注释】

①笃：坚定。

②居业：保有功业。

③知至：懂得事物将发展至某种程度。

④致知：达到完善的理解。

【译文】

内心积累忠诚信义，是进修德行的方法；选择恰当的言辞，坚定自己的意志，是保其功业。知道应该开始的时候及时开始，便能对知识达到完善的理解。力求明白应该去做的时间然后去做，是知在行之前，所以可以说是把握了事物细微的征兆。这就是孟子说的“有条理的开始在于知道”。知道该结束的时候就结束，这是实践的事。已经知道结果，就努力推进然后结束它，守持所得到的东西是在这之后，所以可以保持大义，正如孟子说的“有条理的结束是圣人的事”，这就是学习的开始和结束。

2.07

【原文】

君子主敬以直其内，守义以方其外。敬立而内直，义形而外方。义形于外，非在外也。敬义既立，其德盛矣，不期①大而大矣，德不孤也。无所用而不周，无所施而不利，孰为疑乎？

——《周易程氏传》卷一《坤传》

【注释】

①期：期望，要求。

【译文】

君子主张敬慎来使内心正直，坚守正义来规范外在的行为。敬慎的态度确立了内心自然就正直，正义表现出来了外在的行为自然就规范。正义表现在外，但它不是外在的东西。敬和义确立之后，人的品德修养就非常崇高了，不要求伟大就已经伟大了。有德行修养的人不会被孤立。到哪里也全都适用，在哪里施展都有用，谁还会怀疑呢？

2.08

【原文】

动以天为无妄①，动以人欲则妄矣。《无妄》之义大矣哉！虽无邪心，苟不合正理，则妄也，乃邪心也。既已无妄，不宜有往，往则妄也。故《无妄》之《彖》②曰："其匪③正有眚④，不利有攸⑤往。"

——《周易程氏传》卷二《无妄传》

【注释】

①妄：虚妄，荒诞，荒谬。

②《彖》(tuàn)：《易经》中解释卦义的文字。

③匪：通"非"，不是。

④眚(shěng)：缺乏，错误。

⑤攸：放在动词前面，组成名词性的词组，相当于"所"。

【译文】

依照天意而动就是无妄，被人欲驱使而动就是妄想。《无妄》的道理太伟大了！即使没有邪心，但如果所作所为不符合正理，那也是妄，也就是邪心。既然已经没有妄念，就不适宜再前进，前进就会有妄念了。所以《无妄》的

《象》辞说："内心不正就会有错误，不适宜前进。"

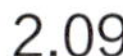

2.09

【原文】

人之蕴①蓄，由学而大。在多闻前古圣贤之言与行。考迹以观其用，察言以求其心。识而得之，以蓄成其德。

——《周易程氏传》卷二《大畜传》

【注释】

①蕴：积聚，蓄藏。

【译文】

人的积累，是通过学习而扩大的。多听闻了解前古圣贤的言行。推究他们的行迹来观察他们的功德体用，探察他们的话语来探求他们的内心。了解而有所收获，来积蓄而成就自己的德行。

2.10

【原文】

《咸》之《象》曰："君子以虚受人。"《传》曰：中无私主，则无感不通。以量而容之，择合而受之，非圣人有感必通之道也。其九四曰："贞吉①，悔亡②，憧憧③往来，朋从尔思。"《传》曰：感者，人之动也，故《咸》皆就人身取象。四当心位而不言"咸其心"，感乃心也。感之道无所不通，有所私系则害于感通，所谓悔也。圣人感天下之心，如寒暑雨旸④，无不通、无不应者，亦贞而已矣。贞者，虚中无我之谓也。若往来憧憧然，用其私心以感物，则思之所及者有能感而动，所不及者不能感也。以有系之私心，既主于一隅一事，岂能廓然无所不通乎？

——《周易程氏传》卷三《咸传》

【注释】

①贞吉：谓人能守正道而不自乱则吉。

②悔亡：祸害消除。

③憧憧：来往不绝的。

④旸（yáng）：晴。

【译文】

《周易·咸卦》的《象》辞说："君子应当虚怀若谷来接纳他人。"《周易程氏传》解释说：内心没有私念作主，那就所有感应都能通达。如果拿自己有限的度量来容纳他人，那么只能选择那些与自己相合的人接纳，不是圣人有感应就一定通达之道了。《咸卦》的九四爻辞说："如果能守正道而不自乱就能消除祸害，如果内心往来不定，就只有少数的朋友顺从你的思想。"《周易程氏传》说：感应是人的行为，所以《咸卦》全是拿人的身体取象。九四爻处在相当于人心的位置，爻辞上却不说它是"咸之心"，是因为感本来就是心。感应的道理是通行的，但如果有私心牵制，那么就会妨害感通，这就是悔。圣人感应天下之人，就像寒暑雨晴，没有不能通达感应到的，也就是圣人能够保其操守而已。贞，就是虚己无私的意思。如果往来不绝，用自己私心去感应，那么你思想所涉及的便能有感应而行动，你的思虑所不及的就不能感应了。用受牵制的私心，只能局限于某一角落某一事物，怎么能够廓然而与万物相通呢？

2.11

【原文】

君子之遇艰阻，必自省于身，有失而致之乎？有所未善则改之，无歉[①]于心则加勉[②]，乃自修其德也。

——《周易程氏传》卷三《蹇传》

【注释】

①歉：愧疚，惭愧。

②勉：尽力，努力。

【译文】

君子遇到艰难险阻，一定会反省自身，是自己有什么过失而导致的吗？有什么不够好的就改进，无愧于心就继续努力，这就是自行修行自己的品德。

2.12

【原文】

非明则动无所之[①]，非动则明无所用。

——《周易程氏传》卷四《丰传》

【注释】

①之：去，到。

【译文】

不懂就行动就到达不了目的地，没有行动却明白则没有什么用。

2.13

【原文】

习，重习也。时复思绎[①]，浃洽[②]于中，则说也。以善及人，而信从者众，可乐也。虽乐于及人，不见是而无闷，乃所谓君子。

——《河南程氏经说》卷六《论语解》

【注释】

①绎：抽出、理出头绪。

②浃洽（jiā qià）：遍及。

【译文】

习，是反复学习。时常反复思索理出头绪，心中贯通，那么就喜悦。对他人友善，那么相信追随的人就多，所以值得喜悦。虽然以影响帮助别人为乐，但不被肯定也不烦闷，这才是所谓的君子。

2.14

【原文】

“古之学者为己”，欲得之于己也；今之学者为人，欲见[①]知于人也。

——朱熹《论语精义》卷七下

【注释】

①见：表被动，被。

【译文】

“古代的学者学习是为了自己”，想要自己有所收获；今天的学者学习是为了别人，想要被别人知道。

2.15

【原文】

伊川先生谓方道辅曰：圣人之道，坦如大路，学者病[①]不得其门耳。得其门，无远之不可到也。求入其门，不由于经乎？今之治[②]经者亦众矣，然而买椟还珠[③]之蔽，人人皆是。经所以载道也，诵其言辞，解其训诂[④]，而不及道，乃无用之糟粕耳。觊[⑤]足下由经以求道，勉之又勉，异日见卓尔有立于前，然后不知手之舞、足之蹈，不加勉而不能自止矣。

——《河南程氏文集·遗文·与方元寀手帖》

【注释】

①病：弊病，毛病，缺点。

②治：讲求，研究。

③买椟还珠：原意是买来装珍珠的木匣退还了珍珠。比喻没有眼力，取舍不当。

④训诂：为解释古代汉语典籍中的字句。就是解释的意思，具体指解释古代汉语（文言文）中字词的意义。

⑤觊（jì）：希望得到。

【译文】

程颐对方道辅说：圣人之道，平坦得就像大路一样，学习的人学不好问题在于找不到学习圣人之道的门路。如果能入门，再深远的道理也可以学到。要寻求入门，不通过经书可以吗？如今研读经书的人也很多了，但是像没有眼力取舍不当的缺点，人人都有。经书是记载圣贤之道的，如果你诵读了经书的辞句，理解了文章含义，却没有触及圣人之道，那你所学的，就都是无用的糟粕。希望足下通过经书来谋求触及圣人之道，努力再努力，日后见圣人之道卓然立于眼前，然后会不自知地手舞足蹈，不想继续努力却也没有办法停止了。

2.16

【原文】

明道先生曰："修辞立其诚"，不可不子细理会。言能修省言辞，便是要立诚。若只是修饰言辞为心，只是为伪也。若修其言辞，正为立己之诚意，乃是体当自家敬以直内、义以方外之实事。道之浩浩[①]，何处下手？惟立诚才有可居之处，有可居之处，则可以修业也。"终日乾乾[②]"，大小大事，却只是"忠信所以进德"为实下手处，"修辞立其诚"为实修业处。

——《河南程氏遗书》卷一《端伯传师说》

【注释】

①浩浩：广阔宏大。

②乾乾：自强不息貌。

【译文】

程颢说："修饰言辞确立诚心。"这话不可以不仔细理解体会。是说能修饰反省自己的言辞，就是要确立诚心。如果只是在心里想要修饰自己的言辞，那只是作假。如果修饰反省自己的言辞，正是为了建立自己的诚心，就是体会自身保持敬意来使内心正直、保持正义来规范外在的行为的实事。圣人之道广阔宏大，从哪里开始学习呢？只有确立诚心才有立足之处。有了立足之处，就可以修习课业了。一天到晚自强不息，不论大事小事，却只是把“忠信来时德行健进”作为入手处。“修饰言辞确立诚心”，是实实在在修习课业的地方。

2.17

【原文】

伊川先生曰：志[①]道恳切，固是诚意；若迫切不中理，则反为不诚。盖实理中自有缓急，不容如是之迫，观天地之化乃可知。

——《河南程氏遗书》卷二上《元丰己未吕与叔东见二先生语》

【注释】

①志：立志。

【译文】

程颐说：有志于学道并且态度诚恳热切，固然是诚意；但如果心情迫切到不符合道理的程度，反而成了不诚。因为道理中自有轻重缓急，不容许人过分地迫切。看看天地万物化生的道理就可以明白了。

2.18

【原文】

孟子才高，学之无可依据。学者当学颜子，入圣人为近，有用力处。又曰：学者要学得不错[①]，须是学颜子。

——《河南程氏遗书》卷二上《元丰己未吕与叔东见二先生语》、卷三《谢显道记忆平日语》

【注释】

①错：差错。

【译文】

孟子才华高超，学习他没有可以凭依的地方。学习的人应该学颜子，更加接近圣人的境界，有可以用力的地方。又说：学道的人要想学习中不出差错，应学习颜回。

2.19

【原文】

明道先生曰：且省[1]外事，但明乎善，惟进诚心，其文章虽不中，不远矣。所守不约，泛滥无功。

——《河南程氏遗书》卷二上《元丰己未吕与叔东见二先生语》

【注释】

①省：减省，减少。

【译文】

程颐先生说：暂且停下外在的事情，明白什么是善，只有不断地诚其心，这样的话即使文章还没有合乎道，却也不远了。内心所坚守的不加以约束，就会泛滥没有功效。

2.20

【原文】

学者识得仁体，实有诸己，只要义理栽培[1]。如求经义，皆栽培之意。

——《河南程氏遗书》卷二上《元丰己未吕与叔东见二先生语》

【注释】

①栽培：比喻培养、造就人才。

【译文】

学习的人要明白仁的本体，并在自己身上付诸实践，要用大义和道理培养。就像探求经书的真意，都是在培养和造就人才。

2.21

【原文】

昔[1]受学于周茂叔，每令寻颜子、仲尼[2]乐处，所乐何事。

——《河南程氏遗书》卷二上《元丰己未吕与叔东见二先生语》

【注释】

①昔：往日，以前，过去。

②仲尼：我国春秋时期著名思想家孔子的号，其真实姓名为孔丘，字仲尼。

【译文】

我曾经向周敦颐求学，他常常让我寻求颜子和孔子的快乐之处，让他们感到快乐的是什么事呢？

2.22

【原文】

所见所期，不可不远且大，然行之亦须量力有渐。志大心劳，力小任重，恐[1]终败事。

——《河南程氏遗书》卷二上《元丰己未吕与叔东见二先生语》

【注释】

①恐：恐怕，担忧。

【译文】

自己所见到的、自己所期望的，通常高远且宏大，但是做事也要量力而行并且循序渐进。志向太大会使心力劳累，力量太小而使任务繁重，恐怕最终事情会失败。

2.23

【原文】

朋友讲[1]习，更莫如相观而善工夫多。

——《河南程氏遗书》卷二上《元丰己未吕与叔东见二先生语》

【注释】

①讲：研究，讨论。

【译文】

朋友之间讨论学习，不如相互观察，学习别人的长处所得的好处多。

2.24

【原文】

须是大其心使开阔。譬如为九层之台，须大做脚[1]须得。

——《河南程氏遗书》卷二上《元丰己未吕与叔东见二先生语》

【注释】

①脚：物体的根基部分。

【译文】

应当扩大自己的心胸，使心胸开阔。就像是建造九层高的楼台，需要以打下一个很大的根基作为开始。

2.25

【原文】

明道先生曰：自“舜发于畎亩之中”至“孙叔敖举[1]于海”，若要熟也，须从这里过。

——《河南程氏遗书》卷三《谢显道记忆平日语》

【注释】

①举：举用，任用。

【译文】

明道先生说：从“舜从田野耕作之中被起用”到“孙叔敖从海滨隐居的地方被起用”，学习如果想要熟练，也是要从艰苦中度过。

2.26

【原文】

参[1]也，竟以鲁[2]得之。

——《河南程氏遗书》卷三《谢显道记忆平日语》

【注释】

①参：曾子，名参，字子舆，春秋末年鲁国南武城人。是中国著名的思想家，孔子的晚期弟子之一，与其父曾点同师孔子，是儒家学派的重要代表人物。

②鲁：笨，愚钝。

【译文】

曾参竟然以愚鲁的资质进入圣贤之道。

2.27

【原文】

明道先生以记诵博识为玩物丧志[1]。

——《河南程氏遗书》卷三《谢显道记忆平日语》

【注释】

①玩物丧志：意指醉心于玩赏某些事物或迷恋于一些有害的事情，就会丧失积极进取的志气。

【译文】

程颢把记读背诵博学多识当作是玩物丧志。

2.28

【原文】

礼乐只在进反之间，便得性情之正[①]。

——《河南程氏遗书》卷三《拾遗》

【注释】

①正：不偏，不斜。

【译文】

礼乐只在进退之间，便能养成中正的性情。

2.29

【原文】

父子君臣，天下之定理，无所逃于天地之间。安得天分，不有私心，则行一不义，杀一不辜[①]，有所不为。有分毫私，便不是王者事。

——《河南程氏遗书》卷五

【注释】

①辜：罪。

【译文】

父父子子，君君臣臣，这是天下确定的道理，在天地之间就无法逃避。人要安于天分，不存有私心，即使做一件不义的事，杀一个无辜的人就得到天下，也不去做。有分毫的私心，就不是王者应该做的事。

2.30

【原文】

论性不论气，不备；论气不论性，不明。二之则不是[①]。

——《河南程氏遗书》卷六

【注释】

①是：对，正确。

【译文】

只讨论天性而不讨论气禀就不完备；只讨论气禀而不讨论天性就不清楚。将其一分为二讨论就是错误的。

2.31

【原文】

论学便要明理，论治[1]便须识体[2]。

——《河南程氏遗书》卷五

【注释】

①治：治理。

②体：本体，主体。

【译文】

讨论学习就要明白事理，讨论治理天下就要明白主体。

2.32

【原文】

曾点[1]、漆雕开[2]已见大意，故圣人与[3]之。

——《河南程氏遗书》卷六

【注释】

①曾点：字皙，又称曾皙、曾晰、曾蒧，春秋时期鲁国南武城（今山东省临沂市平邑县）人，"宗圣"曾参之父，孔子弟子，孔门七十二贤之一。

②漆雕开：字子开，又字子若，又说作子修。汉族，东周春秋时蔡国人。孔子的学生。在孔门中以德行著称，著有《漆雕子》十三篇。

③与：赞同。

【译文】

曾点和漆雕开已经看到了圣人之道的大意，所以圣人赞同他们。

2.33

【原文】

根本须是先培壅[1]，然后可立趋向也。趋向既正，所造浅深则由勉与不勉也。

——《河南程氏遗书》卷六

【注释】

①壅：用土或肥料培在植物的根部。

【译文】

为学的根本应该是先培养根基，然后就可以确立学习的方向。方向正确以后，所学造诣的深浅就是由勤不勤奋决定的了。

2.34

【原文】

敬义夹持①，直上达天德自此。

——《河南程氏遗书》卷五

【注释】

①夹持：帮助，教育。

【译文】

保持内心的崇敬以及行为的规范可以帮助自己笔直地向上，上通天德就是这么来的。

2.35

【原文】

懈意一生，便是自弃自暴①。

——《河南程氏遗书》卷六

【注释】

①自弃自暴：自甘堕落，不求进取。

【译文】

懈怠的念头一旦诞生，就是自甘堕落，不求进取。

2.36

【原文】

不学便老而衰。

——《河南程氏遗书》卷七

【译文】

人不学习到老了就会气衰。

2.37

【原文】

人之学不进，只是不勇。

——《河南程氏遗书》卷十四《亥九月过汝所闻》

【译文】

人之所以学习而不进步，就是因为没有进取之意。

2.38

【原文】

学者为气所胜，习[①]所夺，只可责志。

——《河南程氏遗书》卷十五《入闽语录》

【注释】

①习：习惯。

【译文】

学习的人被自己的气质胜过，自己的习惯被剥夺，只能责备他的意志不坚定。

2.39

【原文】

内重则可以胜外之轻，得深则可以见诱之小。

——《河南程氏遗书》卷六

【译文】

人的内心厚重就可以胜过万物显得外物轻浮了，人习得深厚的学问就显得诱惑微小了。

2.40

【原文】

董仲舒[①]谓："正其义，不谋其利；明其道，不计其功。"孙思邈[②]曰："胆欲大而心欲小，智欲圆而行欲方。"可以为法矣。

——《河南程氏遗书》卷九《少日所闻诸师友说》

【注释】

①董仲舒：西汉广川（河北景县广川镇大董故庄村）人，是我国著名的思想家、政治家、教育家、唯心主义哲学家和今文经学大师。

②孙思邈：京兆华原（今陕西省铜川市耀州区）人，是唐代医药学家、道士，被后人尊称为“药王”。

【译文】

董仲舒说：“端正大义，不谋求私利；知晓大道，不计较功劳。”孙思邈说：“胆子越大心思越细腻，智慧圆滑并且行为规范。”这就可以作为我们的准则了。

2.41

【原文】

大抵学不言而自得者，乃自得也。有安排布置者皆非自得也。

——《河南程氏遗书》卷十一《师训》

【译文】

大体上学习而不向别人说自己有所收获的人，就是有所得的人。有去安排布置的人，都是自己有所得的人。

2.42

【原文】

视听、思虑、动作，皆天也。人但①于其中要识得真与妄尔。

——《河南程氏遗书》卷十一《师训》

【注释】

①但：只，仅，唯独。

【译文】

视力听觉、思虑、动作，都是天性。但只要在其中认出真实与虚假罢了。

2.43

【原文】

明道先生曰：学只要鞭辟近里①，著己而已。故“切问而近思”，则“仁在其中矣”。“言忠信，行笃敬，虽蛮貊②之邦行矣。言不忠信，行不笃敬，虽州里行乎哉？立则见其参于前也，在舆③则见其倚于衡④也。夫然后行。”只此是学。质美者明得尽，查滓便浑化，却与天地同体。其次惟庄敬持养；及其至，则一也。

——《河南程氏遗书》卷十一《师训》

【注释】

①鞭辟近里：指深入剖析，使靠近最里层。形容探求透彻，深入精微。

②蛮貊（mán mò）：指的是南方和北方落后部族。

③舆：车子。

④衡：车辕上的横木

【译文】

程颢说：学习是要探求透彻、深入精微，着力于自身而已。所以说“恳切地发问就近地思考”，那么“仁德就在其中了”。又说：“言语忠诚守信，行为忠厚老实，即使到了边鄙落后之地也是可以的。言语不忠无信，行为轻浮失敬，即使在家乡故里也可以吗？当你站立的时候，就好象看见忠诚守信忠厚老实这些字显现在面前，在车上时则看见这些字在车辕的横木上，然后才可以。”只有这样才是学习。天赋后的人明白通晓的透彻，私欲就都化尽了，就与天地同为一体。天赋差些的人就只有庄重尊敬地守持修养，等到私欲灭尽，这两种人就都是境界一样的了。

2.44

【原文】

“忠信所以进德”，“修辞立其诚，所以居业”者，乾道[①]也；“敬以直内，义以方外”者，坤道[②]也。

——《河南程氏遗书》卷十一《师训》

【注释】

①乾道：天道，阳刚之道。

②坤道：大地的属性。

【译文】

“忠诚守信然后才能德行进益”，“修饰言辞来确立诚心，这就是立业的根基”，这是乾道；“这是保持敬意来使内心正直、保持正义来规范外在的行为”，这是坤道。

2.45

【原文】

凡①人才学便须知着力处，既学便须知得力处。

——《河南程氏遗书》卷十二《戌冬见伯淳先生洛中所闻》

【注释】

①凡：凡是，表示概括。

【译文】

凡是人刚开始学习就应该知道下手用功的地方，已经学习了就更应该知道该用功的地方。

2.46

【原文】

有人治园圃①，役②知力甚劳。先生曰：《蛊》之《象》："君子以振③民育德。"君子之事，惟有此二者，余无他焉。二者，为己、为人之道也。

——《河南程氏遗书》卷十四《亥九月过汝所闻》

【注释】

①圃：种植蔬菜瓜果的园子，泛指园地。

②役：劳役。

③振：通"赈"，救济。

【译文】

有人治理园圃，非常劳役心智和体力。先生说《蛊》之《象》中："君子救济百姓，养育德行。"君子的事，只有这两个，没有别的了。这两个，是为了自己、为了别人的道理。

2.47

【原文】

"博学而笃志，切问而近思"，何以言"仁在其中矣"？学者要思得之。了此便是彻①上彻下之道。

——《河南程氏遗书》卷十四《亥九月过汝所闻》

【注释】

①彻：通，通达。

【译文】

“广博地学习并且坚定意志，恳切地提问并且就近思考”，为什么要说“仁在这之中呢”？学习的人要思考明白这个问题。明白了这个问题就是贯彻了上下的道理。

2.48

【原文】

弘①而不毅，则难立；毅而不弘，则无以居之。

——《西铭》言弘之道

【注释】

①弘：大。

【译文】

大而不坚定，那么就难以站立；坚定却不大，那么就没有安身之地。

2.49

【原文】

伊川先生曰：古之学者，优柔厌饫①，有先后次序。今之学者，却只做一场话说，务高而已。常爱杜元凯语：“若江海之浸，膏泽之润，涣然冰释，怡然理顺，然后为得也。”今之学者，往往以游、夏为小，不足学。然游、夏一言一事，却总是实。后之学者好高，如人游心于千里之外，然自身却只在此。

——《河南程氏遗书》卷十五《入闽语录》

【注释】

①优柔厌饫：比喻为学之从容求索，深入体味。

【译文】

程颐说：古代的学者，为学从容求索，深入体味，学习有个先后顺序。现在的学者，却把只把学习当作一场话说，不过是好高骛远而已。我一直喜欢杜元凯说的话：“学习就像江河水的浸透，就像春雨的滋润，如冰涣然消融，将道理理顺心中高兴，然后才算学有收获。”现在的学者，往往认为子游、子夏的学问太小，不值得学。然而子游、子夏的每言每事，却都是实在的。后代的学者好高骛远，就像人的心在千里之外游荡，但自己的身体却还在此处。

2.50

【原文】

修养之所以引年，国祚[①]之所以祈天永命，常人之至于圣贤，皆工夫到这里，则有此应。

——《河南程氏遗书》卷十五《入闽语录》

【注释】

①祚：国运。

【译文】

修养之所以能够延长年寿，国运之所以可以通过向上天祈求从而延长，常人之所以可以到达圣贤的境界，都是因为工夫道理，就会有这样的回应。

2.51

【原文】

忠恕[①]所以公平。造德则自[②]忠恕，其致则公平。

——《河南程氏遗书》卷十五《入闽语录》

【注释】

①恕：体谅；按照自己的情况来推测别人的情况。

②自：从。

【译文】

因为忠诚体谅他人所以能达到公平。造就德行那么要从忠诚体谅他人开始，到达了极致就到达了公平。

2.52

【原文】

仁之道，要之只消[①]道一公字。公只是仁之理，不可将公便唤做仁。公而以人体之，故为仁。只为公则物我兼照，故仁，所以能恕，所以能爱，恕则仁之施，爱则仁之用也。

——《河南程氏遗书》卷十五《入闽语录》

【注释】

①消：需要。

【译文】

仁的道理，总结起来是只需要说一个公字。公是仁的道理，但不可以将公叫作仁。人来体会公，就是仁。只要为公并能兼顾自己与外物，所以仁，所以可以宽恕可以爱人。能宽恕那么就是仁施行，爱就是仁的用处。

2.53

【原文】

今之为学者，如登山麓[1]。方其迤逦[2]，莫不阔步，及到峻处便止。须是要刚决果敢以进。

——《河南程氏遗书》卷十七

【注释】

①麓：山脚下。

②迤逦：曲折连绵貌。

【译文】

如今学习的人，就像登山。当山路曲折连绵，没有不昂首阔步的，等到到了险峻的地方就停止了。应该要刚毅决断果敢地前进。

2.54

【原文】

人谓要力行，亦只是浅近语。人既能知见一切事皆所当为，不必待着意，才着意便是有个私心。这一点意气[1]，能得几时子？

——《河南程氏遗书》卷十七

【注释】

①意气：偏激、任性的情绪。

【译文】

人说要努力前行，也只是浅显的话。人既然能知道，看见一切事情都是应该做的，就不必等到刻意，有刻意就是有私心。这一些情绪，能到什么时候呢？

2.55

【原文】

知之必好[1]之，好之必求之，求之必得之。古人此个学是终身事。果能颠沛造次必于是，岂有不得[2]道理？

——《河南程氏遗书》卷十七

【注释】

①好：喜欢，喜好。

②得：领会，理解。

【译文】

知道它就必须喜欢它，喜欢它就必须探求它，探求它就必须领会它。古人把学习当作是终身的事。果真能颠沛流离中做到这样的话，哪有不能领会道理的呢？

2.56

【原文】

古之学者一，今之学者三，异端不与焉。一曰文章之学，二曰训诂①之学，三曰儒者之学。欲趋道，舍儒者之学不可。

——《河南程氏遗书》卷十八《刘元承手编》

【注释】

①训诂：训诂，为解释古代汉语典籍中的字句。就是解释的意思，具体指解释古代汉语中字词的意义。

【译文】

古时的学者有一个，如今的学者有三个，异端不在其中。第一种是文章之学，第二种是解释的学问，第三种是儒学。想要接近道，不要儒学是不行的。

2.57

【原文】

问："作文害①道否？"曰："害也。凡为文，不专意则不工，若专意，则志局于此，又安能与天地同其大也？《书》曰：'玩物丧志'，为文亦玩物也。吕与叔有诗云：'学如元凯方成癖，文似相如始类俳。独立孔门无一事，只输颜氏得心斋。'古之学者，惟务②养情性，其他则不学。今为文者，专务章句，悦人耳目。既务悦人，非俳优③而何？"曰："古者学为文否？"曰："人见《六经》，便以谓圣人亦作文，不知圣人亦摅④发胸中所蕴，自成文耳。所谓'有德者必有言'也。"曰："游，夏称文学，何也？"曰："游、夏亦何尝秉笔学为词章也？且如'观乎天文以察时变，观乎人文以化成天下'，此岂词章之文也？"

——《河南程氏遗书》卷十八《刘元承手编》

【注释】

①害：伤害，危害。

②务：从事，致力于。

③俳优：古代演滑稽戏杂耍的艺人。

④摅（shū）：散布，抒发。

【译文】

有人问："作文危害学道吗？"程颐回答："危害。凡是写文章，不专心则写不好。如果专心了那么心志就局限在文章上，那么心胸又怎么能够与天地一样地大呢？《尚书》上说'玩物丧志'，写文章也是玩物啊。吕大临有一首诗说：'学如元凯方成癖，文似相如始类俳。独立孔门无一事，只输颜氏得心斋。'古代的学者只专心于涵养性情，其他的则不学。如今写文章的人致力于追求词句悦人耳目。既然致力于取悦他人，不是俳优又是什么呢？"问的人又说："古代的人学写文章吗？"程颐回答说："人们看见了《六经》，就认为圣人也写文章，不知道圣人只是抒发胸中所藏的情绪，然后自然成文罢了。这就是孔子说的'有德行的人一定有美好的言辞'。问的人又说："子游、子夏凭借文学被人称道，是怎么说呢？"程颐回答："子游、子夏又什么时候拿着笔写文章呢？就比如《周易》说的'观察天文来弄明白四时的变化，观察人文以教化化育天下'，这里说的文难道是文章的文吗？"

2.58

【原文】

涵养须用敬，进学则在致知。

——《河南程氏遗书》卷十八《刘元承手编》

【译文】

应当用敬来涵养内心，进取求学则在于推究知识。

2.59

【原文】

莫说道将第一等让与别人，且做第二等。才如此说，便是自弃。虽与不能居仁由义者差等①不同，其自小②一也。言学便以道为志，言人便以圣为志。

——《河南程氏遗书》卷十八《刘元承手编》

【注释】

①差等：等级，区别，分成等级。

②自小：小看自己。

【译文】

别说将第一等的让给别人，自己去做第二等。刚刚这么说，你就是放弃自己。虽然和那些不能安居于仁，行事不能根据义理的人程度不同，但小看自己却是同样的。说到学习就应该以圣人之道作为志向，说到做人就应该以成为圣人作为志向。

2.60

【原文】

问："'必有事[①]焉'，当用敬否？"曰："敬是涵养一事。'必有事焉'，须用集义。只知用敬，不知集义，却是都无事也。"又问："义莫是中[②]理否？"曰："中理在事，义在心。"

——《河南程氏遗书》卷十八《刘元承手编》

【注释】

①事：从事，做。

②中：符合。

【译文】

有人问："'一定要养气的话'，应该用敬去培养吗？"程颐回答说："敬是涵养性情方面的事。'一定要养气'，应该积累道义。只知道用敬，不知道积累道义，那就是什么事也没有做成。"又问："义难道不是符合理吗？"程颐回答说："符合的理体现在事上，义存在于人的心里。"

2.61

【原文】

问："敬义何别？"曰："敬只是持己之道，义便知有是有非。顺理而行是为义也。若只守一个敬，不知集义，却是都无事也。且如欲为孝，不成只守着一个孝字。须是知所以为孝之道，所以侍奉当如何，温凊当如何，然后能尽孝道也。"

——《河南程氏遗书》卷十八《刘元承手编》

【译文】

有人问："敬和义有什么区别呢？"程颐回答说："保持敬只是守持自身的方法，顺应义就明白有对有错。顺着道理去做就是义啊。如果只守着一个敬字，不懂得积累义理，那就是什么事都没有做。比如想要尽孝，不应该只知道一个孝字。应该懂得尽孝的方法，怎么侍奉父母，如何使父母冬天温暖夏季凉爽，知道这些然后才能尽孝道啊。"

2.62

【原文】

学者须是务实，不要近名[①]方[②]是。有意近名，则为伪也。大本已失，更学何事？为名与为利，清浊虽不同，然其利心则一也。

——《河南程氏遗书》卷十八《刘元承手编》

【注释】

①近名：好名，追求名誉。

②方：才，刚刚。

【译文】

学习的人应该是追求实际，不要追求名声才对。刻意求取名声，就是虚伪。学习的根本已经丢掉，还学什么呢？为了名和利，即使清浊有所不同，但是求取利益的心是一样的。

2.63

【原文】

“回也其心三月[①]不违[②]仁。”只是无纤毫私意，有少私意便是不仁。

——《河南程氏遗书》卷二十二上《伊川杂录》

【注释】

①三月：指很长时间。

②违：违背。

【译文】

孔子说：“颜回的心长久地不违背仁义。”只是他的心没有丝毫的利己之情，即使有很少的利己之情就是不仁义。

2.64

【原文】

“仁者先难后获”。有为而作，皆先获也。古人惟知为仁而已，今人皆先获也。

——《河南程氏遗书》卷二十二上《伊川杂录》

【译文】

“仁德的人要先经历困难然后才能有收获”。有效果然后再去做，就都会有收获。古人都是只知道做仁德之事而已，如今的人都是以有所收获为先。

2.65

【原文】

有求为圣人之志，然后可与共学；学而善思，然后可与适①道；思而有所得，则可与立②；立而化之，则可与权③。

——《河南程氏遗书》卷二十五《畅潜道录》

【注释】

①适：到……去。

②立：存在，生存。

③权：权变，灵活性。

【译文】

一个人有追求成为圣人的志向，然后才可以与他共同学习；学习中善于思考，然后才可以和他一起去往圣人之道；思考又能有所收获，才可以和他一起处事；处事又能贯通，才可以和他一起权变。

2.66

【原文】

“古之学者为已”，其终至于成物；今之学者为物，其终至于丧已。

——《河南程氏遗书》卷二十五《畅潜道录》

【译文】

“古代学习的人为了自己”，最终成就了外物；如今学习的人为了外物，最终丧失了自己。

2.67

【原文】

君子之学必日新。日新者，日进也。不日新者必日退，未有不进而不退者。唯圣人之道无所进退，以其所造[1]者极也。

——《河南程氏遗书》卷二十五《畅潜道录》

【注释】

①造：造诣。

【译文】

君子学习一定会每日有所更新。每日更新的人，每天都在进步。不每日更新的人一定会每日退步，没有不进步也不退步的人。只有圣人之道没有进退，因为他的造诣已经到了极点了。

2.68

【原文】

明道先生曰：行静者可以为学。

——《河南程氏外书》卷一《朱公掞录拾遗》

【译文】

程颢说：安静的人能够学习。

2.69

【原文】

弘而不毅[1]，则无规矩；毅而不弘，则隘陋[2]。

——《河南程氏外书》卷二《朱公掞问学拾遗》

【注释】

①毅：刚毅，坚强，果断。

②隘陋：谓识见狭隘卑陋。

【译文】

志向远大但是不刚毅，就没有规矩；刚毅但是志向短浅，就是识见狭隘卑陋。

2.70

【原文】

知性善以忠信为本，此先立其大者。

——《河南程氏外书》卷二《朱公掞问学拾遗》

【译文】

明白天性善良并以忠诚守信为根本，这就是先确立根本。

2.71

【原文】

伊川先生曰：人安重则学坚固。

——《河南程氏外书》卷六《罗氏本拾遗》

【译文】

程颐说：为人安稳厚重那么学习才能坚稳牢固。

2.72

【原文】

“博学之，审问之，慎思之，明辨之，笃[①]行之。”五者废其一，非学也。

——《河南程氏外书》卷六《罗氏本拾遗》

【注释】

①笃：坚定。

【译文】

“广博地学习，仔细地询问，谨慎地思考，明晰地辨别，坚定地实行。”五个缺少一个，都不是学习。

2.73

【原文】

张思叔[①]请问，其论或太高，伊川不答，良久曰：“累高必自下。”

——《河南程氏外书》卷十一《时氏本拾遗》

【注释】

①张思叔：张绎，字思叔，寿安东七里店（今宜阳县锦屏镇东店村）人。理学家程颐晚年所收的两个弟子之一，北宋著名乡贤。

【译文】

张思叔提问，他的言论有的时候太高明，程颐不回答，很久后才说：“积累得高一定是从底下开始的。”

2.74

【原文】

明道先生曰：人之为学，忌[①]先立标准。若循循不已，自有所至矣。

——《河南程氏外书》卷十二《传闻杂记》

【注释】

①忌：忌讳，禁忌。

【译文】

程颢说：人学习，不应该先确立标准。如果循序渐进而不停止，自然会到达想到的境界。

2.75

【原文】

尹彦明[1]见伊川后，半年，方得《大学》[2]《西铭》[3]看。

——《河南程氏外书》卷十二《传闻杂记》

【注释】

①尹彦明：尹焞，字彦明，一字德充，洛阳（今河南省洛阳）人。

②《大学》:《大学》是一篇论述儒家修身治国平天下思想的散文，原是《小戴礼记》第四十二篇，相传为曾子所作，实为秦汉时儒家作品，是一部中国古代讨论教育理论的重要著作。

③《西铭》: 北宋张载著。为《正蒙·乾称篇》的一部分。

【译文】

尹彦明拜师程颐后，半年才学到《大学》《西铭》。

2.76

【原文】

有人说无心。伊川曰："无心便不是，只当云[1]无私心。"

——《河南程氏外书》卷十二《传闻杂记》

【注释】

①云：说。

【译文】

有的人说无心。伊川说："无心就不对，只应当说没有私心。"

2.77

【原文】

谢显道[1]见伊川，伊川曰："近日事如何？"对曰："天下何思何虑？"伊川曰："是则是有此理，贤[2]却发得太早在。"伊川直是会锻炼得人，说了又道："恰好著工夫也。"

——《河南程氏外书》卷十二《传闻杂记》

【注释】

①谢显道：师从程颢、程颐，与游酢、吕大临、杨时号称程门四先生。

②贤：尊称，你。

【译文】

谢显道见程颐，程颐说："近来事情怎么样呢？"回答说："天下的事有什么思虑呢？"程颐说："有这样的道理，你却发现得太早了。"程颐会锻炼人，说了又说："现在正好是你下功夫的时候。"

2.78

【原文】

谢显道云：昔伯淳[①]教诲，只管着他言语。伯淳曰："与贤说话，却似扶醉汉，救得一边，倒了一边。"只怕人执着一边。

——《河南程氏外书》卷十二《传闻杂记》

【注释】

①伯淳：程颢，字伯淳，学者称明道先生。

【译文】

谢显道说：昔日程颢教诲，我只用理解他的话。程颢说："和你说话，却像搀扶着醉汉，救起来这边，另一边又倒了。"只怕人执着于一边。

2.79

【原文】

横渠先生曰："精义入神[①]"，事豫[②]吾内，求利吾外也；"利用安身"，素[③]利吾外，致养吾内也。"穷神知化[④]"，乃养盛自至，非思勉之能强。故崇德而外，君子未或致知也。

——张载《正蒙·神化篇第四》

【注释】

①精义入神：精研事物的微义，达到神妙的境地。

②豫：通"预"，预先。

③素：平素，一向。

④穷神知化：谓穷究事物之神妙，了解事物之变化。

【译文】

张载说："精研事物的微义，达到神妙的境地"，事情的道理预先在心中蕴藏，就有利于处理外物；"利用外物使自身安定"，一向有利于我处理外物，是我可以涵养自己的内心。"穷究事物之神妙，了解事物之变化"，就是自我修养极盛时自然达到的，不是尽力思考就可以勉强达到的。所以崇尚德行以外，君子没有别的可以获取知识的办法。

2.80

【原文】

形而后有气质之性，善反之则天地之性存焉。故气质之性，君子有弗性者焉。

——张载《正蒙·诚明篇第六》

【译文】

形体生成之后才有气质之性，擅长恢复那么天地的天性就存在。所以气质之性，君子是不把它当作本性的。

2.81

【原文】

德不胜气，性命于气；德胜其气，性命于德。穷理尽性，则性天德，命天理。气之不可变者，独死生修夭①而已。

——张载《正蒙·诚明篇第六》

【注释】

①夭：夭折，短命。

【译文】

德行不能战胜气禀，天性听命于气禀；德行战胜气禀，天性听命于德行。穷尽道理，那么天性就有关于上天之德，命就有关于上天之理。气禀是不可以改变的，只有生死长寿短命而已。

2.82

【原文】

莫非天也，阳明胜则德性用，阴浊胜则物欲行。领①恶而全好者，其必由②学乎！

——张载《正蒙·诚明篇第六》

【注释】

①领：治理。

②由：通过。

【译文】

没有不是天，阳明之气旺盛那么德行就显现出来，阴浊之气旺盛那么物欲流行。“治理恶事并成全好的事情”，一定要通过学习啊！

2.83

【原文】

大其心则能体天下之物，物有未体，则心为有外。世人之心，止于见闻之狭。圣人尽性，不以见闻梏其心，其视天下无一物非我。孟子谓尽心则知性知天以此。天大无外，故有外之心，不足以合天心。

——张载《正蒙·大心篇第七》

【译文】

放宽心胸那么就能够体悟天下万物的道理。有一样事物的道理没有被体悟，则心中仍有内外之分。世俗人的心，被他们狭隘的见闻所局限。圣人则充分发扬自己的天性，不被见闻束缚其心。他们看待天下，没有一种外物不与我同为一体。孟子说的尽心就能知性知天，原因就在此。天广阔到了没有在这之外的东西，所以有外物之心，就不能够与天心相合。。

2.84

【原文】

仲尼绝[1]四，自始学至成德，竭两端之教也。意有思也，必有待也，固不化也，我有方也。四者有一焉，则与天地为不相似矣。

——张载《正蒙·中正篇第八》

【注释】

①绝：杜绝。

【译文】

孔子杜绝四种弊病，从刚开始学习到成就德行，一直贯彻这样的教诲。意是有妄想，必存在对立，固执拘泥，我局限于一处。四种有一种，那么就与天地不相类似了。

2.85

【原文】

上达反天理，下达徇[①]人欲者欤！

——张载《正蒙·诚明篇第六》

【注释】

①徇：顺从，遵从。

【译文】

上达天命是恢复天理，下达就是遵从人欲吧！

2.86

【原文】

知崇[①]天也，形而上也。通[②]昼夜而知，其知崇矣。知及之，而不以礼性之，非己有也。故知礼成性而道义出，如天地位而易行。

——张载《正蒙·至当篇第九》

【注释】

①崇：高。

②通：贯通，沟通。

【译文】

见识高远的是天，突破形体而凌驾于上。从昼夜交替中知晓，他的见识就很高远。见识达到了这样的境界，还不能以礼法约束使其成为自己的天性，这种见识就还不是自己的。所以知晓礼法使其成为自己的天性，那么道义就显现出来，就像天地的位置设定下来，而周易之理就贯通其中了。

2.87

【原文】

困之进人也，为德辨，为感速。孟子谓“人有德慧术[①]智[②]者，常存乎疢[③]疾”以此。

——张载《正蒙·三十篇第十一》

【注释】

①术：技术，技艺。

②智：智谋。

③疢（chèn）：灾患，忧患。

【译文】

困境之所以能使人进步，是因为困境可以辨别人的德行，可以使人感发迅速。孟子所说的“人有德行智慧本技艺智谋的，是因为常常在灾患疾病之间受磨砺”，这就是原因。

2.88

【原文】

言有教，动有法。昼有为，宵[①]有得。息有养，瞬有存。

——张载《正蒙·有德篇第十二》

【注释】

①宵：夜晚。

【译文】

言语要遵从教诲，行动要遵从礼法。白天要有所作为，夜晚要有所收获。呼吸间都要有涵养，每瞬间都要有所存养。

2.89

【原文】

横渠先生作《订顽》[①]曰：乾称父，坤称母。予兹藐[②]焉，乃混然中处。故天地之塞，吾其体，天地之帅[③]，吾其性。民吾同胞，物吾与[④]也。大君者，吾父母宗子；其大臣，宗子之家相也。尊高年，所以长其长；慈孤弱，所以幼其幼。圣，其合德；贤，其秀也。凡天下疲癃[⑤]残疾、惸独鳏寡[⑥]，皆吾兄弟之颠连而无告者也。于时保之，子之翼[⑦]也；乐且不忧，纯乎孝者也。违曰悖德，害仁曰贼；济恶者不才；其践形，惟肖者也。知化则善述其事，穷神则善继其志。不愧屋漏为无忝[⑧]，存心养性为匪懈。恶旨酒，崇伯子之顾养；育英材，颍封人[⑨]之锡类。不弛劳而底豫，舜其功也；无所逃而待烹，申生[⑩]其恭也。体其受而归全者，参乎！勇于从而顺令者，伯奇[⑪]也。富贵福泽，将厚吾之生也；贫贱忧戚，庸玉汝于成也。存，吾顺事；没，吾宁也。（明道先生曰：“《订顽》之言，极醇无杂，秦汉以来学者所未到。”又曰：“《订顽》一篇，意极完备，乃仁之体也。学者其体此意，令有诸己，其地位已高。到此地位自别。有见处，不可穷高极远，恐于道无补也。”又曰：“《订顽》立心便达得天德。”又曰：“游酢[⑫]得《西铭》读之，即焕然不逆于心，曰：此中庸之理也，能求于言语之外者也。”杨中立[⑬]问曰：“《西铭》言体而不及用，恐其流遂至于兼爱，何如？”伊川先生曰：“横渠立言，诚有过者，乃在《正蒙》。《西铭》之书，推理以存义，扩前圣所未发，与孟子性善、养气之论同功，岂墨氏之比哉！《西铭》明理一而分殊，墨氏则二本而无分。分殊之蔽，私胜而失仁；无分之罪，兼爱而无义。分立而推理一，以止私胜之流，仁之方也。无别而迷兼爱，以至于无父之极，义之贼也。子比而同之，过矣。且彼欲使人推而行之，本为用也，反谓不及，不亦异乎？”）

又作《砭愚》[14]曰：戏言出于思也，戏动作于谋也。发于声，见乎四支，谓非己心，不明也。欲人无己疑，不能也。过言非心也，过动非诚也。失于声，缪迷其四体，谓己当然，自诬也。欲他人己从，诬人也。或者谓出于心者，归咎为己戏；失于思者，自诬为己诚。不知戒其出汝者，归咎其不出汝者。长傲且遂非，不智孰甚焉？（横渠学堂双牖，右书《订顽》，左书《砭愚》。伊川曰：“是起争端。”改《订顽》曰《西铭》，《砭愚》曰《东铭》。）

——《正蒙·乾称篇第十七》

【注释】

①《订顽》：北宋张载著。程颐见后，将《订顽》改称《西铭》。

②藐：小，幼稚。

③帅：带领，率领。

④与：朋友，同类者。

⑤疲癃（pí lóng）：曲腰高背之疾。泛指年老多病或年老多病之人。

⑥惸独鳏寡：泛指没有劳动力而又没有亲属供养的人。

⑦翼：帮助，辅佐。

⑧忝：辱。

⑨颍封人：颍考叔，郑国大夫，执掌颍谷（今河南登封西），为人正直无私，素有孝友之誉。

⑩申生：姬姓，名申生，晋献公与夫人齐姜所生之子，春秋时期晋国太子。

⑪伯奇：古代孝子。相传为周宣王时重臣尹吉甫长子。

⑫游酢：建州建阳（建阳麻沙镇长坪村）人，北宋书法家、理学家。

⑬杨中立：杨时，字中立，号龟山。北宋哲学家、文学家、官吏。先后学于程颢、程颐，同游酢、吕大临、谢良佐并称程门四大弟子。又与罗从彦、

李侗并称为“南剑三先生”。晚年隐居龟山，学者称龟山先生。

⑭《砭愚》：后被程颐改名为《东铭》，北宋代哲学家张载于其学堂东牖所书的铭言。

【译文】

张载写《订顽》说：象征天的乾称作父亲，象征地的坤称作母亲。人类多么渺小，混然居于天地之中。所以天地之气的充塞，形成了我们的身体，统率天地，是我们的天性。人民是我们的同胞，万物是我们的同类。国君，是天地父母的嫡长子；国君的大臣，是嫡长子家的管家。尊重老人，将一切老人当作自己的长辈看待；怜爱孤弱者，将一切幼童当作自己的后辈看待。圣人，德行与天地相符合；贤者，吸收了天地的精华灵秀。凡是天下衰老多病、没有劳动力而又没有亲属供养的人，都是我们颠沛流离又求告无门的兄弟。适时地供养父母，是亲敬天地这个父母；乐于天命而不忧愁的，是上天纯孝的孩子。违背父母之命的称作违背道德，危害仁德的叫作贼人；助人为恶的是难以成才之人；在形形色色的事件中践行仁德的才是父母的好孩子。知晓天地造化那么就善于讲述其事迹，穷究天地神妙那么就善于继承其意志。在简陋的住所也无愧于心的，是没有辱没上天，能够存心养性，是没有懈怠。讨厌美酒，这是大禹善于的照顾修养；培育英才，这是颍考叔惠及他的同类。不懈怠地劳动侍奉而使父亲快乐，这是舜的功绩；逃不出孝道只好等待父亲赐死，这是申生的恭顺。从父母那里得来的身体还要完整地归还给父母的，大概是曾参吧！勇于顺从父亲的命令，是伯奇。承受先人富贵恩泽的生活丰厚；生活于贫贱忧愁之中，那是上天要琢玉般雕琢你使你成功。活着，就顺从天地事理；死了，也因为无愧于天地父母而可得安宁。（程颢说：“《订顽》里的话，及其醇厚没有杂质，秦汉以来的学者没有达到这种境界的。”又说：“《订顽》这篇文章，意思非常完备，是仁德的体用。学习的人能体悟它的意义，能做到这样，就是学习的境界很高了。到了这样的境界，自然有其他的看法，不可以穷尽高远，这样的话恐怕对学道没有补益。”又说：“《订顽》有立意才可以上达天德。”又说：“游酢读《西铭》，疑惑就消除了，说这就是中庸的道理，能在言语之外的地方求得。”杨时问：“《西铭》讲本体就不涉及用处，恐怕会流于兼爱，怎么办呢？”程颐说：“张载的言论确实有过错，就在《正蒙》。《西铭》推究正理而留存道义，扩展到前圣没有阐发的地方，和孟子

的性善论、养气论有一样的功绩，难道是墨子可以比的吗！《西铭》阐明正理为一而达到的路途有很多不同，墨子的却是有两个本体而路途没有不同。本体分化的弊端是容易使私心胜利而失去仁德；本体没有分化的罪过，就是兼爱却缺乏礼法。确立本体分化的用处而推理出理是唯一的，来防止私欲的胜利，是实现仁德的方法。认为万物没有差别而沉迷于兼爱的学说，以至于达到了不认父亲的极端，这是大义的破坏之人。您将这两者对比并认为两者相同，就错了。而且张载想要推广实行他的言论，本来就是一种应用，你却说没有达到作用，岂不是奇怪？）

又写《砭愚》说道：戏谑的话出自人的思想，戏谑的举动出自人的智谋。通过声音表现出来，在四肢中体现出来，却说不是出自自己的本心，是说不清的。想要别人不怀疑自己的本心，是做不到的。过错的言论不会出自本性，过错的举动不是诚心，失去声音，四肢迷乱，说自己发自本心，这是污蔑自己。想要别人顺从自己，这是污蔑别人。或者说出自本心，却归咎于自己在开玩笑；把思想的过失，自我污蔑为出自自己的诚心。不知道戒备那些出自本心的话，将错误归咎于不是出自自己的本心。主张傲气滋生和错误的出现，不知道哪个更严重呢？（张载学堂的两扇窗户，右边写着《订顽》，左边写着《砭愚》。程颐说："这会引起争端。"把《订顽》改名为《西铭》，把《砭愚》改名为《东铭》。）

2.90

【原文】

将修己，必先厚重以自持。厚重知学，德乃进而不固[①]矣。忠信进德，惟尚友而急贤。欲胜己者亲，无如改过之不吝。

——张载《正蒙·乾称篇第十七》

【注释】

①固：鄙陋。

【译文】

想要自我修养，必须先厚重而自持。性格敦厚自重又知道修学，德行就会进步而不鄙陋了。忠诚守信来使德行进步，只有推崇朋友并且迫切地与贤人来往。要想与那些胜过自己的人亲近，没有比毫不吝惜地改掉自己身上的过错更重要的了。

2.91

【原文】

横渠先生谓范巽之[①]曰："吾辈不及古人，病源何在？"巽之请问。先生曰："此非难悟。设此语者，盖欲学者存意之不忘，庶[②]游心浸熟，有一日脱然如大寐之得醒耳。"

——张载《拾遗·近思录拾遗》

【注释】

①范巽之：范育，字巽之，范祥子，邠州三水人，从张载学。

②庶：表示可能或希望。

【译文】

张载对范育说："我们比不上古人，病的本源在哪里？"范育提问。张载回答："这并不难以领悟。提出这个问题的人，大概是想让学习的人不忘存意，希望能够学习透彻，有一天可以像从梦中醒来一样大彻大悟。"

2.92

【原文】

未知立心，恶思多之致疑；既知所立，恶讲治[①]之不精。讲治之思，莫非术内，虽勤而何厌[②]！所以急于可欲者，求立吾心于不疑之地，然后若决江河以利吾往。逊此志，务时敏，厥[③]修乃来。故虽仲尼之才之美，然且敏以求之。今持不逮之资，而欲徐徐以听其自适，非所闻也。

——张载《拾遗·近思录拾遗》

【注释】

①治：讲求，研究。

②厌：满足。

③厥：那。

【译文】

不知道确立主见的时候，要反对思虑过多而产生的疑惑；已经确立了主见后，要反对的是讲解研究的不精深。讲解研究时的思考，没有不是在圣贤道理之内的，即使再勤奋又怎么会满足呢！所以急于追求圣贤之道的人，要确立自己的心处于不疑惑的状态，然后就像江河决口一样利于我前进。平定你的心志，一定要时时敏锐，那么要修的道就会到来。所以即使像孔子有那么高的才华，仍要勤敏地求取。如今凭着我们不如孔子的质资，而想慢慢地让它自己适应，我是没有听说过的。

2.93

【原文】

明善为本，固执之乃立，扩充之则大，易[1]视之则小，在人能弘之而已。

——张载《拾遗·性理拾遗》

【注释】

①易：轻视。

【译文】

知善是为学的根本，固执地坚持它才能确立，扩展充实它就会变大，轻视它就会变小，在于人能不能弘扬它。

2.94

【原文】

今且只将尊德性而道问学为心，日自求于问学者有所背否，于德性有所懈否。此义亦是博文约礼[1]，下学上达[2]。以此警策一年，安得不长？每日须求多少为益。知所亡，改得少不善，此德性上之益；读书求义理，编书须理会有所归著，勿徒写过，又多识前言往行，此问学上益也。勿使有俄顷闲度，逐日似此，三年庶几有进。

——张载《拾遗·近思录拾遗》

【注释】

①博文约礼：广求学问，恪守礼法。

②下学上达：学习人情事理，进而认识自然的法则。

【译文】

如今只把推崇德性、追求学问作为抱负，每天求学者自省在学习方面是否有违背的时候，在德性上是否有所懈怠。这意思也是广求学问恪守礼法，学习人情事理进而认识自然的法则。用这样的方式来警醒鞭策自己一年，怎么会没有进步呢？每天应该要求要有些收获。懂得了原来不懂的东西，改掉了一些缺点，这是德性上的好处；读书是探求义理，编书应该要懂得意趣归处，不要徒劳地写，还有就是多记住古代圣贤的言行，这是学问上的益处。

不要让片刻的时光虚度。像这样，三年差不多会有进步。

2.95

【原文】

为天地立心[①]，为生民立道[②]，为去圣继绝学，为万世开太平。

——张载《拾遗·近思录拾遗》

【注释】

①立心：树立准则。

②立道：确立正当的事理或行事主张。

【译文】

为天地立下准则，为百姓树立伦理纲常，为先贤继承绝妙的学问，为千秋万代开辟太平。

2.96

【原文】

载所以使学者先学礼者，只为学礼，则便除去了世俗一副当习熟缠绕。譬之延蔓之物，解缠绕即止去。苟能除去了一副当世习，便自然脱洒也。又学礼，则可以守得定。

——张载《张子语录·语录下》

【译文】

我之所以让学习的人先学礼，只是因为学礼就能去除世俗的一套习气缠绕。就像拖着藤蔓的东西，解开缠绕就能生长。如果去除一套当世习俗，人自然会洒脱。再就是学了礼，人就可以保持内心的安定。

2.97

【原文】

须放心宽快公平以求之，乃可见道。况德性自广大。《易》曰："穷神知化[①]，德之盛也。"岂浅心可得？

——张载《横渠易说·系辞下》

【注释】

①穷神知化：穷究事物之神妙，了解事物之变化。

【译文】

应该放平心态舒畅平静地来求学，于是可以识得大道。况且德性向来广大。《周易》说："穷究事物之神妙了解事物之变化，这是德性的旺盛。"怎么会是心胸狭窄的人可以体会的呢？

2.98

【原文】

人多以老成①则不肯下问，故终身不知。又为人以道义先觉处之，不可复谓有所不知，故亦不肯下问。从不肯问，遂生百端欺妄人，我宁终身不知。

——张载《拾遗·近思录拾遗》

【注释】

①老成：老练成熟。

【译文】

人大多因为自己老练成熟而不肯向后学请教，所以有些问题一辈子不知道。又有人认为自己是比别人更先明白道义的人，不能再说自己有什么不明白的，所以也不肯去问后学问题。从不肯问这件事，生出许多事端，欺骗他人，我则宁愿一辈子不懂。

2.99

【原文】

多闻不足以尽天下之故。苟以多闻而待①天下之变，则道足以酬其所尝知。若劫之不测，则遂穷矣。

——张载《拾遗·近思录拾遗》

【注释】

①待：对待。

【译文】

多听闻不足以穷尽天下的事理。如果多听闻来对待天下的变化，那么他的办法足以应对他曾经知道的。如果拿他没有预测到的东西考验他，他就没有办法了。

2.100

【原文】

为学大益，在自求变化气质。不尔，皆为人之弊，卒无所发明，不得见圣人之奥。

——张载《经学理窟·义理》

【译文】

学习的最大的好处，就在于追求变化气质。不这样，就都是人的弊病，最终没有什么发现和阐述，不能见识到圣人之道的奥妙。

2.101

【原文】

文[①]要密察，心要洪放。

——张载《经学理窟·礼乐》

【注释】

①文：外在。

【译文】

外在的表现要细密地观察，内心要旷达。

2.102

【原文】

不知疑者只是不便实作。既实作则须有疑，有不行处是疑也。

——张载《经学理窟·气质》

【译文】

不知道提出疑问的人，只是不把功夫下在实处，否则的话一定会有疑问。实在行不通的地方，就是疑问。

2.103

【原文】

心大则百物皆通，心小则百物皆病。

——张载《经学理窟·气质》

【译文】

心胸宽大那么万物都很通达，心胸狭窄那么万物都有阻塞。

2.104

【原文】

人虽有功[①]，不及于学，心亦不宜忘。心苟不忘，则虽接人事，即是实行，莫非道也。心若忘之，则终身由之，只是俗事。

——张载《经学理窟·义理》

【注释】

①功：事情，工作。

【译文】

人虽然有工作，来不及学习，心里也不敢忘。心里如果不忘记学习，那么即使是待人接事，都是践行心里的德性，没有不属于道德的。如果心里忘了，那么终生听任它，也都只是俗事。

2.105

【原文】

合内外，平物我，此见①道之大端②。

——张载《经学理窟·义理》

【注释】

①见：知道，懂得。

②大端：主要的部分，重要的端绪。

【译文】

使内外相符合，使外物与我相平等，这就是懂得大道的重点。

2.106

【原文】

既学而先有以功业为意者，于学便相害。既有意，必穿凿①创意，作起事端也。德未成而先以功业为事，是代大匠斫②，希③不伤手也。

——张载《经学理窟·学大原上》

【注释】

①穿凿：非常牵强地解释，硬说成具有某种意思。

②代大匠斫：比喻超越自己职务范围去处理别人所管的事。

③希：同"稀"。稀少，稀疏。

【译文】

学习之后就以功绩为先的人，在学问上就有害。既然有这样的志向，就一定会牵强地解释别人的创意，生起事端。德行没有修成就先以功绩为重的人，是超越自己职务范围去处理别人所管的事，很少有没有伤到手的。

2.107

【原文】

窃尝病①孔孟既没，诸儒嚣然②，不知反约穷源，勇于苟③作，持不逮之资，而急知后世。明者一览，如见肺肝然，多见其不知量也。方且创艾④其弊，默养吾诚，顾所患日力不足，而未果他为也。

——张载《文集佚存·与赵大观书》

【注释】

①病：担忧，忧虑。

②嚣然：扰攘不宁貌。

③苟：随便，苟且。

④创艾：谓因受惩治而畏惧，戒惧。

【译文】

我曾经担忧孔孟去世之后，儒者们扰攘不宁的样子，他们不知道回归圣学的精要，穷尽儒道的本源，却敢随意写作，凭借他们远不及人的资质，却急切地想被后世所知。明白的人一看，就好像看见他们的肺肝一样，只见他们的不知自量。我正要戒惧他们的弊病，默默地涵养我的诚心，只是担心时间和力量不足，别的事还没有做成。

2.108

【原文】

学未至而好语变者，必知终有患。盖变不可轻议，若骤然语变，则知操术[①]已不正。

——张载《经学理窟·义理》

【注释】

①操术：所执持的处世主张或工作方法。

【译文】

学习没有达到极致却喜欢谈论变化的人，一定知道终究会有祸患的。因为变化不可以随便议论，如果突然说起变化，就知道他所执持的处世主张或工作方法不端正了。

2.109

【原文】

凡事蔽盖不见底，只是不求益。有人不肯言其道义所得所至，不得见底，又非于吾言无所不说[①]。

——张载《经学理窟·义理》

【注释】

①说：通“悦”，喜悦。

【译文】

凡是都要遮蔽的，差不多让人看不见底的，只是不求取进步。有人不肯说他学习道义的收获和境界，不让人看见底细，又不是像颜回对孔子那样对于我的话没有不感到喜悦的。

2.110

【原文】

耳目役于外，揽外事者，其实是自堕，不肯自治，只言短长，不能反躬[1]者也。

——张载《经学理窟·义理》

【注释】

①反躬：反过来要求自己，自我检束。

【译文】

耳朵和眼睛被外物所奴役驱使，包揽外事的人，其实是自我堕落，不肯自我管理，只说三道四，不能反省自己。

2.111

【原文】

学者大不宜志小气轻。志小则易足，易足则无由进；气轻则以未知为已知、未学为已学。

——张载《经学理窟·学大原下》

【译文】

学习的人非常不应该志向短小气性轻浮。志向短小就容易满足，容易满足就没有进步；气性轻浮就会把不知道的当作知道的，把没学过的当作学过的。

第三卷

凡一物上有一理

3.01

【原文】

伊川先生《答朱长文书》曰：心通乎道，然后能辨是非，如持权衡①以较轻重，孟子所谓知言是也。心不通于道，而较古人之是非，犹不持权衡而酌轻重，竭其目力，劳其心智，虽使时中，亦古人所谓“亿则屡中”，君子不贵也。

——《河南程氏文集》卷九《书启·答朱长文书》

【注释】

①权衡：称量物体轻重的器具。

【译文】

程颐在《答朱长文书》中说：心与圣人之道相通，然后就能明辨是非了，就像拿着秤去比较物体的轻重一样，这就是孟子所说的知言。心不与圣人之道相通，却去评价古人的是非，就像不拿秤而去估计物体的轻重，用尽你的眼力，劳累你的心智，即使有时会猜中，也不过是古人说的“屡猜屡中”，君子是不看重的。

3.02

【原文】

伊川先生答门人曰：孔孟之门，岂皆贤哲？固多众人，以众人观圣贤，弗识者多矣，惟其不敢信己而信其师，是故求而后得。今诸君与颐言，才不合则置不复思，所以终异也。不可便放下，更且思之，致知之方也。

——《河南程氏文集》卷九《书启·答门人书》

【译文】

程颐回复他的门人说：孔孟的弟子，哪能都是贤哲之人？大多还是普通人，以普通人的角度去看圣贤，不能理解的地方多了，只因他们不敢相信自己却相信老师，所以探求之后有所收获。今日诸位和我言语上的分歧，就放置它不再思考，所以终究还是有所分歧。不可以置之不理，要再去思考，这是获取知识的方法。

3.03

【原文】

伊川先生答横渠先生曰：所论大概①，有苦心极力之象，而无宽裕温厚之气。非明睿所照[②]，而考索至此，故意屡偏而言多窒[③]，小出入时有之。更愿完养思虑，涵泳[④]义理，他日自当条畅。

——《河南程氏文集》卷九《书启·答横渠先生书》

【注释】

①大概：大致的内容，大体的情况

②照：察看。

③窒（zhì）：阻塞，不通。

④涵泳：深入领会。

【译文】

程颐回答张载说：所论述内容的大体情况，有穷心极力的迹象，却没有宽裕温厚的气息，不是聪明睿智可以观察的，而考究探索到这个地步，所以语意多有偏颇言辞也不通顺，小的出入常常就有。更希望完善修养思虑，深入领会义理，以后心中自然会通畅

3.04

【原文】

欲知得与不得，于心气上验之。思虑有得，中心悦豫[①]。沛然有裕者，实得也。思虑有得，心气劳耗者，实未得也，强揣度[②]耳。尝有人言："比[③]因学道，思虑心虚。"曰："人之血气固有虚实。疾病之来，圣贤所不免。然未闻自古圣贤因学而致心疾者。"

——《河南程氏遗书》卷二上《元丰己未吕与叔东见二先生语》

【注释】

①悦豫：亦作"悦悆"。喜悦，愉快。

②揣度：考虑估量。

③比：近来。

【译文】

想要知道得失，在心气上考验它。思虑有收获，心中喜悦，精气充裕，确实有收获。思虑有收获，心力气血消耗，这就是没有实际的收获，勉强地考虑估量罢了。曾经有人说："近来因为学习大道，思虑以至心疾。"回答说："人的血气本来就有虚实。疾病出现，圣贤之人也不能豁免。然而没有听闻自古圣贤有因为学习而导致心疾的。"

3.05

【原文】

今日杂信鬼怪异说者，只是不先烛[1]理。若于事上一一理会，则有甚尽期？须只于学上理会。

——《河南程氏遗书》卷二下《附东见录后》

【注释】

①烛：洞悉。

【译文】

今日混杂相信鬼怪邪说的人，只是不先洞悉事理。如果在每件事都要一一领会，那么还能有尽头吗？应该只从学习上去领会。

3.06

【原文】

学原于思。

——《河南程氏遗书》卷六

【译文】

学习来源于思考。

3.07

【原文】

所谓“日月至焉”，与久而不息者，所见规模虽略相似，其意味气象迥别[1]，须心潜默识，玩索久之，庶几[2]自得。学者不学圣人则已，欲学之须熟玩味圣人之气象，不可只于名上理会，如此只是讲论文字。

——《河南程氏遗书》卷十五《入闽语录》

【注释】

①迥别：区别很大。

②庶几：或许可以，表示希望或推测。

【译文】

所谓的“偶然间想到仁德”和长久地追求仁德而不停止的人，他们所看见的规模虽然相似，但是意味和气象区别很大。应该沉下心默默理解，玩味探索很久，或许可以自己体悟。学习的人不学圣人就算了，想要学习圣人，一定要熟悉玩味圣人的气象，不可以只在外表上去理解体悟，如果这样就只是在讨论文字。

3.08

【原文】

问："忠信进德之事，固可勉强，然致知甚难。"伊川先生曰："学者固当勉强，然须是知了方行得。若不知，只是觑[①]却尧，学他行事，无尧许多聪明睿智，怎生得如他动容周旋中礼？如子所言，是笃信而固守之，非固有之也。未致知，便欲诚意，是躐等[②]也。勉强行者，安能持久？除非烛理明，自然乐循理。性本善，循理而行，是顺理事，本亦不难，但为人不知，旋安排着，便道难也。知有多少般数，煞有深浅。学者须是真知，才知得是，便泰然[③]行将去也。某年二十时，解释经义，与今无异，然思今日，觉得意味与少时自别。"

——《河南程氏遗书》卷十八《刘元承手编》

【注释】

①觑：看，瞧。

②躐（liè）等：越级，不循原有序列。

③泰然：安定，不放在心上，从而很自如、从容。

【译文】

问："忠诚守信使德行进步的事情，确实可以勉强去做，然而想要明白其中的道理却很难。"程颐说："学习的人固然应该努力去做，但是却应该是知道后才去实行。如果不知道，却看见尧的做法，学习他行事的方法，却没有尧那样多的聪明睿智，怎么能像他举止周旋中合乎礼法呢？就像您所说的，是坚定地相信并且固执地坚守它，不是本来就有的。还没有明白道理，便想要做到诚心诚意，是越级呀。勉强这么做的，又能持续多久呢？除非洞悉道理，那么自然乐意遵循道理。天性本善，遵循天理而行动，是做顺从天理的事，本来就不难，做人却不懂得这个道理，那么就刻意安排它，就说太难了。你知道有多少种？这里很有深浅的不同。学习的人一定是真的知道，才知道对，就安定从容地去实行。我二十岁的时候，解释经典，和现在没有什么不同，然而思考现在，觉得其中的意味与年少时又有所区别。”

3.09

【原文】

凡一物上有一理，须是穷致其理。穷理亦多端：或读书，讲明义理；或论古今人物，别其是非；或应接事物，而处其当，皆穷理也。或问：“格物[①]须物物格之，还只格一物而万理皆通？”曰：怎得便会贯通？若只格一物便通众理，虽颜子亦不敢如此道。须是今日格一件，明日又格一件，积习既多，然后脱然自有贯通处。（又曰：所务[②]于穷理者，非道尽穷了天下万物之理，又不道是穷得一理便到。只要积累多后，自然见去。）

——《河南程氏遗书》卷十八《刘元承手编》

【注释】

①格物：意为探究事物的道理纠正人的行为。

②务：从事，致力于。

【译文】

每一个物体上都有一个道理，一定要穷尽它的道理。穷尽道理也有多个方面：有的读书讲清楚义理；有的讨论古今人物辨别对错；有的为人处世十分恰当，都是穷尽了道理。有的人问：“格物，探究事物的道理应该物物探究，还是只探究一样事物就可以通达千万个道理呢？”回答说：如果只探究一样事物就可以通晓许多道理，即使是颜子也不敢这么说。一定要今天探究一件，明天探究一件，积累的多了，然后就自然透彻明白了。又说：致力于探究清楚道理的人，不是说穷尽了天下所有的道理，也不是说穷尽了一件事物的道理。只要积累多了，自然就能明白透彻。

3.10

【原文】

“思曰睿①”，思虑久后，睿自然生。若于一事上思未得，且别换一事思之，不可专守着这一事。盖人之知识，于这里蔽着，虽强②思亦不通也。

——《河南程氏遗书》卷十八《刘元承手编》

【注释】

①睿：明智，通达，看得深远。

②强：强行。

【译文】

“思考叫作明智”，思虑很久后，明智自然就产生了。如果在一件事上思索而没有所得，暂且换一件别的事去思考，不可以只守着这一件事。因为人的知识在这里被遮蔽住，即使强行地思考也不会通达。

3.11

【原文】

问：“人有志于学，然知识蔽固，力量不至，则如之何？”曰：“只是致知。若智识明，则力量自进。”

——《河南程氏遗书》卷十八《刘元承手编》

【译文】

问：“人有学习的志向，然而知识受牢固的蒙蔽，力量达不到，那怎么办呢？”回答说：“知识求取知识。如果智慧学识明晓，那么自然就能进步。”

3.12

【原文】

问：“观物察己，还因见物反求诸身否？”曰：“不必如此说。物我一理，才明彼，即晓此，此合内外之道也。”又问：“致知先求之四端如何？”曰：“求之性情，固是切于身。然一草一木皆有理，须是察。”（又曰：自一身之中，以至万物之理，但理会得多，胸次自然豁然，有觉处。）

——《河南程氏遗书》卷十八《刘元承手编》

【译文】

问：“看外物再观察自己，还是凭借看见的万物来反省自己？”回答说：“不用这么说。外物和我是同样的道理，才明白那个，就知晓了这个，这就

是和内外之道相合。”又问：“求取知识应该先从四端开始吗？”回答说：“从性情上探求，固然是贴切自身。然而一草一木都有道理，应该要观察。”（又说：从一身中，以至于万物的道理，但理解领悟的多了，心胸自然会豁然开朗。）

3.13

【原文】

“思曰睿”，“睿作圣”。致思如掘井，初有浑水，久后稍引动得清者出来。人思虑始皆浑浊，久自明快。

——《河南程氏遗书》卷十八《刘元承手编》

【译文】

“思考叫作明智”，“明智可以成为圣人”。思考就像挖井，一开始有浑水，很久以后才稍微引动清水流出来。人的思想一开始都是浑浊的，时间长了自然就明快了。

3.14

【原文】

问：“如何是近思？”曰：“以类而推。”

——《河南程氏遗书》卷二十二上《伊川杂录》

【译文】

问：“怎么样是近思呢？”回答说：“凭借着类似的事物来推理。”

3.15

【原文】

学者先要会疑。

——《河南程氏外书》卷十一《时氏本拾遗》

【译文】

学习的人要先学会质疑。

3.16

【原文】

横渠先生答范巽之曰：所访①物怪神奸，此非难语，顾②语未必信耳。孟子所论知性知天，学至于知天，则物所从出，当源源③自见。知所从出，则物之当有当无，莫不心谕，亦不待语而后知。诸公所论，但守之不失，不为异端所劫，进进不已，则物怪不须辩，异端不必攻，不逾期年④，吾道胜矣。若欲委之无穷，付之以不可知，则学为疑挠，智为物昏，交来无间，卒无以自存而溺于怪妄必矣。

——张载《文集佚存·答范巽之书》

【注释】

①访：询问。

②顾：但，却，反而。

③源源：如同水流一样不断。

④期年：一年。

【译文】

张载回答范育说：所询问的鬼神，这不是什么难说的话，但说了未必会相信。孟子所说的知性知天，学到了通晓天理的地步，那么事物从哪里出来自然是可以连续不断地看见。知道从哪里出来，那么某个事物应该有还是没有，没有不是心所不知道的，也不用等到说了之后才知道。你们所议论的，只是守着它使它不失去，不被异端所威胁，进步不止，那么怪物不需要分辨，异端也没必要攻击，不超过一年，我们的学说便胜利了。如果想要无穷无尽地往后推，交付给不可知之物，那么学习就会被怀疑干扰，智慧就会因为他物而昏庸，往来没有间隙，最后没有办法自存，只能陷溺于怪诞虚妄之中了。

3.17

【原文】

子贡谓："夫子之言性与天道，不可得而闻。"既言"夫子之言"，则是居常语之矣。圣门学者以仁为己任，不以苟①知为得，必以了悟为闻，因有是说。

——张载《张子语录·语录上》

【注释】

①苟：随便，苟且。

【译文】

子贡说："孔子谈论天性和天道，我们也不能听闻。"既然说是"孔子所说"，那么是日常的话了。圣门学习的人把仁当作自己的责任，不把随便知道的东西当作收获，一定把自己了解明悟的东西当作听闻，因此有这样的说法。

3.18

【原文】

义理之学，亦须深沉方有造，非浅易轻浮之可得也。

——张载《经学理窟·义理》

【译文】

义理的学问，也要深沉才能有所造诣，不是随意轻浮就可以有所收获的。

3.19

【原文】

学不能推究事理，只是心粗。至如颜子未至于圣人处，犹是心粗。

——张载《经学理窟·义理》

【译文】

学习不能推究事物的道理，只是因为粗心大意。至于像颜子那样的人没有达到圣人的境界，也是因为粗心大意。

3.20

【原文】

“博学于文”者，只要得“习坎①心亨”。盖人经历险阻艰难，然后其心亨通。

——张载《拾遗·近思录拾遗》

【注释】

①习坎：从困难中学习并成长，主动吸收知识，迎接挑战。

【译文】

“广博地学习文学”的人，只要“能从困难中学习并成长就可以内心通达”。大概是因为人经历了坎坷险阻，然后内心就通达明畅。

3.21

【原文】

义理有疑，则濯①去旧见，以来新意。心中有所开，即便札记②，不思则还塞之矣。更须得朋友之助，一日间朋友论著，则一日间意思差别，须日日如此讲论，久则自觉进也。

——张载《经学理窟·学大原下》

【注释】

①濯：洗涤。

②札记：读书时摘记的要点以及所写的心得。

【译文】

义理上有不懂的地方，那么就洗去旧的见地，来想出新的创意。心中有所悟，立刻写下心得，不思考的话就还会思维阻塞。更需要朋友的帮助，在朋友的帮助下，一天的间隔朋友讨论到点子上，所理解的义理的意思就有所差别，应该每天都这么讲解讨论，时间长了自然就会进步

3.22

【原文】

凡致思到说不得处，始复审思明辨①，乃为善学也。若告子则到说不得处遂已，更不复求。

——张载《拾遗·近思录拾遗》

【注释】

①审思明辨：仔细地思考，明确地分辨。

【译文】

但凡是专心思考到了不能说的地步，又开始仔细地思考明确地分辨，这才是好好学习。如果告子到了不能说的地步就停止了，那更加不能再探求下去了。

3.23

【原文】

伊川先生曰：凡看文字，先须晓其文义①，然后可求其意。未有文义不晓而见意者也。

——《河南程氏遗书》卷二十二上《伊川杂录》

【注释】

①文义：文章的义理，文章的内容。

【译文】

程颐说：但凡看文章，应该先知晓文章的内容，然后再探求文章的内涵。没有不知晓文章的内容却知道内涵的。

3.24

【原文】

学者要自得。六经[1]浩渺[2]，乍来难尽晓。且见得路径后，各自立得一个门庭，归而求之可矣。

——《河南程氏遗书》卷二十二上《伊川杂录》

【注释】

①六经：《诗》《书》《礼》《易》《乐》《春秋》的合称。

②浩渺：广阔无边。

【译文】

学习的人要有所收获。六经广阔无边，一开始难以完全知晓。并且找到方法后，各自确立一种方式，回头再去探求就可以了。

3.25

【原文】

凡解文字，但易其心，自见理。理只是人理甚分明，如一条平坦底道路。《诗》[1]曰："周道如砥[2]，其直如矢[3]。"此之谓也。或曰："圣人之言，恐不可以浅近看他"。曰："圣人之言，自有近处，自有深远处。如近处怎生强要凿教深远得？扬子[4]曰：'圣人之言远如天，贤人之言近如地。'颐与改之曰：'圣人之言，其远如天，其近如地。'"

——《河南程氏遗书》卷十八《刘元承手编》

【注释】

①《诗》：即《诗经》，是中国古代诗歌开端，最早的一部诗歌总集，收集了西周初年至春秋中叶的诗歌，共 311 篇。

②砥：质地很细的磨刀石。

③矢：箭。

④扬子：扬雄，字子云，汉族。西汉官吏、学者。

【译文】

但凡理解文字，只要内心平易，自然就能看见其中的道理。道理只是人的道理，很明白，就像一条平坦的道路。《诗经》说："大道就像磨刀石，笔直的就像箭。"就是这样啊。有的人说："圣人的话，恐怕不可以用浅显的眼光来看。"程颐说："圣人的话，自有浅显易懂的，也有晦涩深远的。如果只有浅显的道理那怎么能勉强附会而成为深远的道理呢？扬子说：'圣人的话高远得就像在天上，贤人的话就好像近在眼前。'程颐把这句话改为：'圣人的话，高远得就像天空，浅显得就像大地。'"

3.26

【原文】

学者不泥文义者，又全背却远去；理会文义者，又滞泥不通。如子濯孺子[①]为将之事，孟子只取其不背师之意，人须就上面理会事君之道如何也。又如万章[②]问舜完廪[③]浚[④]井事，孟子只答他大意，人须要理会浚井如何出得来，完廪又怎生下得来。若此之学，徒费心力。

——《河南程氏遗书》卷十八《刘元承手编》

【注释】

①子濯孺子：春秋时郑国大夫。

②万章：孟子高足弟子。一生追随孟子，为孟子所喜爱。

③廪：米仓，仓库。

④浚：疏通，挖深。

【译文】

不拘泥于文章的内容的学习之人，又完全背离了文章内容；理解体会文章内容的，又拘泥于文章内容不懂变通。就像子濯孺子当将领的事情，孟子只取了庾公之斯不背叛老师的意思，人们就往上攀附理解侍奉君主之道是什么样的。又像万章问舜修米仓疏通井的事，孟子只回答他大概意思，别人就一定要琢磨清楚舜掉进井里怎么出来，修完米仓又怎么从上面下去。如果这么学的话，就是徒劳地耗费心神力气。

3.27

【原文】

凡观书不可以相类泥其义，不尔，则字字相梗[①]。当观其文势上下之意，如“充实之谓美”与《诗》之美不同。

——《河南程氏遗书》卷十八《刘元承手编》

【注释】

①梗：阻塞。

【译文】

但凡读书不可以被类似的内容拘泥了它们的含义，不这样的话，那么字字梗塞。当看文章的气势和上下语境，就像“充实的叫作美”，和《诗经》的美不一样。

3.28

【原文】

问：“莹中①尝爱文中子②‘或问学《易》，子曰：终日乾乾可也’，此语最尽。文王所以圣，亦只是个不已。”先生曰：“凡说经义，如只管节节推上去，可知是尽。夫终日乾乾，未尽得《易》。据此一句，只做得九三使。若谓乾乾是不已，不已又是道，渐渐推去，自然是尽，只是理不如此。”

——《河南程氏遗书》卷十九《杨遵道录》

【注释】

①莹中：陈瓘，字莹中，号了斋，沙县城西劝忠坊人。

②文中子：王通，字仲淹，道号文中子，隋朝河东郡龙门县通化镇人，著名教育家、思想家、道家。

【译文】

问：“陈瓘曾经喜欢王通的一句话‘有人问怎样学习《周易》，你说：一天到晚努力不懈就可以了’，这话最能穷尽这个道理。周文王之所以成为圣人，也只是因为努力而不停止。”先生回答说：“但凡解说经义，如只管一节一节推上去，可以知道是会穷尽的。终日努力不懈，还没有穷尽《易》的道理。根据这一句，只能当它是《乾卦》九三爻。如果说乾乾是不停止，不停止又是道。渐渐地往后推理，自然能穷尽道理的，只是理本来并不是这么高深的。”

3.29

【原文】

“‘子在川①上曰：逝者如斯夫！’言道之体如此，这里须是自见得。”张绎[②]曰："此便是无穷。"先生曰："固是道无穷，然怎生一个'无穷'便道了得他？"

——《河南程氏遗书》卷十九《杨遵道录》

【注释】

①川：河流，水道。

②张绎：字思叔，寿安东七里店人。理学家程颐晚年所收的两个弟子之一，北宋著名乡贤，卒赠翰林学士。

【译文】

"'孔子站在河边说：逝去的就像这河水一样啊！'说道德本体就是这样，这里应该是要自己体悟明白的。"张绎说："这就是无穷。"先生说："本来是道无穷，怎么能用一个'无穷'就说是道尽了这个道理呢？"

3.30

【原文】

今人不会读书。如"诵《诗》三百，授之以政，不达；使于四方，不能专对。虽多，亦奚[①]以为"，须是未读《诗》时不达于政，不能专对；既读《诗》后，便达于政，能专对四方，始是读《诗》。"人而不为《周南》《召南》，其犹正墙面"，须是未读《诗》时如面墙，到读了后便不面墙，方是有验。大抵读书只此便是法。如读《论语》，旧时未读是这个人，及读了后来，又只是这个人，便是不曾读也。

——《河南程氏遗书》卷十九《杨遵道录》

【注释】

①奚：代词，什么。

【译文】

现在的人不会读书，就像孔子说的"读了《诗经》，交给他政事，却做不好；叫他出使到别国，却不能独自应对。即使书读得多，又有什么用处呢？"应该是在没有读《诗经》时不擅长政事，不能单独应付外交。读了《诗经》以后，就应该擅长处理政事，能应付外交，这才是读了《诗经》。孔子说"读书人不去研究《诗经》中的《周南》和《召南》，就像是面对墙壁站立着，眼不见物"，应该是没有读《诗经》时像面对着墙，读了以后就不是面对着墙，才是读书的验证。大抵读书的效果就是这么验证。如果读《论语》，过去没读时是这个人，等到读过了之后仍然还会原来的那个人，那就等于没有读过。

3.31

【原文】

凡看文字，如七年[1]、一世[2]、百年[3]之事，皆当思其如何作为，乃有益。

——《河南程氏遗书》卷二十二上《伊川杂录》

【注释】

①七年：出自《论语·子路》中“善人教民七年，亦可以即戎矣”。意思是：好的领导人教导人民七年，就可以从军打仗了。

②一世：出自《论语·子路》中“如有王者，必世而后仁”。意思是：如果有君王治理国家，一定要治理三十年然后才能实现仁政。

③百年：出自《论语·子路》中“善人为邦百年，亦可以胜残去杀矣”。意思是：好的领导人治理国家一百年，就可以战胜残暴止去杀戮了。

【译文】

但凡阅读文字，就像七年、一世、百年之类的典故，都应该思索他们是怎么做的，才是有好处的。

3.32

【原文】

凡解经不同无害，但紧要处不可不同尔。

——《河南程氏外书》

【译文】

但凡解读经书有不同的地方也是没有害处的，但关键的地方不可以有分歧。

3.33

【原文】

焞[1]初到，问为学之方。先生曰：“公要知为学，须是读书。书不必多看，要知其约，多看而不知其约，书肆[2]耳。颐缘[3]少时读书贪多，如今多忘了。须是将圣人言语玩味，入心记着，然后力去行之，自有所得。”

——《河南程氏外书》

【注释】

①焞：尹焞，字彦明，一字德充，洛阳（今河南省洛阳）人，为著名理学家程颐直传弟子。

②书肆：书店。

③缘：因为。

【译文】

尹焞刚到程颐门下，请教学习的方法。程颐说："您要明白学习应该要读书。书不用多看，但要明白其中的精要，看了很多书却不知道书中的精要，那就是个书店。我因为年轻时读书贪多，现在大都忘了。应该把圣人的话反复体悟，牢记在心，然后努力实践，自然会有所收获。"

3.34

【原文】

初学入德[①]之门，无如《大学》，其他莫如《语》《孟》。

——《河南程氏遗书》卷二十二上《伊川杂录》

【注释】

①入德：进入圣人品德修养的境域。

【译文】

刚开始学习进入圣人品德修养的境域的方法时，没有什么比得上《大学》，其他的没有比得上《论语》《孟子》的。

3.35

【原文】

学者先须读《论》《孟》。穷得《语》《孟》，自有要约处，以此观他经甚省力。《论》《孟》如丈尺权衡[①]相似，以此去量度事物，自然见得长短轻重。

——《河南程氏遗书》卷十八《刘元承手编》

【注释】

①权衡：称量物体轻重的器具。

【译文】

学习的人应该先读《论语》《孟子》。穷尽《论语》《孟子》的道理，自然有重要的道理，用它再去看其他书就会很省力。《论语》《孟子》就像尺和秤一样，拿这个去测量事物，自然可以看出长短轻重。

3.36

【原文】

读《论语》者，但将诸弟子问处便作己问，将圣人答处便作今日耳闻，自然有得。若能于《论》《孟》中深求玩味，将来涵养成甚生气质！

——《河南程氏遗书》卷二十二上《伊川杂录》

【译文】

读《论语》的人，只要把孔子各位弟子的问题当作自己的问题，将孔子的回答当作是今天听到的，自然会有收获。如果能在《论语》《孟子》中深入探求体悟，将来可以涵养成什么样的气质呢！

3.37

【原文】

凡看《语》《孟》，且须熟玩味，将圣人之言语切己①，不可只作一场话说。人只看得此二书切己，终身尽多也。

——《河南程氏遗书》卷二十二上《伊川杂录》

【注释】

①切己：犹切身。密切联系自身；和自己有密切关系。

【译文】

但凡是看《论语》《孟子》，应该要熟读体悟，将圣人的话切身体悟，不可以只当作几句话。人只要将这几本书结合自己体悟，一生可以收获很多。

3.38

【原文】

《论语》有读了后全无事者，有读了后其中得一两句喜者，有读了后知好之者，有读了后不知手之舞之、足之蹈之者。

——《河南程氏遗书》卷十九《杨遵道录》

【译文】

《论语》有人读了以后一点感悟也没有，有人读了以后有因为一两句的感悟而喜悦，有人读了以后知晓并喜欢它，有人读了以后不自觉地手舞足蹈。

3.39

【原文】

学者当以《论语》《孟子》为本。《论语》《孟子》既治，则《六经》可不治而明矣。读书者当观圣人所以作经之意，与圣人所以用心，与圣人所以至圣人，而吾之所以未至者，所以未得者。句句而求之，昼诵而味之，中夜而思之，平其心，易其气，阙[1]其疑，则圣人之意见矣。

——《河南程氏遗书》卷二十五《畅潜道录》

【注释】

①阙：减少。

【译文】

学习的人应该把《论语》和《孟子》作为根本。《论语》《孟子》研读完以后，那么六经不用研究就可以通晓。读书的人应该观察圣人写经的立意、圣人的用心，圣人达到圣人境界的原因，而我却没有达到圣人境界、没有收获的原因。句句推求道理，白天诵读体味，半夜思考，平易心气，减少疑虑，那么圣人的意思就可以体会到了。

3.40

【原文】

读《论语》《孟子》而不知道，所谓"虽多，亦奚以为"。

——《河南程氏遗书》卷六

【译文】

读《论语》《孟子》却通晓圣人之道，这就是所说的"虽然多，但有什么用呢"。

3.41

【原文】

《论语》《孟子》只剩读着便自意足，学者须是玩味。若以语言解着，意便不足。某始作此二书文字，既而思之又似剩。只有些先儒错会处，却待与整理过。

——《河南程氏外书》卷五《马氏本拾遗》

【译文】

《论语》《孟子》只读原文，就自己领会其意。学习的人一定要体悟。如果用语言解释，意思就不完整了。我刚开始给这两本书解说，后来思考后又觉得多余。只是有些前代儒者理解错的地方，等我整理。

3.42

【原文】

问："且将《语》《孟》紧要处看，如何？"伊川曰："固是好，然若有得，终不浃洽①。盖吾道非如释氏②，一见了③便从空寂去。"

——《河南程氏外书》卷十二《传闻杂记》

【注释】

①浃洽：贯通。

②释氏：佛姓释迦的略称。亦指佛或佛教。

③了：明白，懂得。

【译文】

问："暂且去看《论语》《孟子》的关键之处怎么样？"程颐说："确实是好，但如果有心得，最终却不能贯通。大概是因为我研究的道不是佛道，佛家一旦体悟就进入空寂的境界了。"

3.43

【原文】

"兴于《诗》"者，吟咏情性，涵畅①道德之中而歆动②之，有"吾与③点④"之气象。（又曰："兴于《诗》"，是兴起人善意，汪洋浩大，皆是此意。）

——《河南程氏外书》卷三《陈氏本拾遗》

——《河南程氏遗书》卷二上《元丰己未吕与叔东见二先生语》

【注释】

①涵畅：滋润化育，使之发扬。

②歆动：指欣喜动心。

③与：赞同。

④点：曾点，字晳，又称曾晳、曾晰、曾蒧。孔子弟子，孔门七十二贤之一。

【译文】

"在读《诗经》时有所兴发"的人，涵养性情，在道德中滋润化育而欣

喜，有“我赞同曾点”的气象。程颐又说：“在读《诗经》时有所兴发”，是兴发人的善意，使之浩大，都是这个意思。

3.44

【原文】

谢显道云：明道先生善言《诗》，他又浑不曾章解句释，但优游[①]玩味，吟哦[②]上下，便使人有得处。“瞻彼日月，悠悠我思。道之云远，曷[③]云能来？”思之切矣。终曰：“百尔君子，不知德行。不忮[④]不求，何用不臧[⑤]！”归于正也。又云：伯淳常谈《诗》，并不下一字训诂，有时只转却一两字，点掇[⑥]地念过，便教人省悟。又曰：古人所以贵亲炙[⑦]之也。

——《河南程氏外书》卷十二《传闻杂记》

【注释】

①优游：生活得十分闲适。

②吟哦：有节奏地诵读。

③曷：何，什么。

④忮：害，嫉妒，狠。

⑤臧：善，好。

⑥掇：拾取，摘取。

⑦亲炙：直接受到传授、教导。

【译文】

谢良佐说：程颢擅长讲《诗经》。他又全然不一字一句地解释，只是悠然品味，有节奏地诵读，便让人能够有所收获。“看那日月，我的思念悠悠不绝。道路漫长，什么时候才会到来？”思念之情十分迫切。最终说：“诸位君子，不知道德行。不害人不奢求，怎么会不好呢！”又归于正理了。又说：程颢常常谈论《诗经》，并不做一个字的解释，有时候只转换一两个字，稍微地看过，就能让人省悟。又说：这就是古人看重直接传授的原因。

3.45

【原文】

明道先生曰：学者不可以不看《诗》，看《诗》便使人长一格价。

——《河南程氏外书》卷十二《传闻杂记》

【译文】

程颢说：学习的人不可以不看《诗经》，读了《诗经》就可以让人有所提升。

3.46

【原文】

“不以文害辞[①]”，文，文字之文，举一字则是文，成句是辞。《诗》为解一字不行，却迁就他说，如“有周不显”，自是作文当如此。

——《河南程氏外书》卷一《朱公掞录拾遗》

【注释】

①以文害辞：拘于文字而误解整个语句的意义。

【译文】

“不要拘于文字而误解整个语句的意义”，文，就是文字的文，单说一个字那就是字，成为了一个句子就是辞。《诗经》里有一个字解释不通，就迁就别的说法，就像“有周不显”，写文章的时候自然也是这样。

3.47

【原文】

看《书》须要见二帝[①]、三王[②]之道。如二《典》[③]，即求尧所以治民、舜所以事君。

——《河南程氏遗书》卷二十四《邹德久本》

【注释】

①二帝：指唐尧与虞舜。

②三王：夏、商、周三朝的第一位帝王大禹、商汤王、周武王及周文王的合称。

③二《典》:《尚书》中《尧典》《舜典》的合称。

【译文】

读《尚书》要明白二帝三王的治理之道。就像读二《典》，就要探求尧治理人民、舜侍奉君主的方法。

3.48

【原文】

《中庸》之书，是孔门传授，成于子思[①]、孟子。其书虽是杂记，更不分精粗，一衮说了。今人语道，多说高便遗却卑，说本便遗却末。

——《河南程氏遗书》卷十五《入闽语录》

【注释】

①子思：孔伋，字子思，孔子的嫡孙、孔子之子孔鲤的儿子。

【译文】

《中庸》这本书，是孔子传授，成于子思、孟子之手。这本书虽然是杂记，不区分精细粗略，都一起说了。现在的人说圣人之道，大多是说高深的地方却忘了基础的，说到根本的就忘记了细枝末节。

3.49

【原文】

伊川先生《易传序》曰：《易》，变易也，随时变易以从道也。其为书也，广大悉备，将以顺性命之理，通幽明之故，尽事物之情，而示开物成务[①]之道也。圣人之忧患后世，可谓至矣。去古虽远，遗经尚存。然而前儒失意以传言，后学诵言而忘味。自秦而下，盖无传矣。予生千载之后，悼斯文之湮晦[②]，将俾[③]后人沿流而求源，此《传》所以作也。“《易》有圣人之道四焉：以言者尚其辞，以动者尚其变，以制器者尚其象，以卜筮者尚其占。”吉凶消长之理、进退存亡之道，备于辞。推辞考卦，可以知变，象与占在其中矣。“君子居则观其象而玩其辞，动则观其变而玩其占。”得于辞，不达其意者有矣，未有不得于辞而能通其意者也。至微者理也，至著者象也，体用一源，显微无间。观会通以行其典礼，则辞无所不备。故善学者求言必自近，易于近者，非知言者也。予所传者辞也，由辞以得意，则在乎人焉。

——《河南程氏文集》卷八《易传序》

【注释】

①开物成务：通晓尤物之理，得以办好各种事情。

②湮晦：埋没，消失。

③俾：使，让。

【译文】

程颐的《易传序》中说：《周易》的易，是变化的意思，是随时变化来跟从道。《周易》这部书，广博完备，来顺应性命之理，通达明暗，穷尽事物的情理，来显示通晓事理而办好各种事情的道理。圣人为后世忧虑，已经表

达到极致了。现在离古时虽然已经很久了，但圣人留下的经书还存在着。然而前代儒者失其本意仅仅把文字传了下来，后代的学者吟诵文章却不知道文章本味。从秦代往下，《周易》中的本意就没有流传下去了。我生在圣人千年之后，伤悼他的本意被埋没，想使后人能够通过文字追寻本源，这就是我写《易传》的目的。《周易·系辞》上说："《周易》中包含有圣人之道中的四个道理：议论时崇尚《易》的言辞；行动时崇尚《易》的变化；制造器具时崇尚《易》的象；占卜时崇尚《易》的卦辞。"天道吉凶消长的道理，人类进退存亡的道理，都包含在卦辞里边。推敲卦辞来考究卦义，就可以知晓变化，这样卦象和占断也就在其中了。《系辞》说："君子平时就观察《周易》的卦象玩味卦辞，行动时就观察卦辞的变化玩味占断。"理解卦辞而不能明白含义的人是有的，但没有不懂卦辞却能理解含义的。最精微的是理，最显著的象。体和用本是一体的，显和微也没有间隔。观察万物之理并领会通达来推行典法礼仪，那么《周易》的卦辞是完备的。所以善于学习的人探求圣人之言一定就近从文辞开始。轻视文辞的人，不是明白圣人之言的人。我在书中解释的是《周易》的文辞，通过辞来通晓圣人的本意，那就在于学习的人了。

3.50

【原文】

伊川先生答张闳中①书曰：《易传》未传，自量精力未衰，尚觊②有少进尔。来书云："《易》之义本起于数。"谓义起于数，则非也。有理而后有象，有象而后有数。《易》因象以明理，由象以知数。得其义，则象数在其中矣。必欲穷象之隐微，尽数之毫忽，乃寻流逐末，术家之所尚，非儒者之所务也。

——《河南程氏文集》卷九《答张闳中书》

【注释】

①张闳中：二程弟子。

②觊：希望得到。

【译文】

程颐在回答张闳中的信中说：《易传》还没有流传，因为自己认为精力还没有衰竭，还希望有一些进步。你来信说："《易》的义理本来产生于数。"若说义理产生于数，那就错了。有了理然后才有象，有了象然后才有数。《易》

通过卦象说明道理，从卦象中明白其数。明白了义理那么象和数就都在其中了。一定想要穷尽象地隐晦精微，穷尽数的分毫，于是追求支流和细枝末节，是术数家崇尚的，不是儒者应做的事。

3.51

【原文】

知时识势，学《易》之大方也。

——《周易程氏传》卷三《夬传》

【译文】

识时务，是学习《周易》的根本方法。

3.52

【原文】

《大畜》初、二，乾体刚健而不足以进，四、五阴柔而能止。时之盛衰，势之强弱，学《易》者所宜深识也。

——《周易程氏传》卷二《大畜传》

【译文】

《大畜》卦的初九和九二两爻，虽然乾卦阳刚康健但是不足以上进，六四和六五两爻阴柔但是可以阻止。时运的盛衰，势力的强弱，是学习《周易》的人应该去深刻认识的。

3.53

【原文】

诸卦二、五，虽不当位①，多以中为美；三、四虽当位，或以不中为过。中常重于正也。盖中则不违于正，正不必中也。天下之理莫善于中，于九二、六五可见。

——《周易程氏传》卷四《震传》

【注释】

①当位：易学术语。凡是阳爻居阳位，阴爻居阴位，均称为当位。

【译文】

各个卦的二爻和五爻即使阴阳不居于其位，大多以持中为美；三爻和四爻即使阴阳居于其位，有的也因为不持中而有过错。持中常常要比正更重要。大概是因为持中就不会违背中正，中正却不一定能持中。天下的道理没有比持中更好的，在九二爻和六五爻中可以看出来。

3.54

【原文】

问："胡先生[①]解九四作太子，恐不是卦义。"先生云：亦不妨，只看如何用。当储贰[②]，则做储贰使。九四近君，便作储贰亦不害。但不要拘一，若执一事，则三百八十四爻只作得三百八十四件事便休了。

——《河南程氏遗书》卷十九《杨遵道录》

【注释】

①胡先生：胡瑗，字翼之。中国北宋学者。理学先驱、思想家和教育家。

②储贰：亦作储二。储副，太子。

【译文】

问："胡瑗把九四爻解释作太子，恐怕不是卦的本来意思。"程颐说：也没有妨害，要看是怎么运用的。应当是太子那么就是太子。九四本来就接近君主之位，那么就当作是太子也没有害处。但是不要拘泥于一种解释，如果执着于一件事，那么三百八十四爻，只能当作是三百八十四件事了。

3.55

【原文】

看《易》且要知时。凡六爻，人人有用。圣人自有圣人用，贤人自有贤人用，众人自有众人用，学者自有学者用，君有君用，臣有臣用，无所不通。因问："《坤卦》是臣之事，人君有用处否？"先生曰：是何无用？如"厚德载物"，人君安可不用？

——《河南程氏遗书》卷十九《杨遵道录》

【译文】

读《周易》爻知道因时变通。但凡是六爻人人都有用处，圣人自然有圣人的用处，贤人自然有贤人的用处，众人自然有众人的用处，学习的人自然有学习的人的用处，君主有君主的用处，臣子有臣子的用处，没有行不通的地方。因此有人问："《坤卦》是臣子的事，对君主有用处吗？"程颐说：怎么会没用呢？就像是"厚德载物"，君主怎么会不用呢？

3.56

【原文】

《易》中只是言反复往来上下。

——《河南程氏遗书》卷十四《亥九月过汝所闻》

【译文】

《周易》中只是说卦反复、往来、上下的道理。

3.57

【原文】

作《易》自天地幽明，至于昆虫草木微物，无不合。

——《河南程氏外书》卷七《胡氏本拾遗》

【译文】

写《周易》，从天地明暗，再到昆虫草木等微小之物，没有不符合《周易》的道理的。

3.58

【原文】

今时人看《易》，皆不识得《易》是何物，只就上穿凿。若念得不熟与，就上添一德亦不觉多，就上减一德亦不觉少。譬如不识此兀子①，若减一只脚，亦不知是少；若添一只，亦不知是多。若识则自添减不得也。

——《河南程氏外书》卷五《冯氏本拾遗》

【注释】

①兀子：即杌子，小矮凳。

【译文】

现在的人看《周易》，都不知道

《周易》是什么东西，就只是穿凿附会。如果读得不熟，就在上面增添一种品行也不觉得多，在上面减少一种品行也不觉得少。就像不认识这个凳子，如果少了只椅子腿也不知道是少了，如果多了一只椅子腿也不知道是多了。如果认识的话那么自然就不能增减了。

3.59

【原文】

游定夫[1]问伊川"阴阳不测之谓神"，伊川曰：贤是疑了问，是拣难底问？

——《河南程氏外书》卷十二《传闻杂记》

【注释】

①游定夫：游酢，建州建阳人，北宋书法家、理学家。

【译文】

游酢问程颐"不可预测的阴阳叫作神"，程颐说：你是有了疑惑就来问，还是挑着难的来问？

3.60

【原文】

伊川以《易传》示门人曰："只说得七分，后人更须自体究。"

——《河南程氏外书》卷十一《时氏本拾遗》

【译文】

程颐拿《易传》给弟子看，说："只说七分的道理，后代的人更应该自己去体悟推究。"

3.61

【原文】

伊川先生《春秋传序》曰：天之生民，必有出类之才，起而君长之；治之而争夺息，导之而生养遂，教之而伦理明，然后人道立，天道成，地道平。二帝而上，圣贤世出，随时有作，顺乎风气之宜，不先天以开人，各因时而立政。暨[1]乎三王迭兴，三重既备，子丑寅之建正，忠质文之更尚，人道备矣，天运周矣。圣王既不复作，有天下者，虽欲仿古之迹，亦私意妄为而已。事之缪[2]，秦至以建亥为正；道之悖，汉专以智力持世。岂复知先王之道也？夫子当周之末，以圣人不复作也，顺天应时之治不复有也，于是作《春秋》，为百王不易之大法，所谓"考诸三王而不

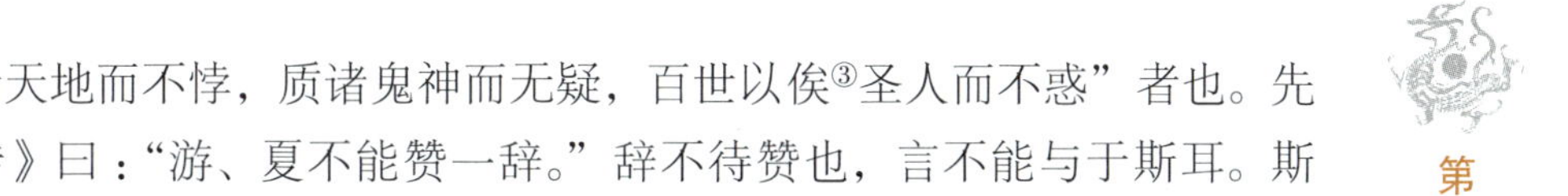

谬，建诸天地而不悖，质诸鬼神而无疑，百世以俟[3]圣人而不惑”者也。先儒之《传》曰：“游、夏不能赞一辞。”辞不待赞也，言不能与于斯耳。斯道也，惟颜子尝闻之矣。“行夏之时[4]，乘殷之辂[5]，服周之冕，乐则《韶》舞”，此其准的也。后世以史视《春秋》，谓褒善贬恶而已，至于经世之大法，则不知也。《春秋》大义数十。其义虽大，炳[6]如日星，乃易见也；惟其微辞隐义，时措从宜者，为难知也。或抑或纵，或与或夺，或进或退，或微或显，而得乎义理之安，文质之中，宽猛之宜，是非之公，乃制事[7]之权衡[8]，揆[9]道之模范也。夫观百物然后识化工之神，聚众材然后知作室之用。于一事一义而欲窥圣人之用心，非上智不能也。故学《春秋》者，必优游涵泳[10]，默识心通，然后能造其微也。后王知《春秋》之义，则虽德非禹、汤，尚可以法[11]三代之治。自秦而下，其学不传。予悼夫圣人之志不明于后世也，故作《传》以明之，俾后之人通其文而求其义，得其意而法其用，则三代可复也。是《传》也，虽未能极圣人之蕴奥，庶几[12]学者得其门而入矣。

——《河南程氏文集》卷八《春秋传序》

【注释】

①暨：到，至。

②缪：错误。

③俟：等待。

④时：历法。

⑤辂：古代的一种大车。

⑥炳：明亮，显著。

⑦制事：谓处理政治、军事等重大事件。

⑧权衡：法度，标准。

⑨揆：揣测。

⑩优游涵泳：从容求索，深入体会。

⑪法：仿效。

⑫庶几：或许可以，表示希望或推测。

【译文】

程颐在《春秋传序》里说：天地生养人民，一定有超过普通人的人才出现并且领导他们；治理然后战争平息，疏导他们生养顺遂，教导他们然后伦理明晰，然后人的法则确立，天的法则大成，地的法则平易。从尧舜二帝往上追溯，圣贤世代辈出，根据时节作息，顺应风俗来适宜，不先于上天来开化人民，各自顺应时事来确立政权。等到了三王迭起，夏商周的三种重要仪式礼节已经完备，夏商周各自确立子月、丑月、寅月，各自崇尚忠诚、质朴、文采，人世的道理已经完备，天道运行的法则也周全了。圣王既然不再出现，掌管天下的君王即使想要模仿古代遗留下来的制度，也只是肆意妄为而已。事情的荒谬，在秦朝甚至到了把亥月作为一年的开端；悖逆于正道，汉朝只凭智力治理天下。怎么能再知道先代帝王的治理之道呢？孔子出生在周朝末年，因为圣人不再出现，顺应天道顺应时节的治理也不再有了，所以写了《春秋》，是历代百王不变的通则。所谓的“考究先代三王而且没有错误，建立在天地之间而不悖逆，验证鬼神却也没有疑问，百世等待圣人却没有疑惑”。先代的儒者在传记里说：“子游、子夏也不能修改其中的一句文辞。”说文辞不能修改的，是他们的水平不足以参与修改。《春秋》的大道，只有颜子曾经听闻。“实行夏代的历法，乘坐商朝的大车，穿戴周朝的礼帽，起乐就跳舜时代的《韶》舞”，这就是标准。后世将《春秋》看作是史书，认为其不过是褒奖良善贬低恶行，至于治国理政的方法，就不知道了。《春秋》里的大义有几十条，这些道理虽然大，就像太阳和星星一样闪耀，是很容易被看到的；只有其中精微隐晦的文辞义理，和因时而变的地方，是很难明白的。里面的语言，有的抑制有的放纵，有的赞同有的反对，有的进步有的退步，有的细微有的明显，而使文章义理通畅，文采质朴居中，宽猛适宜，是非公平，是处理政事的法度，把握道义标准的模范。就像观察万物然后认识到自然的神奇，汇聚很多材料然后才能知道各自在建筑屋子中的用途，在每一件事，每一个义理里想要看见圣人的用心，不是有很高的智慧是做不到的。所以学习《春秋》的人，一定要从容求索，深入体会，默默认识，内心通达，然后才能明白它的精微之处。后代的君王明白《春秋》的义理，那么即使德行比不上大禹和商汤，但还可以效仿夏商周三代的治理之道。从秦朝往后，《春秋》的学问就失传了。我哀悼圣人的心志不被后世人所知，所以写《传》来说明它，让后世之人通晓《春秋》文章并且探求它的义理，领会它的意义，并且效仿它的用法，那么三代的治理就可以再现了，是《传》啊。虽然不能极尽圣人的底蕴奥妙，或许可以让一些学习的人得到入门的方法。

3.62

【原文】

《诗》《书》载道之文,《春秋》圣人之用。《诗》《书》如药方,《春秋》如用药治病。圣人之用，全在此书，所谓“不如载之行事深切著明”者也。有重叠言者，如征伐、盟会之类。盖欲成书，势须如此。不可事事各求异义。但一字有异，或上下文异，则义须别。

——《河南程氏遗书》卷二上《元丰己未吕与叔东见二先生语》

【译文】

《诗经》《尚书》是承载圣人之道的书,《春秋》是圣人功用的体现。《诗经》《尚书》就像药方,《春秋》就像用药治病。圣人的功用，都在这本书中，这就是孔子说的“不如通过行动表现的深切显明”。有重复的话，就像征伐、盟会之类的。想要写成这本书，一定要这样，不能事事都要想要多个解释。但一个字有不同的含义，或上下文有区别，那么含义就应该辨别。

3.63

【原文】

《五经》之有《春秋》，犹法律之有断例[①]也。律令[②]唯言其法，至于断例，则始见其法之用也。

——《河南程氏遗书》卷二上《元丰己未吕与叔东见二先生语》

【注释】

①断例：断案的准则。

②律令：律度法令，法规。

【译文】

五经中有《春秋》，就像法律有断案的准则。法规只说法律条文，到了断案的准则，才能看见法律的用处。

3.64

【原文】

学《春秋》亦善，一句是一事，是非便见于此，此亦穷理之要。然他经岂不可以穷理？但他经论其义,《春秋》因其行事，是非较著，故穷理为要。尝语学者，且先读《论语》《孟子》，更读一经，然后看《春秋》。先识得个义理，方可看《春秋》。《春秋》以何为准？无如《中庸》。欲知《中庸》，无如权，须是时而为中。若当手足胼胝①、闭户不出二者之间取中，便不是中。若当手足胼胝，则于此为中；当闭户不出，则于此为中。权之为言，秤锤②之义也。何物为权？义也，时也。只是说得到义，义以上更难说，在人自看如何。

——《河南程氏遗书》卷十五《入闽语录》

【注释】

①手足胼胝：手掌足底生满老茧。形容经常辛勤劳动。

②秤锤：秤砣。

【译文】

学习《春秋》也是好事，一句话就是一件事，是非就可以看得出来，这也不是穷尽道理的关键。然而其他经典不可以穷尽道理吗？但其他经典讨论义理，《春秋》因为记述的都是实事，是非比较明显，所以穷尽道理更加重要。我曾经对学习的人说，先读《论语》《孟子》，再读一本经典，然后再读《春秋》。先明白义理，才可以看《春秋》。《春秋》以什么为标准呢？没有什么比得上《中庸》。想要了解《中庸》，没有什么比得上权衡。应该是因时而变并且持中，如果在勤劳和闭门不出之间折中，那就不是持中。如果应该勤劳，那么勤劳就是持中。如果应该闭门不出，那么闭门不出就是持中。用话来解释权，就是秤砣的意思。什么东西是权呢？那就是义理和时宜。只是说到义理，义理之上就更难解释，在于每个人怎么理解。

3.65

【原文】

《春秋》传为按，经为断①。

——《二程遗书》卷十五

【注释】

①断：判断，决断。

【译文】

《春秋》传是案卷，《春秋》经是决断的依据。

3.66

【原文】

凡读史，不徒要记事迹，须要识其治乱安危兴废存亡之理。且如读《高帝纪》[1]，便须识得汉家四百年终始治乱当如何。是亦学也。

——《河南程氏遗书》卷十八《刘元承手编》

【注释】

①《高帝纪》：即《史记·汉高祖纪》。

【译文】

但凡是读史书不光要记住事迹，应该要明白它们治理国家、兴废存亡的道理。并且如果读《高帝纪》，就应该了解汉代四百年是怎么治理国家的。这也是学习啊。

3.67

【原文】

先生每读史到一半，便掩卷思量，料其成败，然后却看。有不合处，又更精思。其间多有幸而成，不幸而败。今人只见成者便以为是，败者便以为非，不知成者煞有不是，败者煞有是底。

——《河南程氏遗书》卷十九《杨遵道录》

【译文】

程颐每次读史书读到一半，就合起书思考，预料他们的成败，然后再看。有不一样的地方，就更加精细地思考，这之中有很多是因为幸运才成功的，因为不幸才失败的。现在的人只认为成功的人就是对的，失败的人就是错的，不知道成功的人也有错，失败的人也有对处。

3.68

【原文】

读史须见圣贤所存治乱之机，贤人君子出处进退，便是格物。

——《河南程氏遗书》卷十九《杨遵道录》

【译文】

读史书应该了解圣贤所有的平定动乱的时机，以及贤人君子的出入进退，这都是学习。

3.69

【原文】

元祐[1]中，客有见伊川者，几案[2]间无他书，惟印行《唐鉴》[3]一部。先生曰："近方见此书。三代[4]以后，无此议论。"

——《河南程氏外书》卷十二《传闻杂记》

【注释】

①元祐：元佑（1086—1094）是宋哲宗赵煦的第一个年号。北宋使用这个年号共九年。

②几案：长桌子，也泛指桌子。

③《唐鉴》:《唐鉴》十二卷，是宋代的古文书籍，作者是范祖禹，他因此书被称为“唐鉴公”。

④三代：指夏商周三代。

【译文】

元祐年间，有位客人拜见程颐，看到他的书案上没有别的书，只有印刷的《唐鉴》一本。程颐说：“最近才看见这本书。从三代以后，就没有看见这样的议论了。”

3.70

【原文】

横渠先生曰:《序卦》①不可谓非圣人之蕴。今欲安置一物，犹求审处，况圣人之于《易》！其间虽无极至精义，大概皆有意思。观圣人之书，须遍布细密如是。大匠岂以一斧可知哉！

——张载《横渠易说·序卦》

【注释】

①《序卦》:《易传》中说明六十四卦排列次序的篇名。

【译文】

张载说:《序卦》不可以说不是圣人的底蕴。现在想要安置一个事物，就要审视寻找适宜的地方，况且圣人对于《周易》来说呢，其中虽然没有达到精深的地步，但大体上都有含义。看圣人的书，应该像这样纵观全局又注意细节。技术高超的工匠的技艺怎么能从一道斧痕中了解呢！

3.71

【原文】

天官①之职，须襟怀洪大方看得。盖其规模至大，若不得此心，欲事事上致曲穷究，凑合②此心，如是之大，必不能得也。释氏锱铢③天地，可谓至大，然不尝为大，则为事不得。若畀④之一钱，则必乱矣。又曰：太宰⑤之职难看，盖无许大心胸包罗，记得此，复忘彼。其混混⑥天下之事，当如捕龙蛇、搏虎豹，用心力看方可。其他五官便易看，止一职也。

——张载《经学理窟·周礼》

【注释】

①天官：天官是古代的官职。

②凑合：将就。

③锱铢（zī zhū）：用来比喻极微小的数量。

④畀（bì）：给与。

⑤太宰：太宰是中国古代官职，在不同的朝代职责和地位不同。

⑥混混：浑浊，纷乱貌。

【译文】

天官这个官职，应该有宽广的胸怀，才能够看见领悟。因为它的规模很大，如果没有这样的心胸，想在每件事上在曲折处计较、穷尽研究，将就自己的心意，那么像这么大的心胸，也不能领会。佛家认为锱铢里能容纳天地，可以说得上是最大的了，然而他们却没有做过这么大的事情，所以做事情难以成功。如果给他们一钱大小的事情，他们一定会混乱。张载又说：太宰这个官职不容易看，因为没有很大的心胸去包罗万象，就会记得这个又忘了那个。那些浑浊纷乱的天下事，就应该像捉龙蛇、斗虎豹一样，用心力去看才可以。其他五种官职就容易看了，因为只关于一种官职而已。

3.72

【原文】

古人能知《诗》者惟孟子，为其以意逆志[①]也。夫诗人之志至平易，不必为艰崄求之。今以艰崄求《诗》，则已丧其本心，何由见诗人之志？（诗人之性情温厚，平易老成，本平地上道著言语。今须以崎岖求之，先其心已狭隘了，则无由见得。诗人之情本乐易，只为时事拂着他乐易之性，故以诗道其志。）

——张载《经学理窟·诗书》

【注释】

①以意逆志：用自己的想法去揣度别人的心思。

【译文】

古人中能读懂《诗经》的只有孟子，因为他用自己的想法去揣度别人的

心思。诗人的志向是平易的，不用当作艰险的事情去探求。现在先认为艰险再去探求《诗经》的含义，那么就已经丧失本心了，又怎么可以懂得诗人的志向呢？（诗人的性情温厚，平易近人，老实敦厚，就像在平地上说话，现在却要先认为它崎岖再来探求它，探求的心先就狭隘了，那就没有办法懂得诗人的心志。诗人的情感本来是愉快平易的，只因为时事拂动了他愉快平易的心性，所以写诗来表明他的心志。）

3.73

【原文】

《尚书》难看，盖难得胸臆如此之大。只欲解义，则无难也。

——张载《经学理窟·诗书》

【译文】

《尚书》难以理解，大概是因为常人很难有这么大的心胸。只想解释文章的表面意思，那么就没有什么难的。

3.74

【原文】

读书少，则无由考校①得义精。盖书以维持此心，一时放下，则一时德性有懈。读书则此心常在，不读书则终看义理不见。

——张载《经学理窟·义理》

【注释】

①考校：校核，研究。

【译文】

读书少，那么没办法研究得到义理的精要。大概是通过书来维持本心，一时放下书，那么就有一时德性有懈怠。读书的话那么本心就恒在，

不读书那么最后没有办法领会义理。

3.75

【原文】

书须成诵。精思多在夜中，或静坐得之。不记则思不起，但通贯得大原后，书亦易记。所以观书者，释己之疑，明己之未达，每见每知新益，则学进矣。于不疑处有疑，方是进矣。

——张载《经学理窟·义理》

【译文】

读书应该熟读到可以背诵。精要的思考大多在夜里，有的时候是安静地坐着领会到的。不熟记就很难有思考，但只要贯通了书的本源后，书就很容易熟记了。所以看书的人解释自己的疑惑，明白自己不足的地方，每次读都有新的收获，那么就会学习进步。在一般没有疑问的地方有疑问，就是进步。

3.76

【原文】

《六经》须循环理会，义理尽无穷。待自家长得一格，则又见得别。

——张载《经学理窟·义理》

【译文】

《六经》应该循环地理解体会，里面的义理是没有穷尽的。等到自己的水平比别人高一个等级，那么又会领悟别的义理。

3.77

【原文】

如《中庸》文字辈，直须句句理会过，使其言互相发明。

——张载《经学理窟·学大原下》

【译文】

像《中庸》这样的文字，应该句句都要理解琢磨，使它的文字相互阐明。

3.78

【原文】

《春秋》之书，在古无有，乃仲尼所自作，惟孟子能知之。非理明义精，殆[①]未可学。先儒未及此而治[②]之，故其说多凿[③]。

——张载《拾遗·近思录拾遗》

【注释】

①殆：大概，恐怕。

②治：讲求，研究。

③凿：穿凿附会。

【译文】

《春秋》这本书，在古时候是没有的，是孔子自己写的，只有孟子能够理解。不是道理明晰含义精微，大概就没什么可学的。先代的儒者达不到这样的境界就去研究它，所以他们的解释大多牵强附会。

若不能存养只是说话

4.01

【原文】

或问："圣可学乎？"濂溪先生曰："可。""有要乎？"曰："有。"请问焉。曰："一为要。一者无欲也，无欲则静虚动直。静虚则明，明则通；动直则公，公则溥①。明通公溥，庶矣乎！"

——周敦颐《周子通书·圣学第二十》

【注释】

①溥：广大。

【译文】

有的人问："可以通过学习成圣吗？"周敦颐说："可以。""那么有什么要点的吗？"回答说："有。"那这个要点是什么呢？回答说："专一就是要点。专一的人没有别的杂念，没有欲求那么安静时能谦虚动时又能正直。安静时谦虚那么就会明达，明达就畅通；动时正直那么就能公正，公正就能广大。明达通畅公正广大，差不多就能达到圣人的境界了！"

4.02

【原文】

伊川先生曰：阳始生甚微，安静而后能长。故《复》《之》《象》曰："先王以至日闭关。"

——《周易程氏传》卷二《复传》

【译文】

程颐说：阳气刚诞生的时候是很微小的，需要安静然后才能成长。所以《复》卦的《卦象》说："以前的王在冬至日关闭门不出行。"

4.03

【原文】

动息节宣，以养生也；饮食衣服，以养形也；威仪行义，以养德也；推己及物①，以养人也。

——《周易程氏传》卷二《颐传》

【注释】

①推己及物：用自己的心意去推想别人的心意。指设身处地替别人着想。

【译文】

行动休息调养气息来养生；饮食衣服来修养形体；仪容肃穆践行义理来修养德行；设身处地替别人着想，来涵养自己的人性。

4.04

【原文】

“慎言语”以养其德，“节饮食”以养其体。事之至近而所系至大者，莫过于言语饮食也。

——《周易程氏传》卷二《颐传》

【译文】

“言语谨慎”来修养德行，“节制饮食”来涵养身体。事物中与自己贴近关系最大的，没有超过饮食和言语的了。

4.05

【原文】

“震惊百里，不丧匕鬯①。”临大震惧，能安而不自失者，惟诚敬而已。此处震之道也。

——《周易程氏传》卷四《震传》

【注释】

①匕鬯（chàng）：匕，所以载鼎实；鬯，香酒。奉宗庙之盛也。

【译文】

“雷声震惊百里，有的人拿勺子盛着酒一点都没有洒。”面临大的震惊恐惧之事，能安定而不失态的人，只有诚敬，这就是面对令人震惊之事的方法。

4.06

【原文】

人之所以不能安其止者，动于欲也。欲牵于前而求其止，不可得也。故艮①之道当“艮其背”。所见者在前，而背乃背之，是所不见也。止于所不见，则无欲以乱其心，而止乃安。“不获其身”，不见其身也，谓忘我也。无我则止矣。不能无我，无可止之道。“行其庭，不见其人。”庭除②之间至近也。在背则虽至近不见，谓不交于物也。外物不接，内欲不萌，如是而止，乃得止之道，于止为无咎也。

——《周易程氏传》卷四《艮传》

【注释】

①艮：八卦之一。

②除：台阶。

【译文】

人之所以不能在其所在的地方安定，是因为被欲望驱使啊。欲望在前方牵引却想要求得停止，是不可能的。所以艮卦的道理就是“止于后背”，能看见的是前面的，而后面的在背后，是看不见的。止于看不见的地方，那么就没有欲望扰乱心绪，就可以在其所在的地方安定。“不获其身”，看不见自己的身体，就是说忘记自己，无我才能使欲望止息，不能忘我的话，就没有可以止息欲望的办法了。“在庭院里走动却看不见人。”庭院台阶之间很近，但如果在背面的话即使再近也看不见，因为自己的视线与物体不相接。外物与我不相接，心里的欲望就不会萌动，这样的话欲望就会停止，这就是使欲望停止的办法，在欲望停止的时候就是没有过失了。

4.07

【原文】

明道先生曰：若不能存养，只是说话。

——《河南程氏遗书》卷一《端伯传师说》

【译文】

程颢说：如果不能存心养性，那么谈论圣贤之道也就只不过是说话而已。

4.08

【原文】

圣贤千言万语，只是欲人将已放之心，约之使反复入身来，自能寻向上去，下学而上达也。

——《河南程氏遗书》卷一《端伯传师说》

【译文】

圣贤说的千言万语，只是想要让人将自己的放纵之心，约束起来使它重新回到自己体内，这样自然就能够找到更高的境界，学习普通的知识却能领悟高深的道理。

4.09

【原文】

李籲[①]问："每常遇事，即能知操存[②]之意，无事时如何存养得熟？"曰："古之人耳之于乐，目之于礼，左右起居，盘盂[③]几杖[④]，有铭有戒，动息皆有所养。今皆废此，独有理义之养心耳。但存此涵养意，久则自熟矣。'敬以直内'是涵养意。"

——《河南程氏遗书》卷一《端伯传师说》

【注释】

①李籲（yù）：字端伯，宋缑氏（今河南省洛阳市）人。资质颖悟，尊崇和倡导二程学说。

②操存：执持心志，不使丧失。

③盘盂：圆盘与方盂的并称。用于盛物。

④几杖：即坐几和手杖，皆老者所用，古常用为敬老者之物，后亦用以借指老人。

【译文】

李籲问："每次遇到事情，就能知道执持心志，不使丧失的义理，没事的时候怎么将存心养性的能力提升到成熟？"回答说："古代的人，耳朵听到乐曲，眼睛看到礼仪，平时的生活起居，在盘盂和几杖上铭刻着铭文和训诫，动静间都在涵养自身。现在这些都没有了，只有义理存养在心中。只要存着涵养自身的意思，时间久了自然就纯熟了。'保持诚敬来使自身正直'，这就是涵养心性的意思。"

4.10

【原文】

吕与叔①尝言患思虑多，不能驱除。曰："此正如破屋中御寇，东面一人来未逐得，西面又一人至矣。左右前后，驱逐不暇。盖其四面空疏，盗固易入，无缘作得主定。又如虚器入水，水自然入。若以一器实之以水，置之水中，水何能入来？盖中有主则实，实则外患不能入，自然无事。"

——《河南程氏遗书》卷一《端伯传师说》

【注释】

①吕与叔：吕大临，字与叔，宋代金石学家。

【译文】

吕大临曾经说过，担心思虑过多，不能驱除。程颢说："这就像是在破屋里抵御外贼，东边来了一个贼人没有驱逐，西面的一个贼人已经到了。左右前后都有敌人，来不及驱逐。大概是因为四面空旷疏落，敌人本来就很容易进来，没有办法做主安定下来。又像把空的器具放入水中，水自然就进到器具里。如果把一个装满了水的器具放入水中，水又怎么能进来？大概是里面有主人就充实了，充实了那么外部的忧患就不能侵入，自然就没有事了。

4.11

【原文】

邢和叔①言："吾曹常须爱养精力，精力稍不足则倦，所临事皆勉强而无诚意。"接宾客语言尚可见，况临大事乎？

——《河南程氏遗书》卷一《端伯传师说》

【注释】

①邢和叔：邢恕，字和叔，郑州原武人。早年从二程学。

【译文】

邢恕说："我们应该常常爱惜涵养自己的精力，精力稍微不足就会疲倦，所面对的事都会勉强而没有诚意。"这在接待宾客的语言中就可以看出来，更何况面对大事的时候？

4.12

【原文】

明道先生曰：学者全体此心。学虽未尽，若事物之来，不可不应。但随分限应之，虽不中不远矣。

——《河南程氏遗书》卷二上《元丰己未吕与叔东见二先生语》

【译文】

程颢说：学习的人应该保全本心。学习虽然没有穷尽，如果有事物到来，不可以不回应。只要尽着本分回应它，即使不足以应对，也离得不远了。

4.13

【原文】

“居处恭，执事敬，与人忠”，此是彻上彻下语，圣人元无二语。

——《河南程氏遗书》卷二上《元丰己未吕与叔东见二先生语》

【译文】

“日常居处要恭顺，做事情要诚敬，与人交往要忠诚”，这是上下贯通的话，圣人本来没有说别的话。

4.14

【原文】

伊川先生曰：学者须敬守此心，不可急迫，当栽培深厚，涵泳于其间，然后可以自得。但急迫求之，只是私己，终不足以达道。

——《河南程氏遗书》卷二上《元丰己未吕与叔东见二先生语》

【译文】

程颐说：学习的人应该敬守本心，不能急迫，当栽培深厚了，义理自然在心中涵养，然后就可以有收获。但是急迫地求取，只不过是自己的私心，最终不足以达成大道。

4.15

【原文】

明道先生曰：“思无邪”，“毋不敬”，只此二句，循而行之，安得有差？有差者，皆由不敬不正也。

——《河南程氏遗书》卷二上《元丰己未吕与叔东见二先生语》

【译文】

程颢说：“思想没有邪念”，“内心诚敬”，只是这两句话要遵循并实行，怎么会有差错呢？有差错的，都是因为不诚敬不端正。

4.16

【原文】

今学者敬而不自得，又不安者，只是心生，亦是太以敬来做事得重，此“恭而无礼则劳”也。恭者，私为恭之恭也。礼者，非体之礼，是自然底道理也。只恭而不为自然底道理，故不自在也，须是“恭而安”。今容貌必端，言语必正者，非是道独善其身，要人道如何，只是天理合如此，本无私意，只是个循理而已。

——《河南程氏遗书》卷二上《元丰己未吕与叔东见二先生语》

【译文】

现在学习的人恭敬却没有收获，又不能心安，只是恭敬之心太过生疏，也是太过于用诚敬来要求做事，这就是“恭敬却没有礼那么做事就会劳累”。恭敬，是为了恭敬而恭敬。礼，不是礼的具体内容，是自然的道理。只是恭敬而不遵从自然的道理，所以不自在，应该要“恭敬并且心安”。现在容貌一定要端正，言语一定要中正，不是说要独自保全自己，要他人说什么，只是天理本来就是这样，本来没有私心，只是遵循天理而已。

4.17

【原文】

今志于义理而心不安乐者，何也？此则正是剩一个助之长。虽则心操之则存，舍之则亡，然而持之太甚，便是“必有事焉”而正之也。亦须且恁[①]去，如此者只是德孤。“德不孤，必有邻”，到德盛后，自无窒碍，左右逢其原也。

——《河南程氏遗书》卷二上《元丰己未吕与叔东见二先生语》

【注释】

①恁：如此，这样，那。

【译文】

现在的人有志于学习义理但是心却并不安乐是为什么呢？这就是一个“拔苗助长”。虽然本心操持就会存留，舍弃就会消亡，但是操持得太过，就会因为认为“一定会有事”而随时端正态度。应该去这么做，这样只会是因为德行而孤单。“一个德行高尚的人不会孤单，一定会有趣味相投的人做伴”，当德行极盛后，自然就没有障碍，就能够左右逢源了。

4.18

【原文】

敬而无失，便是“喜怒哀乐未发谓之中”。敬不可谓中，但敬而无失，即所以中也。

——《河南程氏遗书》卷二上《元丰己未吕与叔东见二先生语》

【译文】

诚敬而没有过失，就是“喜怒哀乐还没有发作就叫作持中”。诚敬不可以叫作中。但诚敬并且没有过失，就叫作持中。

4.19

【原文】

司马子微①尝作《坐忘论》②，是所谓“坐驰”也。

——《河南程氏遗书》卷二上《元丰己未吕与叔东见二先生语》

【注释】

①司马子微：司马承祯，字子微，法号道隐，自号白云子，人称白云先生，河内温县人，今属河南温县。道教上清派第十二代宗师。

②《坐忘论》:《坐忘论》是一部道家坐忘的理论专著，《坐忘论》认为，天地间最宝贵的是生命，生命最宝贵的是道。

【译文】

司马承祯曾经写《坐忘论》，其中的坐忘就是所谓的“坐驰”。

4.20

【原文】

伯淳昔在长安仓中闲坐，见长廊柱，以意数之，已尚不疑。再数之不合，不免令人一一声言数之，乃与初数者无差。则知越着心把捉越不定。

——《河南程氏遗书》卷二上《元丰己未吕与叔东见二先生语》

【译文】

程颢曾经在长安仓中闲坐，看见长廊的柱子，有意数了一边，他自己还没有疑惑。再数一遍数字和上一次不同，不免让人一个一个出声数出来，于是和第一次数没有差别。那么就知道越是用心去把握，就越难以捉摸。

4.21

【原文】

人心作主不定，正如一个翻车，流转动摇，无须臾停，所感万端。若不做一个主，怎生奈何？张天祺[①]昔尝言：“自约数年，自上着床，便不得思量事。”不思量事后，须强把他这心来制缚，亦须寄寓在一个形象，皆非自然。君实[②]自谓：“吾得术矣，只管念个中字。”此又为中所系缚，且中亦何形象？有人胸中常若有两人焉：欲为善，如有恶以为之间；欲为不善，又若有羞恶之心者。本无二人，此正交战之验也。持其志，使气不能乱，此大可验。要之圣贤必不害心疾。

——《河南程氏遗书》卷二下《附东见录后》

【注释】

①张天祺：张戬，字天祺，张载之弟。幼年庄重老成，不善嬉游。

②君实：司马光，字君实。

【译文】

人的内心如果不安定，就像是水车，流转动摇，没有停的时候，所感万千。如果人心不能做主，那怎么办呢？张戬曾经说：“自己这几年来自我约束，从上床起，就不能思考事情。”不思考事情后，强行束缚自己的内心，也把心寄寓在一个形象上，这就不自然。司马光自己说：我知道方法了，只管念一个中字。这又是被中束缚了，况且中又是什么形象呢？有的人心中就好像有两个人，想要做善事，却好像有恶在中间；想要做恶事，却好像有羞于为恶之心。本来没有这两个人，这就是善恶交战的验证啊。保持自己的内心，使自己的的气性不乱，这就可以是验证。总结来说就是圣贤之人一定不会患有心疾。

4.22

【原文】

明道先生曰：某写字时甚敬，非是要字好，只此是学。

——《河南程氏遗书》卷三《谢显道记忆平日语》

【译文】

程颢说：我写字时非常恭敬，不是要把字写好，只是为了学习。

4.23

【原文】

伊川先生曰：圣人不记事，所以常记得。今人忘事，以其记事。不能记事，处事不精，皆出于养之不完固。

——《河南程氏遗书》卷三《谢显道记忆平日语》

【译文】

程颐说：圣人不记事，所以反而常常记得事。现在的人忘事，因为他们刻意去记事。不能刻意去记事，处理事情不够精细，都是因为修养得不够完整牢固。

4.24

【原文】

明道先生在澶州[①]日，修桥少一长梁，曾博求之民间。后因出入，见林木之佳者，必起计度之心。因语以戒学者："心不可有二事。"

——《河南程氏遗书》卷三《谢显道记忆平日语》

【注释】

①澶州：北宋，澶州又称开德府（今河南省濮阳市），一度成为北辅。

【译文】

程颢在澶州的时候，修桥少一个长梁，曾像民间广博地寻求。后来外出，看见林木里有一颗好木，心里有了衡量的心思。他因此告诫学习的人："心不可以局限在一个事物上。"

4.25

【原文】

伊川先生曰：入道莫如敬。未有能致知而不在敬者。今人主心不定，视心如寇贼而不可制，不是事累心，乃是心累事。当知天下无一物是合少得者，不可恶也。

——《河南程氏遗书》卷三《谢显道记忆平日语》

【译文】

程颐说：入道的办法没有比得上恭敬的了。没有可以致知却不恭敬的人。现在的人内心不定，把心当作不可控制的寇贼，不是事情使心劳累，而是心牵累了事情。应该知道天下没有一样事物是不该存在的，所以不可以厌恶外物。

4.26

【原文】

人只有一个天理，却不能存得，更做甚人也！

——《河南程氏遗书》卷十八《刘元承手编》

【译文】

人只有一个天理，却不能存蓄在心，还做什么人呢？

4.27

【原文】

人多思虑，不能自宁，只是做他心主不定。要作得心主定，惟是止于事，“为人君止于仁”之类。如舜之诛四凶①，四凶已作恶，舜从而诛之，舜何与焉？人不止于事，只是揽他事，不能使物各付物。物各付物，则是役物；为物所役，则是役于物。“有物必有则”，须是止于事。

——《河南程氏遗书》卷十五《入闽语录》

【注释】

①四凶：中国神话传说中由上古时代的舜帝流放到四方的四个凶神。四凶在《左传》和《史记》中均有记载，但是内容却不尽相同。结合民族学理论，四凶的本质，是四个酋长，他们不服舜帝统治，就被舜帝流放。四凶兽可能就是这四个部落的各自图腾。

【译文】

人有太多思虑，就不能安宁，只是想要做他心的主人却不确定。想要使心中安定，只能是把心安定在某件事上，“作为君主要仁德”之类的。就像舜诛杀四凶，四凶已经作恶，舜然后诛杀它们，这和舜又有何干呢？人不把心安定在一件事上，只是包揽别的事情，就不能实事求是。“有事物就一定会有准则”，一定要止于事物上。

4.28

【原文】

不能动人，只是诚不至。于事厌倦，皆是无诚处。

——《河南程氏遗书》卷五

【译文】

不能打动别人，只是因为诚意不够。在事情上厌倦，都是没有诚意的体现。

4.29

【原文】

静后，见万物自然皆有春意。

——《河南程氏遗书》卷六

【译文】

保持内心宁静后看见万物自然都有春意。

4.30

【原文】

孔子言仁，只说“出门如见大宾，使民如承大祭”。看其气象，便须心广体胖，动容周旋中礼自然，惟慎独便是守之之法。圣人修己以敬，以安百姓，笃恭而天下平。惟上下一于恭敬，则天地自位，万物自育，气无不和，四灵何有不至？此体信达顺之道，聪明睿智皆由是出，以此事天飨帝[①]。

——《河南程氏遗书》卷六

【注释】

①飨帝：祭祀天帝。

【译文】

孔子说仁，只说“出门就像去见贵宾一样，驱使百姓就像承办祭典”。看到这种气象，就应该心宽体胖，举止间符合中的礼节，在独处时也不松懈自己就是坚守的办法。圣人修炼自己保持诚敬，来安定百姓，坚定地保持恭敬而使天下太平。只有上下都恭敬，那么天地各司其职，万物自行化育，气没有不和美的，四灵又怎么会不来呢？这体认守信通达恭顺的道理，聪明睿智就都是从这里而出的，凭借这个来侍奉天帝。

4.31

【原文】

存养熟后，泰然行将去，便有进。

——《河南程氏遗书》卷六

【译文】

自己的内心存养成熟后，从容地落实，就会有进步。

4.32

【原文】

不愧屋漏①，则心安而体舒。

——《河南程氏遗书》卷六

【注释】

①屋漏：可指为人所不见的地方。

【译文】

在为人所不见的地方也能无愧于心，那么就心安定而身体舒畅。

4.33

【原文】

心要在腔子里。

——《河南程氏遗书》卷七

【译文】

心要收束在自己的躯体里。

4.34

【原文】

只外面有些隙罅①，便走了。

——《河南程氏遗书》卷七

【注释】

①隙罅：缝隙，裂隙。

【译文】

只是因为外面有了一些缝隙，心便溜走了。

4.35

【原文】

人心常要活，则周流无穷，而不滞于一隅。

——《河南程氏遗书》卷五

【译文】

人心要灵活，那么就周流没有穷尽，并且不会停滞在一个角落。

4.36

【原文】

明道先生曰："天地设位，而易行乎其中"，只是敬也。敬则无间断。

——《河南程氏遗书》卷十一《师训》

【译文】

程颢说："天地设立位置，那么《周易》的道理就在这之中运行"，只是诚敬而已。诚敬那么就不会间断。

4.37

【原文】

"毋不敬"，可以对越上帝。

——《河南程氏遗书》卷十一《师训》

【译文】

"没有不恭敬的地方"，就可以祭享上天。

4.38

【原文】

敬胜百邪。

——《河南程氏遗书》卷十一《师训》

【译文】

诚敬就可以战胜百般邪恶。

4.39

【原文】

"敬以直内，义以方外"，仁也。若以敬直内，则便不直矣。"必有事焉，而勿正"，则直也。

——《河南程氏遗书》卷十一《师训》

【译文】

"诚敬来使自身正直，守义来规范行为"，是仁啊。如果用诚敬来使自身正直，那就是不正直了。"一定要做修养自身的事而不去想预期的效果"，那么就正直了。

4.40

【原文】

涵养吾一。

——《河南程氏遗书》卷十五《入闽语录》

【译文】

涵养我专一的本性。

4.41

【原文】

"子在川上曰：'逝者如斯夫！不舍昼夜。'"自汉以来，儒者皆不识此义。此见圣人之心纯亦不已也。纯亦不已，天德也。有天德便可语王道，其要只在慎独。

——《河南程氏遗书》卷十四《亥九月过汝所闻》

【译文】

"孔子在河边说：'逝去的就像这河水啊！不分昼夜地流逝。'"从汉代以来的儒者都不了解这个含义。这就可以看见圣人的心纯洁并且不停止。纯洁并且不停止，这是上天的品

德。有上天的品德就可以说王道，它的关键就在于在只有自己的时候也不懈怠对自己的要求。

4.42

【原文】

“不有躬，无攸利。”不立己，后虽向好事，犹为化物，不得以天下万物挠己。己立后，自能了当得天下万物。

——《河南程氏遗书》卷六

【译文】

“因徇私而丧失身心的自主，没有什么利益。”人不能自立，以后即使想做好事，仍然为外物所化，而没有所得天下万物都会阻扰自己。人能自立以后，自然能够安排好天下万物。

4.43

【原文】

伊川先生曰：学者患心虑纷乱，不能宁静，此则天下公病。学者只要立个心，此上头尽有商量。

——《河南程氏遗书》卷十五《入闽语录》

【译文】

程颐说：学习的人担心内心思虑纷乱，不能宁静，这是天下人共同的毛病。学习的人只要安定下心，这上面还有可以上升的空间。

4.44

【原文】

闲①邪则诚自存，不是外面捉一个诚将来存着。今人外面役役于不善，于不善中寻个善来存着，如此则岂有入善之理？只是闲邪则诚自存。故孟子言性善皆由内出，只为诚便存。闲邪更著甚工夫？但惟是动容貌、整思虑，则自然生敬，敬只是主一也，主一则既不之东，又不之西，如是则只是中；既不之此，又不之彼，如是则只是内。存此则自然天理明。学者须是将“敬以直内”涵养此意，直内是本。

——《河南程氏遗书》卷十五《入闽语录》

【注释】

①闲：限制，隔离。

【译文】

隔离邪恶那么诚心自然得以保存，不是从外面捉回来一个诚在心中存着。现在的人在外面辛苦做不好的事情，在不善中找出一个善来存着，这样哪有入善道的道理呢？只是防止邪恶那么诚心自然就留存。所以孟子说性格善良都是从内心体现出来的，只要做到诚那么诚就自然留存在心了，还下功夫防止邪恶干什么？但只是动容貌，整合思虑，那么自然就会生出敬来，敬就是专一。专一就是既不到东边，也不到西边，像这样就只在中间；既不去这，也不去那，像这样就只在内心。存有这样的道理那么天理自然明晓。学习的人应该将“恭敬以使内心正直”来涵养这个道理，使内心正直是根本。

4.45

【原文】

闲邪则固一矣，然主一则不消言闲邪。有以一为难见，不可下工夫，如何？一者无他，只是整齐严肃，则心便一。一则自是无非僻[1]之干。此意但涵养久之，则天理自然明。

——《河南程氏遗书》卷十五《入闽语录》

【注释】

①非僻：邪恶。

【译文】

防止邪恶那么能使内心专一，然而内心专一就不用说防止邪恶。有人认为专一很难理解，不可下功夫，怎么样？专一没有什么别的，只是整齐严肃，那么内心就专一了。专一那么自然是没有邪僻恶事的干系了，这个道理只要涵养久了，那么天理自然就明白了。

4.46

【原文】

有言：“未感时，知何所寓？”曰：“‘操则存，舍则亡，出入无时，莫知其乡’，更怎生寻所寓？只是有操而已。操之之道，敬以直内也。”

——《河南程氏遗书》卷十五《入闽语录》

【译文】

有人说：“心没有和外物感应的时候寄寓在哪里呢？”程颐回答：“‘操持本心就可以留存，丢失本心就会消亡，心的出入没有定时，也不知道它的家

乡'，更怎么找到他寄寓的地方呢？只是有操守而已。操持本心的办法，就是保持诚敬来使内心正直。”

4.47

【原文】

敬则自虚静。不可把虚静唤做敬。

——《河南程氏遗书》卷十五《入闽语录》

【译文】

诚敬那么自然就会谦虚宁静。但不可以把谦虚宁静叫作诚敬。

4.48

【原文】

学者先务，固在心志。然有谓欲屏去闻见知思，则是“绝圣弃智①”。有欲屏去思虑，患其纷乱，则须坐禅②入定③。如明鉴在此，万物毕照，是鉴之常，难为使之不照。人心不能不交感万物，难为使之不思虑。若欲免此，惟是心有主。如何为主？敬而已矣。有主则虚，虚谓邪不能入；无主则实，实谓物来夺之。大凡人心不可二用，用于一事，则他事更不能入者，事为之主也。事为之主，尚无思虑纷扰之患，若主于敬，又焉有此患乎？所谓敬者，主一之谓敬；所谓一者，无适之谓一。且欲涵泳主一之义，不一则二三矣。至于不敢欺，不敢慢，尚不愧于屋漏，皆是敬之事也。

——《河南程氏遗书》卷十五《入闽语录》

【注释】

①绝圣弃智：弃绝聪明才智，返归天真纯朴。

②坐禅：闭目端坐，凝志静修。

③入定：即入于禅定。

【译文】

学习的人的首要任务，本来在于心志。然后有人想要摒弃所闻所见所知所思，那么就是“弃绝聪明才智，返归天真纯朴”。有人想要摒弃思虑，担心它们纷乱，那么就应该闭目端坐，入于禅定。就好像有一面明镜在这里，万物都被照出来，这是镜子本来的功能，很难使它不照出东西来。人心不能不与外物交感，很难使它不思虑，如果想要免除错误，只是因为内心有主。怎么样在内心中做主呢？只有保持诚敬而已。内心有主就虚，虚就是说邪祟不能进入；没有主就实，实就是说心随欲望而动。但凡是人心就不可以二用，用在一件事了，那么其他的事就不能进入，这一件事就成为内心的主人。事成为内心的主人，尚且还没有思虑纷扰的担忧，如果内心由诚敬做主，又有什么忧患呢？所说的诚敬，专一就叫作敬；所说的一，就是心思不逸散。且想要涵养专一的义理，不专注就三心二意了。至于不敢欺骗，不敢轻慢，在不见人处也能无愧于心，这都是诚敬的事。

4.49

【原文】

严威俨恪①，非敬之道，但致敬须自此入。

——《河南程氏遗书》卷十五《入闽语录》

【注释】

①俨恪：庄严恭敬。

【译文】

严肃威重，庄严恭敬，不是诚敬的道理，但是想要达到诚敬应该从这里进入。

4.50

【原文】

“舜孳孳①为善。”若未接物，如何为善？只是主于敬，便是为善也。以此观之，圣人之道，不是但嘿然②无言。

——《河南程氏遗书》卷十五《入闽语录》

【注释】

①孳孳：同“孜孜”，勤勉，努力不懈。

②嘿然：沉默无言的样子。

【译文】

“舜努力不懈地做善事。”如果不与外物相接，怎么做善事呢？只是内心主要是恭敬，就是做善事了。这样看来，圣人之道，不是沉默无言的。

4.51

【原文】

问：“人之燕居①，形体怠惰，心不慢可否？”曰：“安有箕踞②而心不慢者？昔吕与叔六月中来缑氏，闲居中某尝窥之，必见其俨然危③坐，可谓敦笃矣。学者须恭敬，但不可令拘迫，拘迫则难久。”

——《河南程氏遗书》卷十八《刘元承手编》

【注释】

①燕居：闲居。

②箕踞：两腿张开，两膝微曲地坐着，形状像箕。这是一种轻慢傲视对方的姿态。

③危：端正，正直。

【译文】

有人问：“人在闲居的时候，身体懈怠懒惰，心却并不怠慢，可以吗？”程颐回答说：“怎么会有轻慢地坐着心却不怠慢的呢？曾经吕大临在六月来缑氏，闲居的时候我曾偷偷看他，一定会看见他正襟危坐，可以说是很敦厚老实了。学习的人一定要恭敬，但不可以令人拘束，拘束就会很难保持长久。”

4.52

【原文】

“思虑虽多，果出于正，亦无害否？”曰：“且如在宗庙则主敬，朝廷主庄，军旅主严，此是也。如发不以时，纷然无度，虽正亦邪。”

——《河南程氏遗书》卷十八《刘元承手编》

【译文】

“思虑虽然多，但确实处于中正的心，也没有危害吗？”程颐回答说：“好像在宗庙里就主张恭敬，在朝廷里就主张庄严，在军队里就主张严肃，就是这样。如果思虑不按照时间场合而生发，那就是纷乱没有尺寸，虽然出于中正却也是邪恶了。”

4.53

【原文】

苏季明[①]问：“喜怒哀乐未发之前求中，可否？”曰：“不可。既思于喜怒哀乐未发之前求之，又却是思也。既思即是已发，才发便谓之和，不可谓之中也。”又问：“吕学士言当求于喜怒哀乐未发之前，如何？”曰：“若言存养于喜怒哀乐未发之前，则可；若言求中于喜怒哀乐未发之前，则不可。”又问：“学者于喜怒哀乐发时，固当勉强裁抑；于未发之前，当如何用功？”曰：“于喜怒哀乐未发之前，更怎生求？只平日涵养便是。涵养久，则喜怒哀乐发自中节。"曰："当中之时，耳无闻，目无见否？"曰："虽耳无闻，目无见，然见闻之理在始得。贤且说静时如何。"曰："谓之无物则不可，然自有知觉处。"曰："既有知觉，却是动也，怎生言静？人说'《复》其见天地之心'，皆以谓至静能见天地之心，非也。《复》之卦下面一画，便是动也，安得谓之静？"或曰："莫是于动上求静否？"曰："固是，然最难。释氏多言定，圣人便言止。如'为人君止于仁，为人臣止于敬'之类是也。《易》之《艮》言止之义曰：'艮其止，止其所也。'人多不能止，盖人万物皆备，遇事时各因其心之所重者更互而出，才见得这事重，便有这事出。若能物各付物②，便自不出来也。"或曰："先生于喜怒哀乐未发之前，下动字，下静字？"曰："谓之静则可，然静中须有物始得，这里便是难处。学者莫若且先理会得敬，能敬则知此矣。"或曰："敬何以用功？"曰："莫若主一。"季明曰："昞尝患思虑不定，或思一事未了，他事如麻又生，如何？"曰："不可，此不诚之本也。须是习，习能专一时便好。不拘思虑与应事，皆要求一。"

——《河南程氏遗书》卷十八《刘元承手编》

【注释】

①苏季明：苏昞，字季明，武功人。始学于张载，而事二程卒业。

②物各付物：即是要按照事物本来面目去认识对待事物，不能夹杂人的主观臆断。因此，相当于实事求是。

【译文】

苏昞问："在喜怒哀乐还没有发作前求中，可以吗？"回答："不可以。既然思考在喜怒哀乐没有发作前求中，这又是一种思虑了。既然已经思考了那就是已经发作了，刚刚发作就叫作和，不可以叫作中。"又问："吕大临说应该在喜怒哀乐未发作之前追求中，这是怎么样呢？"程颐回答说："如果说在喜怒哀乐没有发作之前存养心性，那么就可以；如果说在喜怒哀乐没有发作之前求取中，那就不行。又问："学习的人在喜怒哀乐发作的时候，应当努力压制。在没有发作之前，又应该怎么努力呢？"程颐回答说："在喜怒哀乐没有发作之前，又要怎么要求呢？只要平时涵养心性就可以了。涵养得久了，那么喜怒哀乐发作也是符合中的。问："处在中的境界时，是不是耳朵听不见，眼睛看不见？"程颐回答说："即使耳朵听不见、眼睛看不见，但是要有见闻的道理才行。你说说你在静时是怎么样的呢？"苏昞回答说："说没有事物是不对的，然而自然有知觉。”程颐说：“既然有知觉，就是动了，怎么说是静呢？人说‘在《复》卦中看见天地之心’，都认为静到极致可以看见天地之心，不是的。《复》的卦象下面有一爻，那就是动了，怎么能说是静呢？”有的人说：“难道不是在动上求静吗？”回答：“即使是这样，然而这样最难。佛家大多说定，圣人说止，就像‘为人君主止于仁德，为人臣子止于恭敬’之类的。《周易》的《艮卦》里说明止的意识是：‘艮就是止，止就在它的住所。’人大多的时候不能止，因为人心中万物都具备了，遇到事情的时候人各自因为他们心中所偏重的反复交相超出。才看出这件事的重要，就在这件事上出格，如果能做到实事求是，自然不会出格。”有的人说：“先生在喜怒哀乐没有发作之前，是动呢，还是静呢？”程颐回答说：“说是静也可以，但静中一定要有物才可以。这就是难的地方。学习的人不如先领会敬，能做到敬那么就明白这个道理了。”有的人说：“做到敬要怎么努力呢？”程颐回答说：“没有比得上专一的了。”苏昞说：“我曾经担心思虑飘浮不定，有时候一件事还没思考完，其他的事就像麻一样有生长缠绕出来，怎么办呢？”程颐回答说：“不可以，这就是不诚的根本。应该要练习，练习到可以做到专一的时候就好了。不拘泥于思虑或是处事，都应该要专一。”

4.54

【原文】

人于梦寐间，亦可以卜自家所学之深浅。如梦寐颠倒，即是心志不定、操存不固。

——《河南程氏遗书》卷十八《刘元承手编》

【译文】

人在睡梦之间，也可以卜算出自己学问的深浅。就像梦是颠倒的，就是心志不坚定、操守不牢固。

4.55

【原文】

问："人心所系着之事果善，夜梦见之，莫不害否？"曰："虽是善事，心亦是动。凡事有朕兆入梦者却无害，舍此皆是妄动。人心须要定，使他思时方思乃是。今人都由心。"曰："心谁使之？"曰："以心使心则可。人心自由，便放去也。"

——《河南程氏遗书》卷十八《刘元承手编》

【译文】

问："人心关系的事是善事，晚上做梦看见它，没有什么妨害吧？"回答："即使是善事，心也是动了。凡事只要有征兆并且入梦的就是无害的，除了这样的别的都是乱动。人心应该要安定，让他思考时思考才是对的。现在的人都顺从内心。"问："人是由谁指使的呢？"回答说："依照本心去驱使心思就可以。人心如果自由，就逸散放纵了。"

4.56

【原文】

"持其志，无暴其气"，内外交相养也。

——《河南程氏遗书》卷十八《刘元承手编》

【译文】

"守持自己的志向，不要损害自己的心气"，内外相交涵养自身。

4.57

【原文】

问："'出辞气'，莫是于言语上用工夫否？"曰："须是养乎中，自然言语顺理。若是慎言语，不妄发，此却可着力。”

——《河南程氏遗书》卷十八《刘元承手编》

【译文】

问：“‘注意言辞语气’，难道不是在言语上下功夫吗？”程颐回答说：“应该是涵养在心中，自然言语顺畅明理，如果是谨慎言语而不随便说话，这却可以在这方面下功夫。”

4.58

【原文】

先生谓绎曰：“吾受气甚薄，三十而浸盛，四十、五十而后完。今生七十二年矣，校其筋骨，于盛年无损也。”绎曰：“先生岂以受气之薄，而厚为保生耶？”夫子默然，曰：“吾以忘生徇欲为深耻。”

——《河南程氏遗书》卷二十一上《师说》

【译文】

先生对张绎说：“我先天气禀很薄弱，三十岁才逐渐强盛，四十、五十岁后才完备。这辈子七十二岁了，计较自己的筋骨，相对于壮年也没有什么减损。”张绎说：“先生是因为天生气禀薄弱所以注重养生吗？”夫子不语，说：“我把不顾生命追求欲望当作深深的耻辱。”

4.59

【原文】

大率把捉不定，皆是不仁。

——《河南程氏外书》卷一《朱公掞录拾遗》

【译文】

大体上把握捉摸不定的，都是不仁德的。

4.60

【原文】

伊川先生曰：致知在所养，养知莫过于“寡欲”二字。

——《河南程氏外书》卷二《朱公掞问学拾遗》

【译文】

程颐说：求取知识在于培养，培养知识没有超过“少欲”这两个字的。

4.61

【原文】

心定者其言重以舒，不定者其言轻以疾。

——《河南程氏外书》卷十一《时氏本拾遗》

【译文】

心性安定的人说话稳重而舒畅，不安定的人说话轻慢又快速。

4.62

【原文】

明道先生曰：人有四百四病，皆不由自家，则是心须教由自家。

——《河南程氏外书》卷十二《传闻杂记》

【译文】

程颢说：人有四百零四种病，都不由自己，但是心应该让它任由自己。

4.63

【原文】

谢显道从明道先生于扶沟。明道一日谓之曰："尔辈在此相从，只是学颢言语，故其学心口不相应，盍若行之？"请问焉。曰："且静坐。"伊川每见人静坐，便叹其善学。

——《河南程氏外书》卷十二《传闻杂记》

【译文】

谢良佐跟从程颢到扶

沟县，程颢一天对他说：“你们在这里跟从我，只是学我的言语，所以你们修学时心与口不相对应，又怎么去实行呢？”谢良佐又请教。程颢回答说：“暂且安静地坐下。”程颐每次看见别人静坐，就感慨他的好学。

4.64

【原文】

横渠先生曰：始学之要，当知“三月不违”与“日月至焉”内外宾主之辨，使心意勉勉循循而不能已，过此几非在我者。

——张载《拾遗·近思录拾遗》

【译文】

张载说：刚开始学习时的关键，应当是知道“心长久地不违背仁德”和“心偶然想到仁德”的内外主宾的区分，使心意勤奋有序并且不会停止，超过这个阶段就几乎不是我自己可以做主的了。

4.65

【原文】

心清时少，乱时常多。其清时视明听聪，四体不待羁束而自然恭谨；其乱时反是。如此何也？盖用心未熟，客虑多而常心少也，习俗之心未去，而实心未完也。人又要得刚，太柔则入于不立。亦有人生无喜怒者，则又要得刚，刚则守得定不回，进道勇敢。载则比他人自是勇处多。

——张载《拾遗·性理拾遗》

【译文】

内心清净的时候少，杂乱的时候多。内心清净时耳聪目明，四肢不受拘束却自然恭敬，内心杂乱的时候恰恰相反。这是为什么呢？大概是因为运用自己的内心还不成熟，杂念多而恒常之心少，习俗之心没有去除，而且实际之心也没有完备。人又要刚强，太柔和那么就难以自立。也有人生来没有喜怒，那么更要刚健，刚健那么坚守不反悔，入道就勇敢。我就比别人勇敢的多。

4.66

【原文】

戏谑[①]不惟害事，志亦为气所流。不戏谑，亦是持气之一端。

——张载《经学理窟·学大原上》

【注释】

①戏谑：用诙谐有趣的话开玩笑。

【译文】

用诙谐有趣的话开玩笑不只是对事情有妨害，志气也受到气的影响而流转。不开玩笑也是守持志气的一方面。

4.67

【原文】

正心之始，当以己心为严师。凡所动作，则知所惧。如此一二年，守得牢固，则自然心正矣。

——张载《经学理窟·学大原上》

【译文】

端正内心的开始，应当把自己的心当作严师。但凡有所动作，就知道要有所戒惧。这样一两年坚守牢固，那么心自然就端正了。

4.68

【原文】

定，然后始有光明。若常移易不定，何求光明？《易》大抵以艮为止，止乃光明。故《大学》定而至于能虑，人心多则无由光明。

——张载《横渠易说·上经·大畜》

【译文】

安定，然后才能有光明。如果常常移动不安定，又怎么求取光明？《周易》大概把艮当作止，止就是光明。所以《大学》里说安定而达到可以思考的境界，人心杂乱就不会光明。

4.69

【原文】

“动静不失其时，其道光明。”学者必时其动静，则其道乃不蔽昧而明白。今人从学之久，不见进长，正以莫识动静，见他人扰扰，非关己事，而所修亦废。由圣学观之，冥冥悠悠，以是终身，谓之光明可乎？

——张载《横渠易说·下经·艮》

【译文】

“动静不违背时节，这样才会光明。”学习的人一定要知道动静的时节，那么他的道才不蒙蔽愚昧而是明白。现在的人学习很久也看不见长进，正是因为不明白动静的道理，看见别人纷扰，不关自己的事却受影响，而所修的道也荒废了。从圣人的学问中看，昏昏沉沉一生，可以把之称作“光明”吗？

4.70

【原文】

敦笃虚静者，仁之本。不轻妄，则是敦厚也；无所系阂①昏塞，则是虚静也。此难以顿悟，苟知之，须久于道实体之，方知其味。“夫仁亦在乎熟之而已。”

——张载《拾遗·近思录拾遗》

【注释】

①阂：阻碍，阻隔。

【译文】

敦厚老实、谦虚宁静，是仁的根本。不轻慢随便，就是敦厚老实；没有束缚阻隔，就是谦虚宁静。这难以领悟，如果明白这个道理，就应该长久地实行这个道理，才能知道其中的滋味。“仁也在于修养纯熟。”

第五卷

知不善则速改

5.01

【原文】

濂溪先生曰：君子乾乾不息于诚，然必惩忿窒欲、迁善改过而后至。《乾》之用其善是，损益之大莫是过，圣人之旨深哉！吉凶悔吝生乎动。噫！吉一而已，动可不慎乎？

——周敦颐《周子通书·乾损益动第三十一》

【译文】

周敦颐说：君子努力勤奋不休息追求诚，然而一定要惩戒愤怒遏制欲望，迁就善意改正过错然后就能达到诚的境界。《乾卦》的用处，好处就是这样，损卦益卦的道理之大也没有超过的，圣人的意旨很深远啊！吉凶悔吝从动中生发。唉！好的只有吉一个而已，动作怎么能不慎重呢？

5.02

【原文】

濂溪先生曰：孟子曰："养心莫善于寡欲。"予谓养心不止于寡而存耳。盖寡焉以至于无，无则诚立明通。诚立，贤也；明通，圣也。

——周敦颐《周子生书·养心亭说》

【译文】

周敦颐说：孟子说过："修养心性没有比少欲更好的了。"你说养心不能止于通过少欲而存养心性。少甚至于没有欲望，没有欲望诚心就会树立，以至于明白通达。诚心树立，是贤人；明白通达，是圣人。

5.03

【原文】

伊川先生曰：颜渊问克己复礼之目①，夫子曰："非礼勿视，非礼勿听，非礼勿言，非礼勿动。"四者身之用也，由乎中而应乎外，制于外所以养其中也。颜渊请事斯语，所以进于圣人。后之学圣人者，宜服膺而勿失也。因箴以自警。《视箴》曰："心兮本虚，应物无迹。操之有要，视为之则。蔽交于前，其中则迁。制之于外，以安其内。克己复礼，久而诚矣。"《听箴》曰："人有秉彝②，本乎天性。知诱物化，遂亡其正。卓彼先觉，知止有定。闲邪存诚，非礼勿听。"《言箴》曰："人心之动，因言以宣。发禁躁妄，内斯静专。矧③是枢机④，兴戎出好。吉凶荣辱，惟其所召。伤易则诞，伤烦则支。己肆物忤，出悖来违。非法不道，钦哉训辞！”《动箴》曰：“哲人知几，诚之于思。志士励行，守之于为。顺理则裕，从欲惟危。造次[5]克念，战兢自持。习与性成[6]，圣贤同归。”

——《河南程氏文集》卷八《杂著·四箴》

【注释】

①目：行列，条目。

②秉彝：持执常道。

③矧：况且。

④枢机：比喻事物的关键。

⑤造次：慌忙，仓促。

⑥习与性成：长期习惯于什么样，就会形成什么样的性格。

【译文】

程颐说：颜子向孔子问克己复礼的条目，孔子说：“不符合礼的不看，不符合礼的不听，不符合礼的不说，不符合礼的不动。”这四者是身体的功用，发自内心而与外物响应，制约外在所以涵养内心。颜子请求去实践这些话，所以进入圣人之道。后来学习圣人的人，最好在心中铭记并且不忘记。因此我写了箴言来警告自己。《视箴》说：“心本来是空虚的，与外物相应却没有痕迹。有重点地操持它，将它视之为准则。蒙蔽之物在眼前相交，人心在心中就会随之移动。在外部制止它，才能安定内心。克制自己恢复周礼，时间长了心就诚了。”《听箴》说：“人要持执常道，这源于天性。心被外物所诱惑而物化，于是心中的中正就消亡了。那些卓越的预先知觉的人，知道通过停止来安定自身。防止邪恶而存养诚心，不符合礼的就不去听。”《言箴》说：“人心的浮动，凭借言语来宣泄。说话要禁止急躁随意，内心要宁静专注。况且语言是事物的关键，发动战争或与人和睦都靠它。吉凶荣辱，都受它感召。话语轻浮就会荒诞，话多就会使思想纷乱。自己说话放肆就会忤逆别人，出言悖礼就会违背正道。不符合礼法的不说，这些训辞真让人钦佩啊。”《动箴》说：“哲人知道事物的微小征兆，在思考的时候就会真诚。有志向的人严格地执行，在做事时守持内心。顺从正理就能富裕，顺从欲望就只会有危险。在慌忙仓促时也能克服欲念，战战兢兢地保持内心的操守。长期习惯于怎样，就会形成怎样的性格，就可以与圣人有共同的归宿。”

5.04

【原文】

《复》之初九曰："不远复，无祇悔，元吉。"《传》曰：阳，君子之道，故《复》为反善之义。初，《复》之最先者也，是不远而复也。失而后有复，不失则何复之有？惟失之不远而复也，则不至于悔，大善而吉也。颜子无形显之过，夫子谓其庶几，乃"无祇悔"也。过既未形而改，何悔之有？既未能不勉而中，所欲不逾矩，是有过也。然其明而刚，故一有不善，未尝不知；既知，未尝不遽改，故不至于悔，乃"不远复"也。学问之道无他也，惟其知不善则速改，以从善而已。

——《周易程氏传》卷二《复传》

【译文】

《复卦》的初九卦辞说："走得不远就返回，没有大的悔恨，大吉。"《程氏易传》说：阳，是君子之道，所以《复》是返回善道的意思。初爻，是《复》卦中最先出现的，是没走多远就返回。离开后才会有返回，不离开哪里来的返回呢？只有离开得不远后返回，才不至于反悔，是很好并且大吉的。颜子没有很明显的过错，孔子说他差不多达到圣人的境界了，于是"没有很大的悔恨"。过错还没显形就改正，有什么悔恨的呢？既然不能不努力就合乎中道，想要的不超过规矩，于是"没走多远就返回"了。学问之道没有什么别的，只有知道自己不好的地方，然后迅速地改正来返回善道而已。

5.05

【原文】

《晋》之上九："晋其角，维用伐①邑，厉吉，无咎，贞吝②。"《传》曰：人之自治，刚极则守道愈固，进极则迁善愈速。如上九者，以之自治，则虽伤于厉，而吉且无咎也。严厉非安和之道，而于自治则有功也。虽自治有功，然非中和之德，故于贞正③之道为可吝也。

——《周易程氏传》卷三《晋传》

【注释】

①伐：讨伐，攻打。

②贞吝：占卜问卦的结果是难以实行。

③贞正：坚贞端方。

【译文】

《晋卦》的上九卦辞说："进入了像角一样坚硬的境地，只有用来攻打城邑，厉害并且吉祥，没有过错，问卦后卦象是不吉也就难以实行。"《易传》说：人的自我修养，刚强到极致那么坚守道就越牢固，进步到极致那么迁就善就越迅速。就像上九这一爻，用这个道理来自我修养，虽然会被它的厉害所伤但吉祥却没有过错。严厉不是安平祥和的办法，但是对于自我修养却有帮助。虽然对于自我修养有功劳，但并不是中和祥和的品德，所以在中正的道理上还是难以实行。

5.06

【原文】

损者，损过而就中，损浮末而就本实也。天下之害，无不由末之胜也。峻宇雕墙[①]，本于宫室；酒池肉林[②]，本于饮食；淫酷残忍，本于刑罚；穷兵黩武[③]，本于征讨。凡人欲之过者，皆本于奉养，其流之远，则为害矣。先王制其本者，天理也；后人流于末者，人欲也。《损》之义，损人欲以复天理而已。

——《周易程氏传》卷三《损传》

【注释】

①峻宇雕墙：高大的屋宇和彩绘的墙壁。形容居处豪华奢侈。

②酒池肉林：古代传说，商纣王以酒为池，以肉为林，为长夜之饮。原指荒淫腐化、极端奢侈的生活，后也形容酒肉极多。

③穷兵黩武：随意使用武力，不断发动侵略战争。形容极其好战。

【译文】

损，就是减少过度的事情并且做到持中，减少表面不重要的而接近根本的实际。天下的危害，没有不是由于不重要的东西胜过重要的东西而出现的。高大的屋宇和彩绘的墙壁，其根本只不过是房屋；以酒为池，以肉为林，其根本不过是饮食；严苛的酷刑，其根本是惩罚；随意使用武力，不断发动侵略战争，其根本是征伐。凡人的欲望超过限度，它们本来不过是正常的奉养而已，它们演变得离本质越来越远，就成危害了。前代的王制定根本，成为了天理；后来的人流于不重要的东西，是人的欲望啊。损的意思，是减少人欲而光复天理啊。

5.07

【原文】

夫人心正意诚，乃能极中正之道，而充实光辉。若心有所比，以义之不可而决之，虽行于外不失其中正之义，可以无咎，然于中道未得为光大也。盖人心一有所欲，则离道矣。故《夬》九五曰："苋陆[1]夬夬[2]，中行无咎。"而《象》曰："中行无咎，中未光也。"夫子于此，示人之意深矣。

——《周易程氏传》卷三《夬传》

【注释】

①苋陆：即商陆，多年生草本，春初发苗，叶卵形而大。

②夬夬：断绝貌。

【译文】

人要心思中正意志诚敬，才能极尽中正之道而心中充满光辉。如果心里有偏颇，因为义理不允许而离开，即使在外的表现没有丧失其中的中正的道理，可以没有过错，但是对于中正之道没有被发扬光大。大概是因为人心中一旦有欲望，就会偏离自己所行之道。所以《夬卦》的九五爻说："商陆独自生长，在中间行走也没有过错。"《象辞》说："在中间行走也没有过错，心中没有光明。"孔子关于这点，可以说是警示人很深刻了。

5.08

【原文】

方说[1]而止，《节》之义也。

——《周易程氏传》卷四《节传》

【注释】

①说：通"悦"。

【译文】

刚刚高兴就停止，是《节》的道理。

5.09

【原文】

《节》之九二，不正之节也。以刚中正为节，如惩忿窒欲，损过抑有余是也。不正之节，如啬节于用，懦节于行是也。

——《周易程氏传》卷四《节传》

【译文】

《节卦》的九二爻，阳爻处于阴位，是不正的节。以节卦的九五爻阳爻居于阳位，是正的节，就像遏制愤怒压抑欲望，减少过度的并且压抑多余的。不正之节，就像吝啬的节俭用度，懦弱的节制行为。

5.10

【原文】

人而无克伐①怨欲，惟仁者能之。有之而能制其情不行焉，斯亦难能也，谓之仁则未可也。此原宪②之问，夫子答以知其为难，而不知其为仁。此圣人开示之深也。

——《程氏经说·论语解》

【注释】

①伐：自夸。

②原宪：原宪，字子思，春秋末年宋国商丘人。孔子弟子，孔门七十二贤之一。

【译文】

身为人而没有好胜自夸怨恨贪婪，只有仁德的人可以做到。有这些恶德但可以遏制自己的情感使其不发作，也是很难做到的，说他们是仁德的就不可以了。这是子思的提问，孔子回答说知道这是很难的，但是不认为这就是仁。这是圣人开阐明示后人多么深刻啊。

5.11

【原文】

明道先生曰：义理与客气①常相胜，只看消长分数多少，为君子、小人之别。义理所得渐多，则自然知得客气消散得渐少，消尽者是大贤。

——《河南程氏遗书》卷一《端伯传师说》

【注释】

①客气：一时的意气，偏激的情绪。

【译文】

程颢说：义理与偏激的情绪常常相互克制，只看消减与增长了多少，这是君子与小人的区别。义理增长得越多，自然就可以知道偏激的情绪消散得越来越少了，消散完全得都是大贤者。

5.12

【原文】

或谓：人莫不知和柔宽缓，然临事则反至于暴厉。曰："只是志不胜气，气反动其心也。"

——《河南程氏遗书》卷十七

【译文】

有的人说：人没有不知道要和缓宽舒的，然而面对事情的时候反而会暴躁严厉。程颢回答："只是心志不能战胜脾气，脾气反而扰动了你的心。"

5.13

【原文】

人不能祛①思虑，只是吝，吝故无浩然之气。

——《河南程氏遗书》卷十五《入闽语录》

【注释】

①祛：除去，驱逐。

【译文】

人不能除去自己的思虑，只是吝啬，吝啬所以没有浩然之气。

5.14

【原文】

治怒为难，治惧亦难。克己可以治怒，明理可以治惧。

——《河南程氏遗书》卷一《端伯传师说》

【译文】

处理怒气很难，对付恐惧也很难。克制自己可以处理怒气，明晓道理可以对付恐惧。

5.15

【原文】

尧夫①解“他山之石，可以攻玉”：玉者温润之物，若将两块玉来相磨，必磨不成，须是得他个粗砺底物，方磨得出。譬如君子与小人处，为小人侵陵，则修省畏避，动心忍性，增益预防，如此便道理出来。

——《河南程氏遗书》卷二上《元丰己未吕与叔东见二先生语》

【注释】

①尧夫：邵尧夫，即邵雍。

【译文】

邵雍解释“他山之石，可以攻玉”：玉是温润的事物，如果把两块玉来摩擦，一定磨不成，应该是那别的粗糙的东西，才能磨出来玉。就像君子和小人相处，被小人欺凌，那么就可以修身反省敬畏避让，使内心震动心性坚韧，增加防备，这样道理就出来了。

5.16

【原文】

目畏尖物，此事不得放过，便与克下。室中率置尖物，须以理胜他，尖必不刺人也，何畏之有！

——《河南程氏遗书》卷二下《附东见录后》

【译文】

眼睛畏惧看到锋利的东西，这件事不能放纵过去，要克服。屋里大概都放置了锋利的东西，一定要以道理去克服它，事物锋利也不一定会刺人，有什么可畏惧的呢！

5.17

【原文】

明道先生曰：责上责下而中自恕己，岂可任职分？

——《河南程氏遗书》卷五

【译文】

程颢说：责备上边的责备下边的，却在中间宽恕自己，这种人怎么可以任职呢？

5.18

【原文】

“舍己从人”最为难事。己者我之所有，虽痛舍之犹惧，守己者固而从人者轻也。

——《河南程氏遗书》卷九《少日所闻诸师友说》

【译文】

“舍弃自己的意见跟从别人的想法”是最难的事。己是我自己的想法，虽很痛心去舍弃它，仍然担心固守己见而轻视别人的想法。

5.19

【原文】

“九德①”最好。

——《河南程氏遗书》卷七

【注释】

①九德：九德指贤人所具备的九种优良品格。

【译文】

贤人所具备的九种优良品格是最好的。

5.20

【原文】

饥食渴饮，冬裘夏葛，若致些私吝心在，便是废天职。

——《河南程氏遗书》卷六

【译文】

饿了就吃渴了就喝，冬天穿裘衣夏天穿葛衣，如果有些自私吝啬的心在，就是辜负了上天的赋予的职责。

5.21

【原文】

猎，自谓今无此好。周茂叔曰：“何言之易也？但此心潜隐未发，一日萌动，复如前矣。”后十二年因见，果知未也。

——《河南程氏遗书》卷七

【译文】

狩猎，我认为现在已经没有这种爱好了。周敦颐说：“为什么说得这么轻易呢？只要喜爱狩猎的心潜藏着没有显现，有一天突然萌发了，就又和以前一样了。”后来十二年因为看见狩猎又突然萌发了喜爱之情，果然知道不是没有这种爱好了。

5.22

【原文】

伊川先生曰：大抵人有身，便有自私之理，宜其与道难一。

——《河南程氏遗书》卷三《谢显道记忆平日语》

【译文】

程颐说：大体上人有身体，就有了自私的理由，因此他们难以与天道合为一体。

5.23

【原文】

罪己责躬①不可无，然亦不当长留在心胸为悔。

——《河南程氏遗书》卷三《谢显道记忆平日语》

【注释】

①罪己责躬：责备并归罪于自己。

【译文】

责备并归罪于自己不可以没有，但是也不应当让它长久地留在心胸当中成为悔恨。

5.24

【原文】

所欲不必沉溺，只有所向便是欲。

——《河南程氏遗书》卷十五《入闽语录》

【译文】

不是沉溺其中的才是想要的，只要是有所向往的都是欲望。

5.25

【原文】

明道先生曰：子路亦百世之师。

——《河南程氏遗书》卷三《拾遗》

【译文】

程颢说：子路也是百世的师长。

5.26

【原文】

“人语言紧急，莫是气不定否？”曰：“此亦当习。习到自然缓时，便是气质变也。学至气质变，方是有功。”

——《河南程氏遗书》卷十八《刘元承手编》

【译文】

“人说话紧张急迫，难道不是心气不稳定吗？”程颐回答说：“这个也应当学习，学习到自然就缓和的时候，气质就变了。学到气质都变了的境界，才是有了效果。”

5.27

【原文】

问：“不迁怒，不贰过，何也？《语录》有怒甲不迁乙之说，是否？”伊川先生曰：“是。”曰：“若此则甚易，何待颜子而后能？”曰：“只被说得粗了，诸君便道易，此莫是最难。须是理会得，因何不迁怒。如舜之诛四凶，怒在四凶，舜何与焉？盖因是人有可怒之事而怒之，圣人之心本无怒也。譬如明镜，好物来时便见是好，恶物来时便见是恶，镜何尝有好恶也？世之人固有怒于室而色于市。且如怒一人，对那人说话能无怒色否？有能怒一人而不怒别人者，能忍得如此，已是煞知义理。若圣人因物而未尝有怒，此莫是甚难。君子役物，小人役于物。今见可喜可怒之事，自家著一分陪奉他，此亦劳矣。圣人之心如止水。”

——《河南程氏遗书》卷十八《刘元承手编》

【译文】

问：“不迁怒他人，不重复犯错，是什么呢？《语录》里有甲发怒却不迁怒到乙身上的说法，对吗？”程颐说：“对。”问：“如果这点很容易做到，又怎么会等到颜子出现才能有人做到呢？”程颐回答：“只是说得粗略了，你们就说简单。这不是最难的，应该要了解因为什么而不迁怒。就像舜诛杀四凶，是对四凶愤怒，和舜有什么关系呢？大概是因为人有可以生气的事而生气，圣人之心本来没有愤怒。就像明亮的镜子，好的东西在它面前就是好的，坏的东西在它面前就是坏的，镜子又怎么会有好坏呢？世上的人本来就有在屋子里发怒而表现在集市上的，并且对一个人发怒，对那人说话能做到没有怒色吗？有能只对一人发怒而不迁怒别人的人，能忍到如此地步，已经是很知道义理了。圣人因为外物而怒但内心没有愤怒，这没有什么难的。君子役使外物，而小人被外物役使。现在看见值得欢喜值得发怒的事，自己就分出一分的心神去奉陪，这也太劳累了。圣人的心就像平静的水。”

5.28

【原文】

人之视最先，非礼而视，则所谓开目便错了。次听、次言、次动，有先后之序。人能克己，则心广体胖①，仰不愧，俯不怍②，其乐可知。有息则馁③矣。

——《河南程氏外书》卷三《陈氏本拾遗》

【注释】

①心广体胖：指人心胸开阔，外貌安详。后来指人心胸开阔，心情愉快所以发胖。

②怍：惭愧。

③馁：没有勇气。

【译文】

人的视线是走在最前面的，不符合礼仪的看了，那么就是一睁开眼就错了。然后是听、然后是说、再然后是动，有先后的顺序。人能克制自己，那么就心情愉快，无所牵挂而发胖，对上对下都不惭愧，其中的乐趣可以知道了。其中要是停止了修养那么就没有勇气了。

5.29

【原文】

圣人责①己感也处多，责人应也处少。

——《河南程氏外书》卷七《胡氏本拾遗》

【注释】

①责：要求。

【译文】

圣人要求自己感发别人的时候多，要求别人回应自己的时候少。

5.30

【原文】

谢子与伊川先生别一年，往见之，伊川曰："相别一年，做得甚工夫？"谢曰："也只去个'矜[①]'字。"曰："何故？"曰："子细检点得来，病痛尽在这里。若按伏得这个罪过，方有向进处。"伊川点头，因语在坐同志者曰："此人为学，切问近思[②]者也。"

——《河南程氏外书》卷十二《传闻杂记》

【注释】

①矜：夸耀。

②切问近思：恳切地提问，多思虑当前的事情。

【译文】

谢良佐和程颐分别一年，前往拜见他。程颐说："分别一年，你下了什么功夫？"谢良佐说："也只是去除了自我夸耀。"回答说："为什么？"谢良佐说："仔细检点，发现病痛都在这里。如果制服了这个罪过，才有了进步的方向。"程颐点头，对在座的各位有着共同志向的人说："这个人在做学问的时候，是个恳切地提问，多思虑当前的事情的人。"

5.31

【原文】

思叔诟詈[①]仆夫，伊川曰："何不动心忍性[②]？"思叔惭谢[③]。

——《河南程氏外书》卷十二《传闻杂记》

【注释】

①诟詈：辱骂，责骂。

②动心忍性：历经困苦而磨炼身心，不顾外界阻力，坚持下去。

③谢：认错，道歉。

【译文】

张绎辱骂仆人，程颐说："为什么不通过困苦而磨炼自己的身心呢？"张绎惭愧认错。

5.32

【原文】

见贤便思齐，有为者亦若是；见不贤而内自省，盖莫不在己。

——《河南程氏外书》卷二《朱公掞问学拾遗》

【译文】

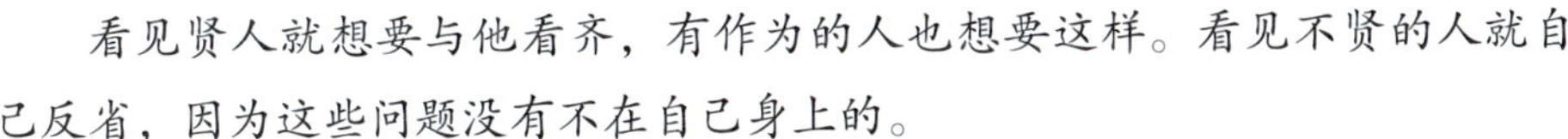
看见贤人就想要与他看齐，有作为的人也想要这样。看见不贤的人就自己反省，因为这些问题没有不在自己身上的。

5.33

【原文】

横渠先生曰：湛一[①]，气之本；攻取，气之欲。口腹于饮食，鼻口于臭味，皆攻取之性也。知德者属厌[②]而已，不以嗜欲累其心，不以小害大、末丧本焉尔。

——张载《正蒙·诚明篇第六》

【注释】

①湛一：沉静合一。

②厌：满足。

【译文】

张载说：沉寂合一，是气的根本；攻击占取，是气的欲望。口腹之于饮食，口鼻之于味道，都攻击占取的性质。明白道德的人懂得满足，不让喜好欲望牵累自己的心，不以小事妨害大事、不让小细节丧失根本。

5.34

【原文】

纤恶必除，善斯成性矣；察恶未尽，虽善必粗矣。

——张载《正蒙·诚明篇第六》

【译文】

小的恶也一定要去除，善才能成为本性；察觉到恶没有被除尽，那么即使有善也一定是粗糙的。

5.35

【原文】

恶不仁，故不善未尝不知。徒好仁而不恶不仁，则习不察、行不著。是故徒善未必尽义，徒是未必尽仁，好仁而恶不仁，然后尽仁义之道。

——张载《正蒙·中正篇第八》

【译文】

讨厌不仁的事，所以不善的是没有不知道的。只是喜好仁而不讨厌不仁，那么学习效果难以察觉、实行效果不显著。所以只是善未必极尽义理，只是

善未必极尽仁，喜欢仁而厌恶不仁，然后极尽仁义之道。

5.36

【原文】

责己者，当知无天下国家皆非之理。故学至于不尤人，学之至也。

——张载《正蒙·中正篇第八》

【译文】

要求自己的人，应当知道没有天下国家都是错的道理。所以学习到了不怪罪别人的境界，就是学习的极致了。

5.37

【原文】

有潜心于道，忽忽为他虑引去者，此气也。旧习缠绕，未能脱洒，毕竟无益，但乐于旧习耳。古人欲得朋友与琴瑟简编，常使心在于此。惟圣人知朋友之取益为多，故乐得朋友之来。

——张载《拾遗·近思录拾遗》

【译文】

有专心于道，却突然被别的思虑勾引带走的人，这是被旧的习气缠绕，不能挣脱，没有好处，只是乐于旧的习气。古代的人想要得到朋友和琴瑟简编，常常把心思放在这里。只有圣人知道能从朋友那里求取的益处更多，所以乐意朋友到来。

5.38

【原文】

矫轻警惰。

——张载《经学理窟·气质》

【译文】

矫正轻浮之气，警惕懒惰之风。

5.39

【原文】

“仁之难成久矣！人人失其所好。”盖人人有利欲之心，与学正相背驰。故学者要寡欲。

——张载《经学理窟·学大原上》

【译文】

“仁的难以成就已经很久了！人人都失去了对仁的喜爱。”大概是因为人人都有利欲之心，和学习的东西自相矛盾。所以学习的人要少欲。

5.40

【原文】

君子不必避他人之言，以为太柔太弱。至于瞻视亦有节，视有上下，视高则气高，视下则心柔，故视国君者，不离绅带之中。学者先须去其客气；其为人刚行，终不肯进，“堂堂乎张也，难与并为仁矣”。盖目者人之所常用，且心常托之，视之上下，且试之。己之敬傲，必见于视。所以欲下其视者，欲柔其心也。柔其心，则听言敬且信。人之有朋友，不为燕安，所以辅佐其仁。今之朋友，择其善柔以相与，拍肩执袂以为气合，一言不合，怒气相加。朋友之际，欲其相下不倦，故于朋友之间主其敬者，日相亲与，得效最速。仲尼尝曰：“吾见其居于位也，与先生并行也。非求益者，欲速成者。”则学者先须温柔，温柔则可以进学。《诗》曰：“温温恭人，惟德之基。”盖其所益之多。

——张载《经学理窟·气质》

【译文】

君子不必避讳别人的言论，不用在意别人认为自己太过柔弱。至于瞻视也有礼节，有上下的分别，看得高就心气高，看得低就心态柔和。所以看国君的人，视线离不开坤带之中。学习的人先应该去掉激进的情绪；他的为人刚正，终究不肯进步，“仪表堂堂的子张，难以和他一起追求仁德”。大概是因为眼睛是人类常用的，并且心常常依托在这上面，看上下，暂且试一下。自己的恭敬傲慢，一定能在视线中体现出来。所以想要放低视线，想要使内心柔和。柔和自己的心，那么听别人说话恭敬且诚信。人有朋友，不是为了安乐，所以辅佐成就仁德。现在的朋友，选择表面善柔的人相处，拍肩执袖就以为意气相投，一言不合，就相互生气。朋友之间，想要相互谦虚不厌倦，所以在朋友之间主要是相互尊敬，日渐亲近，得到效果最迅速。孔子曾说：“我看见他待在不该待的位置上，和先生并排行走，这不是想要求益的人，而是想要迅速有成果的人。”所以学习的人应该温柔，温柔才可以学习进步。《诗经》上说：“温和谦恭，是德行的基础。”因为这样获得的益处很多。

5.41

【原文】

世学不讲，男女从幼便骄惰坏了，到长益凶狠。只为未尝为子弟之事，则于其亲已有物我，不肯屈下，病根常在。又随所居而长，至死只依旧。为子弟，则不能安洒扫应对；在朋友，则不能下朋友；有官长，则不能下官长；为宰相，不能下天下之贤。甚则至于徇私意，义理都丧，也只为病根不去，随所居所接而长。人须一事事消了病，则义理常胜。

——张载《经学理窟·学大原上》《经学理窟·学大原下》

【译文】

世代相传的学问不讲，男女从小就被骄傲懒惰坏了，长大就更加凶狠。只是没有做过子弟之事，那么对自己的亲人也有物我之分，不肯屈身向下，这种德性上的病根常在。又随着所居而增长，到死也没有变化。作为子弟，则不能洒扫庭院应对宾客；作为朋友，则不能尊敬朋友；有长官，则不能尊敬长官；作为宰相，不能礼遇天下贤能。甚至发展到徇私，丧失义理，也只是因为德行的病根没有去除，跟随着起居和接触而增长。人应该一一消除自己的病根，那么义理常常能战胜私心。

亲若曾子可也

6.01

【原文】

伊川先生曰：弟子之职，力有余则学文。不修其职而学，非为己之学也。

——《河南程氏经说》卷六《论语解》

【译文】

程颐说：弟子的职责，有余力就去学习文献。但不修行自己的职责就去学习文献，不是为了自己道德修养和学问的学习。

6.02

【原文】

孟子曰："事亲若曾子，可也。"未尝以曾子之孝为有余也。盖子之身所能为者，皆所当为也。

——《周易程氏传》卷一《师传》

【译文】

孟子说："侍奉父母就像曾子那样就可以了。"没有认为曾子的孝顺有过分的地方。大概是因为自己的身体所能做到的，都应该做到。

6.03

【原文】

"干母之蛊，不可贞。"子之于母，当以柔巽①辅导之，使得于义。不顺而致败蛊，则子之罪也。从容将顺，岂无道乎？若伸己刚阳之道，遽然②矫拂③则伤恩，所害大矣，亦安能入乎？在乎屈己下意，巽顺相承，使之身正事治而已。刚阳之臣事柔弱之君，义亦相近。

——《周易传》卷二《蛊传》

【注释】

①柔巽：柔顺。

②遽然：骤然，突然。

③矫拂：纠正。

【译文】

"干预母亲的错误，不可以强硬进行。"孩子对于母亲，应当用柔顺的方式教导她，使她领悟义理。不柔顺而使事情败坏，那么就是孩子的罪过。从容柔顺地去做，怎么会没有办法呢？如果伸张自己的阳刚之道，急切地矫正母亲的错误那么就会伤害到母亲，危害很大，怎么能让母亲听进话呢？在于委屈自己忍耐意气，柔顺地对待母亲，使母亲可以正确地处理事情。阳刚的臣子侍奉柔弱的君主，意思是相仿的。

6.04

【原文】

《蛊》之九三，以阳处刚而不中，刚之过也，故小有悔。然在《巽》体，不为无顺。顺，事亲之本也，又居得正，故无大咎。然有小悔，已非善事亲也。

——《周易程氏传》卷二《蛊传》

【译文】

《蛊卦》的九三爻，以阳爻处刚位而不在下卦中位，这是阳刚太过了，所以有小的灾祸。然而在《巽卦》的卦体上，不是没有不顺的地方。顺，是侍奉父母的根本，又居正，所以没有大的过错。但是有小的灾祸，已经不是善于侍奉父母了。

6.05

【原文】

正伦理，笃恩义，家人之道也。

——《周易程氏传》卷三《家人传》

【译文】

端正伦理，坚定恩义，这就是家人卦的道理啊。

6.06

【原文】

人之处家，在骨肉父子之间，大率以情胜礼，以恩夺义。惟刚立之人，则能不以私爱失其正理，故《家人卦》大要以刚为善。

——《周易程氏传》卷三《家人传》

【译文】

人与家人相处，在父子之间，大概是亲情胜过了礼节，用恩情剥夺了义理。只有刚立的人，能不因为个人的爱失去正理，所以《家人卦》主要以刚强为善。

6.07

【原文】

《家人》上九爻辞，谓治家当有威严，而夫子又复戒云，当先严其身也。威严不先行于己，则人怨而不服。

——《周易程氏传》卷三《家人传》

【译文】

《家人卦》的上九爻辞，说治理家庭应当有威严，但孔子又告诫说，应当先严格要求自己。威严先在自己身上实行，那么人们会抱怨而不服从。

6.08

【原文】

《归妹》①九二，守其幽贞，未失夫妇常正之道。世人以媟狎②为常，故以贞静为变常，不知乃常久之道也。

——《周易程氏传》卷四《归妹传》

【注释】

①《归妹》:《易经》六十四卦的第五十四卦。

②媟狎：狎昵，不庄重。

【译文】

《归妹》的九二爻，坚守自己的幽静贞节，没有失去夫妇的常正之道。世人把不庄重当作常态，所以把贞节安静当作常态的变化，不知道这才是长久的办法。

6.09

【原文】

世人多慎于择婿，而忽于择妇。其实婿易见，妇难知，所系甚重，岂可忽哉?

——《河南程氏遗书》卷一《端伯传师说》

【译文】

世人大多在选在女婿上慎重，而在选择儿媳上疏忽。其实女婿的德行容易看见，儿媳的德行却难以了解，这件事所干系事情重大，怎么可以疏忽呢?

6.10

【原文】

人无父母，生日当倍悲痛，更安忍置酒张乐以为乐？若具庆[①]者，可矣。

——《河南程氏遗书》卷六

【注释】

①具庆：父母均存。

【译文】

人没有了父母，生日的时候一定倍加悲痛，又怎么忍心置办酒食张罗乐曲来取乐呢？如果父母都还活着，就可以。

6.11

【原文】

问："《行状》[①]云：'尽性至命，必本于孝悌[②]。'不识孝悌何以能尽性至命也？"曰："后人便将性命别作一般事说了。性命孝悌，只是一统底事，就孝悌中，便可尽性至命。如洒扫应对，与尽性至命，亦是一统底事，无有本末，无有精粗，却被后来人言性命者，别作一般高远说，故举孝悌，是于人切近者言之。然今时非无孝悌之人，而不能尽性至命者，由之而不知也。"

——《河南程氏遗书》卷十八《刘元承手编》

【注释】

①《行状》：叙述死者世系、生平、生卒年月、籍贯、事迹的文章，常由死者门生故吏或亲友撰述，留作撰写墓志或史官提供立传的依据。这里指《明道先生行状》。

②孝悌：孝顺父母，敬爱兄长。

【译文】

问："《明道先生行状》说：'穷尽本性，极尽性命，一定以孝悌为本。'不知道孝悌怎么能穷尽本性极尽性命呢？"程颐说："后来的人就把性命另外当作别的事说了。性命孝悌，都只是统一的事，在孝悌中就可以穷尽本性极尽性命。就像洒扫庭院应对宾客和穷尽本性极尽性命，都是一样的事，没有本末，没有精粗之分，却被后来的人说性命另外有一种高远的说法，所以说孝悌，是拿和人贴近的事说，现在不是没有孝悌的人，但是他们不能穷尽本性极尽性命，只是去跟随却不知道如何去做。"

6.12

【原文】

问："第五伦[1]视其子之疾与兄子之疾不同，子谓之私，如何？"曰："不待安寝与不安寝，只不起与十起，便是私也。父子之爱本是公，才着些心做，便是私也。"又问："视己子与兄子有间否？"曰："圣人立法，曰兄弟之子犹子也，是欲视之犹子也。"又问："天性自有轻重，疑若有间然？"曰："只为今人以私心看了。孔子曰：'父子之道，天性也。'此只就孝上说，故言父子天性，若君臣、兄弟、宾主、朋友之类，亦岂不是天性？只为今人小看却，不推其本所由来故尔。己之子与兄之子，所争几何，是同出于父者也。只为兄弟异形，故以兄弟为手足。人多以异形故，亲己之子异于兄弟之子，甚不是也。"又问："孔子以公冶长[2]不及南容[3]，故以兄之子妻南容，以己之子妻公冶长。何也？"曰："此亦以己之私心看圣人也。凡人避嫌者，皆内不足也。圣人至公，何更避嫌？凡嫁女，各量其才而求配。或兄之子不甚美，必择其相称者为之配，己之子美，必择其才美者为之配。岂更避嫌耶？若孔子事，或是年不相若，或时有先后，皆不可知。以孔子为避嫌，则大不是。如避嫌事，贤者且不为，况圣人乎？"

——《河南程氏遗书》卷十八《刘元承手编》

【注释】

①第五伦：字伯鱼，京兆长陵人，东汉时期大臣。

②公冶长：姓公冶，名长，字子长，春秋时齐国人，亦说鲁国人。春秋末期孔子弟子，孔子女婿。

③南容：即南宫括。孔子的学生。

【译文】

有人问："第五伦看待孩子的生病与对其兄的孩子生病不一样，他自己说这是私心，该怎么看待？"程颐说："不用等到他说没有安寝与不安寝，只是晚上不起与起十次的区别，这就是私心。父子之爱本是公，有一点刻意表现去做，就是私了。"又问："人对待自己的孩子和对待兄长的孩子有差别吗？"程颐说："圣人立下规则，说兄弟之子就像自己的孩子，这是想要把兄长的孩子看作是自己的孩子。"又问："人的天性中本来就有血缘轻重，似乎应该有差别？”程颐说：“只是因为现在的人用私心来看待。孔子说：‘父子之道，是出于天性。’这只是说关于孝的，所以说父子之情出于天性。像是君臣、兄弟、宾主、朋友之类，难道不也是天性吗？只是被现在的人小看，现在的人不推究根本的由来才成这样。自己的孩子和兄长的孩子，相差又有多少呢，他们都是自己父亲的后代。只是因为兄弟不是同一个个体，所以叫兄弟为手足。人们大多因为不是同一个个体的缘故，而更亲近自己的孩子，而对待兄长的孩子就不同，这是非常错误的。”又问：“孔子因为公冶长不如南宫适，所以把兄长的女儿嫁给南宫适，把自己的女儿嫁给公冶长，为什么呢？”程颐说：“这也是用自己的私心去看圣人。凡是要避嫌的人，都是因为心虚。圣人自然是最公平的，还要再怎么避嫌呢？凡是嫁女儿，要各自度量她的才貌来寻找相配之人，或许兄长的女儿不太美，一定要选择与她相称的和她相配，自己的女儿美，一定选那些才能优秀的与她相配，难道还要更加避嫌吗？孔子的事，或许是年龄不相当，或者是时间有先后，都是我们不了解的。我们认为孔子是避嫌，那就大错特错。像是避嫌这样的事，贤者尚且不做，更何况圣人呢？”

6.13

【原文】

问：“孀妇①，于理似不可取，如何？”曰：“然。凡取以配身也。若取失节者以配身，是已失节也。”又问：“或有孤孀贫穷无托者，可再嫁否？”曰：“只是后世怕寒饿死，故有是说。然饿死事极小，失节事极大。”

——《河南程氏遗书》卷二十二下《附杂录后》

【注释】

①孀妇：寡妇。

【译文】

有人问：“寡妇，按照道理来讲是不可以娶的，怎么样？”回答说：“确实。但凡娶妻都是与自身相配。如果娶失节的人与自己相配，就是自己的失节了。”又问：“有的是孤寡贫穷没有依靠的人，她们可不可以再嫁？”回答说：“只是后来的人怕寒饿而死，所以有这样的说法。但是饿死这样的事很渺小，失节的事却很重要。”

6.14

【原文】

病卧于床，委之庸医，比之不慈不孝。事亲者，亦不可不知医。

——《河南程氏外书》卷十二《传闻杂记》

【译文】

病卧在床上，把病人委托给庸医，这样的行为可以与不慈不孝相类比。侍奉双亲的人，也不可以不懂医术。

6.15

【原文】

程子葬父，使周恭叔①主客②。客饮酒，恭叔以告，先生曰："勿陷人于恶。"

——《河南程氏外书》卷七《胡氏本拾遗》

【注释】

①周恭叔：周行己，宋代学者，字恭叔，世称浮沚先生。传授程颐伊洛之学。其教学活动对温州乃至浙江学术发展颇有影响。著有《浮沚集》。

②主客：接待宾客。

【译文】

程颐为父亲举办丧礼，让周恭叔接待宾客。客人饮酒，周恭叔去告诉了程颐，程颐说："不要让人陷于罪恶。"

6.16

【原文】

买乳婢①，多不得已。或不能自乳，必使人。然食己子而杀人之子，非道。必不得已，用二子乳食三子，足备他虞②。或乳母病且死，则不为害，又不为己子杀人之子，但有所费。若不幸致误其子，害孰大焉？

——《河南程氏外书》卷十《大全集拾遗》

【注释】

①乳婢：乳母。

②虞：忧患，意外。

【译文】

买乳母，大多是不得已才买的。有的是不能够自己哺乳，一定要让别人来。然而喂养自己的孩子就去杀别人的孩子，不是正道。到了万不得已，用两个孩子的母乳去喂养三个孩子，来备足以防意外。有的乳母病死了，那么没有什么危害，又不是为了自己孩子去杀了别人的孩子，但是要花费一些钱财。如果因为不幸而导致耽误了乳母的孩子，那是多么大的危害啊？

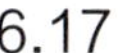

6.17

【原文】

先公[①]太中[②]讳珦，字伯温。前后五得任子[③]，以均诸父子孙。嫁遣孤女，必尽其力，所得俸钱，分赡亲戚之贫者。伯母刘氏寡居，公奉养甚至。其女之夫死，公迎从女兄以归，教养其子，均于子侄。既而女兄之女又寡，公惧女兄之悲思，又取甥女以归，嫁之。时小官禄薄，克己为义，人以为难。公慈恕而刚断，平居与幼贱处，惟恐有伤其意，至于犯义理，则不假[④]也。左右使令之人，无日不察其饥饱寒燠[⑤]。娶侯氏。侯夫人事舅姑[⑥]以孝谨称，与先公相待如宾客。先公赖其内助，礼敬尤至。而夫人谦顺自牧，虽小事未尝专，必禀而后行。仁恕宽厚，抚爱诸庶，不异己出。从叔幼姑，夫人存视，常均己子。治家有法，不严而整。不喜笞扑奴婢，视小臧、获如儿女。诸子或加呵责，必戒之，曰："贵贱虽殊，人则一也。汝如是大时，能为此事否？"先公凡有所怒，必为之宽解，唯诸儿有过，则不掩也。常曰："子之所以不孝者，由母蔽其过而父不知也。"夫人男子六人，所存惟二，其爱慈可谓至矣，然于教之之道，不少假也。才数岁，行而或踣，家人走前扶抱，恐其惊啼，夫人未尝不呵责曰："汝若安徐，宁至踣乎！"饮食常置之坐侧。尝食絮羹，即叱止之，曰："幼求称欲，长当如何？"虽使令辈，不得以恶言骂之。故颐兄弟平生于饮食衣服无所择，不能恶言骂人，非性然也，教之使然也。与人争忿，虽直不右，曰："患其不能屈，不患其不能伸。"及稍长，常使从善师友游，虽居贫，或欲延客，则喜而为之具。夫人七八岁时，诵古诗曰："女子不夜出，夜出秉明烛。"自是日暮则不复出房阁。既长，好文而不为辞章，见世之妇女以文章笔札传于人者，则深以为非。

——《河南程氏文集》卷十二《先公太中家传》《上谷郡家传》

【注释】

①先公：亡父。

②太中：太中大夫，官名。

③任子：汉代高官子弟凭借父兄而得官的制度。

④假：宽恕，宽容。

⑤燠（yù）：热。

⑥舅姑：古指“公婆”。

【译文】

我的亡父是太中大夫名叫程珦，字伯温。他前后五次得到朝廷给儿子官职的待遇，都均分给了我伯父叔父的子孙们了。送嫁族内孤女，一定尽力，他拿到的俸钱，分给亲戚中贫穷的人。他的伯母刘氏寡居，他奉养她非常周全。她女儿的丈夫死了，先父把这位堂姐接回家，教养堂姐的孩子，和自己子侄们一样。不久这位堂姐的女儿又守了寡，先父担心堂姐伤心思念，又把外甥女接回来然后又嫁了人。当时亡父官小俸禄少，能够克制自己行义，人们都认为这很难。先父仁慈宽容却也刚决果断，平时与幼小或贫贱之人相处，唯恐伤害他们的感情。至于有人犯了义理上的过错，就不宽容。贴身使唤的人，没有一天不关心他们的饥饱寒温。娶侯氏。侯夫人侍奉公婆以谨孝著称，与先父如宾客般尊敬，先父依靠她的内助，对她礼遇尊敬就更周全。但侯夫人她以谦和柔顺要求自己，即使是小事也不曾专行独断，一定禀告先父后才做。她仁恕宽厚，抚爱各位庶子，对待庶子和对待自己的孩子没有差别。我的堂叔幼孤，夫人存养看望，常看作是自己的孩子。她治家有自己的方法，不严厉却严整有序。不喜欢打奴婢。把小奴婢看作是自己的女儿一样，孩子们有时呵斥小奴婢，她一定要告诫他们，说：“人的贵贱虽然不同，但同样都是人。你这么大的时候，能做这样的事吗？”先父但凡发怒，她一定要宽慰劝解，只有儿子们有了过错，就不掩盖。她常常说：“孩子之所以不成器，是因为母亲掩盖他们的过错而使父亲不知道。”夫人有六个儿子，活下来的只有两人，她对仅存的儿子的爱可以说是达到极致了，但她在教育他们的方法上，一点也不宽容。才几岁时，走路有时还会跌倒，家人走上前去抱扶，恐怕孩子受惊啼哭，夫人她不是没有呵责说：“你要是平稳地走，怎么会摔倒？”吃饭时常让孩子坐在自己身边。如果在吃食里调味，都会被训斥阻止，说：“小时候就追求满足欲望，长大了该怎么样？”即使是使唤的人，也不许说恶语骂他们。所以我们兄弟一生对于饮食衣服没有什么挑剔，不会恶语骂人，这不是出于天性，是教育使然的。和人争吵，即使孩子有理她也会偏袒，她说：“担心孩子长大不能屈己，不用担心他们不能伸张。”等到孩子稍大一点，常

常让跟好的老师学习。即使贫困，有时孩子想请客，她就高兴地替孩子准备。夫人七八岁时诵读古诗，有两句说："女子不夜出，夜出秉明烛。"从此以后太阳落山后她就不再出闺房。长大以后喜爱诗文但不写文章，看到妇女以笔墨流传于世的，就深深地认为这是不正确的。

6.18

【原文】

横渠先生尝曰：事亲奉祭，岂可使人为之？

——张载《附录·吕大临横渠先生行状》

【译文】

张载曾经说：侍奉父母，祭典双亲，怎么能让别人去做呢？

6.19

【原文】

舜之事亲有不悦者，为父顽母嚚①，不近人情。若中人之性，其爱恶略②无害理，姑必顺之。亲之故旧，所喜者，当极力招致，以悦其亲。凡于父母宾客之奉，必极力营办，亦不计家之有无。然为养，又须使不知其勉强劳苦，苟使见其为而不易，则亦不安矣。

——张载《拾遗·近思录拾遗》

【注释】

①嚚：愚蠢而顽固。

②略：大概，大致。

【译文】

舜侍奉双亲，双亲尚有不悦的地方，他的父亲顽劣母亲愚蠢而顽固，不近人情。如果双亲性格中和，他们的喜恶大概不会伤天害理，就必须顺从他们。父母喜好交好的故旧，子女应该尽力款待，来使双亲愉悦。凡是对于父母的宾客的招待，一定要尽力经营置办，也不要计较家里有没有。然而这样的供养，又应该不让父母知道自己的勉力劳苦，如果让父母看见了自己的不容易，会使父母心中不安。

6.20

【原文】

《斯干》①诗言："兄及弟矣，式相好矣，无相犹矣。"言兄弟宜相好，不要厮学。犹，似也。人情大抵患在施之不见报则辍，故恩不能终。不要相学，己施之而已。

——张载《拾遗·近思录拾遗》

【注释】

①《斯干》:《小雅·斯干》是中国古代第一部诗歌总集《诗经》中的一首诗。

【译文】

《斯干》诗里说："兄弟之间，应该相处友好，不要相犹。"这是说兄弟间应该交好，不要学习不好的地方。犹，就是似。做人情大概都在担心施恩不见回报就这样放弃了，所以使恩情不能保持。不要学习这样，自己只是施恩就可以了。

6.21

【原文】

人不为《周南》《召南》，其犹正墙面而立。常深思此言，诚是。不从此行，甚隔着事，向前推不去。盖至亲至近，莫甚于此，故须从此始。

——张载《拾遗·近思录拾遗》

【译文】

人不学习《周南》《召南》，就像是面对墙站着。常常思考这句话，确实是这样。不从这里做起，好像被很多事阻隔，不能向前推进。大概最亲最近的，没有超过这个的了，所以应该从这个开始。

6.22

【原文】

婢仆始至者，本怀勉勉敬心，若到所提掇更谨则加谨，慢则弃其本心，便习以成性。故仕者入治朝则德日进，入乱朝则德日退，只观在上者有可学无可学耳。

——张载《经学理窟·学大原上》

【译文】

奴仆刚来时，本来怀着勤奋恭敬的心，如果提点他们就更谨慎又谨慎，如果轻慢他们，他们就会慢慢地丢弃本心，养成坏的习惯。所以入仕之人，进入治理清明的朝廷那么德行就会每日健进，进入治理混乱的朝廷那么德行就会每日退步，只看上司有没有可学的地方了。

贤者顺理而安行

7.01

【原文】

伊川先生曰：贤者在下，岂可自进以求于君？苟自求之，必无能信用之理。古之人所以必待人君致敬尽礼而后往者，非欲自为尊大，盖其尊德乐道之心，不如是，不足与有为也。

——《周易程氏传》卷一《蒙传》

【译文】

程颐说：贤者处在下位，怎么可以毛遂自荐来求取君王赏识呢？如果自己去求，一定没有让他信任重用的道理。古人之所以非要等到君王礼数完备后才去辅佐他，不是妄自尊大，而是因为如果君王没有这样的尊敬有德之人喜好道义的心，就不足与他一同做事。

7.02

【原文】

君子之需[①]时也，安静自守。志虽有须，而恬然若将终身焉，乃能用常也。虽不进而志动者，不能安其常也。

——《周易程氏传》卷一《需传》

【注释】

①需：等待。

【译文】

君子等待时机时，要安静自守。心志虽然是有所追求的，但心情平淡的像是一辈子都要这样，这样才能不失常道。没有追求但心志动摇的人，不能安于常道。

7.03

【原文】

《比》："吉，原筮，元永贞，无咎。"《传》曰：人相亲比，必有其道，苟非其道，则有悔咎。故必推原占决其可比者而比之。所比得元永贞，则无咎。元，谓有君长之道；永，谓可以常久；贞，谓得正道。上之比下，必有此三者。下之从上，必求此三者。则无咎也。

——《周易程氏传》卷一《比传》

【译文】

《比卦》的卦辞说："吉，原来的卜辞，具备元、永、贞三者，没有灾祸。"《易传》说：人与人相互亲近依附，一定有原则，如果违背原则，那么就会有悔恨和过错。因此一定要推究原来的卜辞，判断那些可以亲近的人去依附，所亲近的具备元、永、贞三德，就没有过错。元，是说这个人具有君长之道；永，是说可以长久；贞，是说行正道。上位的人使在下的人亲近依附自己，一定要有这三种。在下的人跟从在上的人，一定要要求在上的人具备元、永、贞这三德。那么就不会有过错了。

7.04

【原文】

《履》之初九曰："素履[①]，往无咎。"《传》曰：夫人不能自安于贫贱之素，则其进也，乃贪躁而动，求去乎贫贱耳，非欲有为也。既得其进，骄溢必矣，故往则有咎。贤者则安履其素，其处也乐，其进也将有为也，故得其进则有为而无不善。若欲贵之心与行道之心交战于中，岂能安履其素乎？

——《周易程氏传》卷一《履传》

【注释】

①素履：比喻质朴无华、清白自守的处世态度。

【译文】

《履卦》的初九爻辞说："穿着质朴的鞋子，外出不会有过错。"《易传》说：人如果不能安于贫贱的朴素，那么他的求进就是贪心浮躁的动，是希望摆脱贫贱，不是想要有所作为。得到晋升以后，一定会骄傲，所以外出一定会有过错。贤者则安于贫困的现状，他处在贫贱时也安乐，他的晋升也会有所作为，所以他能够晋升，并且有所作为而无恶行。如果他想要飞黄腾达之心与践行圣人之道的心在胸中交战，又怎能够安于他的贫困呢？

7.05

【原文】

大人于否[①]之时，守其正节，不杂乱于小人之群类，身虽否而道之亨也。故曰："大人否亨。"不以道而身亨，乃道否也。

——《周易程氏传》卷一《否传》

【注释】

①否：坏，恶。

【译文】

有德行的人在困苦的时候，坚守自己的操守，不混杂在小人当中，自身虽然困苦但是大道亨通，因此《否卦》六二爻辞说："有德行的人身处困厄，心却亨达。"用违反正道的手段而使自身显达，那就是败坏正道了。

7.06

【原文】

人之所随，得正则远邪，从非则失是，无两从之理。《随》之六二，苟系初，则失五矣，故《象》曰："弗兼与①也。"所以戒人从正，当专一也。

——《周易程氏传》卷二《随传》

【注释】

①兼与：兼得。

【译文】

人选择追随的事物，得到正就会远离邪，跟从错误就会失去正确，没有两个都依从的道理。《随卦》的六二爻，如果系在初爻就失去其他五爻，所以其《象》辞说："不可能两者兼得。"这话就是告诫人从正道要专一。

7.07

【原文】

君子所贵，世俗所羞；世俗所贵，君子所贱。故曰："贲①其趾，舍车而徒②。"

——《周易程氏传》卷二《贲传》

【注释】

①贲：装饰得很好。

②徒：步行。

【译文】

君子认为重要的，世俗却认为是羞耻；世俗认为重要的，君子却轻视它。所以《贲卦》的初九爻辞说："把脚装饰得很好，就丢弃车子步行。"

7.08

【原文】

《蛊》之上九曰："不事王侯，高尚其事。"《象》曰："不事王侯，志可则也。"《传》曰：士之自高尚，亦非一道：有怀抱道德，不偶[1]于时，而高洁自守者；有知止足之道，退而自保者；有量能度分，安于不求知者；有清介自守，不屑天下之事，独洁其身者。所处虽有得失小大之殊，皆自高尚其事者也。《象》所谓"志可则"者，进退合道者也。

——《周易程氏传》卷二《蛊传》

【注释】

①偶：匹配，配对。

【译文】

《蛊》卦的上九爻辞说："不为王侯做事，是高尚的事。"其《象》辞说："不为王侯做事，这种志趣可以作为法则。"《易传》说：士人自认为高尚，也不是一种情况：有怀抱道德，而不合于时，却能高洁自守的人；有知止知足的道理，功成身退明哲保身的人；有度量自己的能力天分后自知不足，安于贫贱的人；有清廉自守，不屑天下事，独善其身的人。他们所处的处境虽有得失大小的差别，但都属于高尚其志的人。《象》辞讲的"这种志趣可以作为法则"的人，就是指进退都合乎于正道的人啊。

7.09

【原文】

遁者，阴之始长，君子知微[1]，固当深戒。而圣人之意，未便遽已也，故有"与时行"，"小利贞"之教。圣贤之于天下，虽知道之将废，岂肯坐视其乱而不救？必区区[2]致力于未极之间，强此之衰，艰彼之进，图其暂安。苟得为之，孔孟之所屑为也，王允[3]、谢安之[4]于汉、晋是也。

——《周易程氏传》卷三《遁传》

【注释】

①知微：看出事物发生变化的隐微征兆。

②区区：诚挚。

③王允：王允，字子师，太原郡祁县人。东汉末年时期大臣。

④谢安之：谢安，字安石。陈郡阳夏人。东晋政治家、名士，太常谢裒

第三子、镇西将军谢尚从弟。

【译文】

遁，是阴气刚开始增长的时候，君子能看出事物发生变化的隐微征兆，所以应该深以为戒。但圣人的意思并不是马上停止他的作为，所以有“把握时机行动”，“小有利益地占断”的教诲。圣贤对于天下，尽管知道大道将废，又怎么肯坐视其乱而不救呢？一定诚挚地致力于天下没有到达最坏的时候，使现在衰弱的变强壮，使混乱的前进更加艰难，图谋天下暂时的安定。如果能够做，孔子、孟子都肯去做，王允之在汉末、谢安之在晋世就是这样啊。

7.10

【原文】

《明夷》初九，事未显而处甚艰，非见几之明不能也。如是，则世俗孰不疑怪？然君子不以世俗之见怪而迟疑其行也。若俟众人尽识，则伤已及而不能去矣。

——《周易程氏传》卷三《明夷传》

【译文】

《明夷》卦的初九爻，事情还没有显露而处在非常艰难的时候，如果没有看出事物变化的隐微征兆的明智是无法察觉的。此时君子远祸避难，世俗之人谁不感到奇怪呢？但是君子不因为世俗之人觉得奇怪，就对自己的行动迟疑。如果等到普通人都明白的时候，那么伤害已经降临在自己身上想离开也不行了。

7.11

【原文】

《晋》之初六，在下而始进，岂遽能深见信于上？苟上未见信，则当安中自守，雍容宽裕，无急于求上之信也。苟欲信之心切，非汲汲以失其守，则悻悻[①]以伤于义矣。故曰：“晋如、摧如，贞吉。罔孚，裕，无咎。”然圣人又恐后之人不达宽裕之义，居位者废职失守以为裕，故特云初六裕则无咎者，始进未受命当职任故也。若有官守，不信于上而失其职，一日不可居也。然事非一概，久速唯时，亦容有为之兆者。

——《周易程氏传》卷三《晋传》

【注释】

①悻悻：怨恨失意的样子。

【译文】

《晋》卦的初六爻，位居最下而刚刚开始晋升，怎么能立刻就被在上者深信呢？如果在上的人没有信任你，就应当安定自守，表现得从容宽和，不要急于求得在上者的信任。如果你想求得信任的心太迫切，不是极力追求而失去你的操守，就是因怨恨不平而伤于义理。所以初六的爻辞说："求取晋升、遭受挫折，但坚守贞节就会吉祥，不能取信于人，从容坦然就无祸。"但是圣人又担心后人不能明白宽裕的含义，担心那些居有官位的人认为废弃职守就是裕，所以特意指出初六爻辞的裕就是没有过错，是就刚刚进身还没有受命担当职位的人说的。如果你有了官职，不能取信于上就会失其职，一天也待不了。但事情不能一概而论，长久地取信还是快速取信要看时候，也要观察事物的征兆来决定。

7.12

【原文】

不正而合，未有久而不离者也。合以正道，自无终睽[①]之理。故贤者顺理而安行，智者知几[②]而固守。

——《周易程氏传》卷三《睽传》

【注释】

①睽：分离，背离。

②知几：观察事物变化的隐微征兆。

【译文】

不正当地会合，没有能持久而不分离的。以正道会合，那么自然没有分离的道理。所以贤达的人顺应正理而安然行事，聪明的人能观察事物变化的隐微征兆而固守不惑。

7.13

【原文】

君子当困穷之时，既尽其防虑之道而不得免，则命也，当推致其命以遂其志。知命之当然也，则穷塞祸患不以动其心，行吾义而已。苟不知命，则恐惧于险难，陨获[①]于穷戹，所守亡矣，安能遂其为善之志乎？

——《周易程氏传》卷四《困传》

【注释】

①陨获：丧失志气。

【译文】

君子身处穷困的时候，极尽避免地防预却仍然不能免于穷困，那就是命了，应该推究天命来实现其志向。明白了天命的当然，那么穷困阻难祸患都不能动摇他的心，只是践行我自己的道义罢了。如果不知道天命，就会恐惧艰难险阻，就会在穷困时丧失志气，失去了自己所坚守的节操，怎么能实现为善的志向呢？

7.14

【原文】

寒士①之妻，弱国之臣，各安其正而已。苟择势而从，则恶之大者，不容于世矣。

——《周易程氏传》卷四《困传》

【注释】

①寒士：指出身低微的读书人，泛指天下贫穷的百姓，也指衣单身寒的士兵。

【译文】

贫穷百姓家的妻子，弱小国家的臣子，各自安于自己的正道。如果根据时局权势而去依从，那么就是大恶，不被世间所包容。

7.15

【原文】

《井》之九三，渫①治而不见食，乃人有才智而不见用，以不得行为忧恻②也。盖刚而不中，故切于施为，异乎“用之则行，舍之则藏”者矣。

——《周易程氏传》卷四《井传》

【注释】

①渫（xiè）：除去，淘去污泥。

②恻：悲痛。

【译文】

《井》卦的九三爻，水被淘去污泥处理了人们却不饮用，就像人有才智却不被任用，因为自己不被任用而悲伤。这一爻刚而不得中，所以迫切地想要有所作为，不同于“你用我我就去实行，你不用我我就退隐”的话。

7.16

【原文】

《革》之六二，中正则无偏蔽，文明则尽事理，应上则得权势，体顺则无违悖。时可矣，位得矣，才足矣，处《革》之至善者也。必待上下之信，故“已日乃革之”也。如二之才德，当进行其道，则吉而无咎也；不进，则失可为之时，为有咎也。

——《周易程氏传》卷四《革传》

【译文】

《革》卦的六二爻，处于中正就没有偏颇瞒蔽，文明则穷尽事理，与上相应则得到权势，体位柔顺则没有违背的事情。时机可行，权位就得到了，才能做够，所以说它处在《变革》最好的位置。但一定要等待上下都信任，所以说“祭祀的日子才变革”。像六二爻这样的才德，应该推行它的道理，那么才吉利而没有祸患；如果不进取而丧失可以有所作为的时机，那就有错了。

7.17

【原文】

《鼎》之有实，乃人之有才业也。当慎所趋向。不慎所往，则亦陷于非义。故曰：“鼎有实，慎所之①也。”

——《周易程氏传》卷四《鼎传》

【注释】

①之：去，往。

【译文】

《鼎》中有实物，就像人有才能一样。应当谨慎自己的去向。不慎重决定自己的去向，就会陷入不义之中。所以说：“鼎中盛有实物，慎重选择要去的地方。”

7.18

【原文】

士之处高位，则有拯而无随；在下位，则有当拯，有当随，有拯之不得而后随。

——《周易程氏传》卷四《艮传》

【译文】

处在高的地位上的士人，要拯救错误而不是顺随错误；在低的地位，有的应当拯救，有的应当顺从，或者是拯救错误而没有成功后顺随它。

7.19

【原文】

“君子思不出其位。”位者，所处之分也。万事各有其所，得其所，则止而安。若当行而止，当速而久，或过或不及，皆出其位也，况逾分非据乎？

——《周易程氏传》卷四《艮传》

【译文】

“君子的心思不要超出自己的位置。”位，就是自己所处的地方的本分。万事各有自己该在的地方，得到了自己的住所，就停止并且安定。如果应当前行而停止，应当快速却缓慢，或者超过或者不足，都是超出了自己的本分，况且逾越本分而占据了不该占据的位置呢？

7.20

【原文】

人之止，难于久终，故节或移于晚，守或失于终，事或废于久，人之所同患也。《艮》之上九，敦厚于终，止道之至善也，故曰：“敦艮，吉。”

——《周易程氏传》卷四《艮传》

【译文】

人最难的是坚持到长久，因此有的人晚年节操失守，有的人临死前失去操守，有的事因为太长久而荒废，这是人共同的毛病。《艮》卦的上九爻，敦厚老实到最后，达到了止道最完善的境界，所以说：“敦厚到终止就吉祥。”

7.21

【原文】

《中孚》之初九曰：“虞吉。”《象》曰：“志未变也。”《传》曰：当信之始，志未有所从，而虞度所信，则得其正，是以吉也。志有所从，则是变动，虞之不得其正矣。

——《周易程氏传》卷四《中孚传》

【译文】

《中孚》卦的初九爻辞说：“预料是吉利。”《象》辞说：“志向还没有改变。"《易传》说：当选择信任谁的开始时，认识没有受到影响，这时推测要信任的对象，能够准确地推测，所以吉利。心志受到影响，认识就变化了，再去推测就不会有正确的结果了。

7.22

【原文】

贤者惟知义而已，命在其中；中人以下，乃以命处义。如言"求之有道，得之有命，是求无益于得"，知命之不可求，故自处以不求。若贤者则求之以道，得之以义，不必言命。

——《河南程氏遗书》卷二上《元丰己未吕与叔东见二先生语》

【译文】

贤德的人只知道义而已，天命就在其中；中等以下的人，都是用天命来理解义的。就像说"追求东西一定要有自己的准则，得到那就是天命所定，所以追求本身是对获得没有意义的"，知道天命是不能强求的，所以独处来做到不再强求。如果是贤者就会用符合准则的办法追求，用符合道义的办法获得，不说天命。

7.23

【原文】

人之于患难，只有一个处置，尽人谋之后，却须泰然处之。有人遇一事，则心心念念不肯舍，毕竟何益？若不会处置了，放下便是无义无命也。

——《河南程氏遗书》卷二上《元丰己未吕与叔东见二先生语》

【译文】

人对待危难，只有一个办法，就是极尽谋划之后，就从容地去面对。有人遇到了一件事，就心心念念不能舍弃，又有什么好处呢？如果做不到处理后就放下，就是不懂义理不懂天命。

7.24

【原文】

门人有居太学而欲归应乡举者。问其故，曰："蔡[1]人尠习《戴记》[2]，决科之利也。"先生曰："汝之是心，已不可入于尧舜之道矣。夫子贡之高识，曷尝规规于货利哉？特于丰约之间，不能无留情耳。且贫富有命，彼乃留情于其间，多见其不信道也，故圣人谓之'不受命'。有志于道者，要当去此心，而后可语也。"

——《河南程氏遗书》卷四《游定夫所录》

【注释】

①蔡：上蔡，河南省驻马店市下辖县，是古蔡国所在地，是秦相李斯、汉相翟方进的故里，海内外蔡氏祖地，"重阳文化"的发祥地。

②《戴记》：《大戴礼记》是东汉中期戴德编著的礼制著作。

【译文】

程颐的门人中有在太学读书但想回乡科举的。问他原因，回答说："上蔡的人很少有学习《大戴礼记》的，这是我回乡参加科举的有利的地方。"程颐说："你有这样的心思，就已经不可能进入尧舜之道了。子贡的高才，又什么时候将眼光局限在货物利益之间呢？只是在贫富之间，他不能不动心。况且贫富自有天命，你在这上面动心，大概可以看出来他不信圣贤之道，所以圣人说他'不接受天命'。有志于圣贤之道的，应当去除求富之心然后才能和他说话。"

7.25

【原文】

人苟有"朝闻道，夕死可矣"之志，则不肯一日安于所不安也。何止一日，须臾[1]不能。如曾子易箦，须要如此乃安。人不能若此者，只为不见实理。实理者，实见得是，实见得非。凡实理得之于心自别，若耳闻口道者，心实不见。若见得，必不肯安于所不安。人之一身，尽有所不肯为，及至他事又不然。若士者，虽杀之使为穿窬[2]，必不为，其他事未必然。至如执卷者，莫不知说礼义。又如王公大人，皆能言轩冕[3]外物，及其临利害，则不知就义理，却就富贵。如此者，只是说得，不实见。及其蹈水火，则人皆避之，是实见得，须是有"见不善如探汤"之心，则自然别。昔曾经伤于虎者，他人语虎，则虽三尺童子，皆知虎之可畏，终不似曾经伤者，神色慑惧，至诚畏之，是实见得也。得之于心，是谓有德，不待勉强，然学者则须勉强。古人有损躯陨命者，若不实见得，则乌能如此？须是实见得，生不重于义，生不安于死也。故有杀身成仁，只是成就一个是而已。

——《河南程氏遗书》卷十五《入闽语录》

【注释】

①须臾：表示一段很短的时间，片刻之间。

②窬（yú）：孔道。

③轩冕：原指古时大夫以上官员的车乘和冕服，后引申为官位爵禄，国君或显贵者，泛指为官。

【译文】

人如果有"早上明白了真理，要我晚上死去都可以"的志向，就不肯一天安居于自己所不该在的地方。何止是一天，一会都不行。就像曾子在临死前也要换上符合礼法的席子，一定要这样才能安心。人如果不能这样，只是因为不明白真理。真理，就是明确什么是对的，什么是错的。但凡是真理，由心获得所以不同人自然有所区别，如果只是听见看见，心却没有明白，如果心里明白，就一定不肯安居在自己所不该在的地方。人这一身，有的是不肯做的事，到了别的事又不是这样。就像士人，即使以杀了他威胁他穿墙，他也一定不会做。至于像读书人，没有不知道讲解礼义的。又像王公权力大的人，都能说官位爵禄是身外之物，等到了利害抉择的时候，就不知道选择义理了，反而去选择富贵。这样的人，只是说说而已，不是真的明白真理。如果要脚踩水火，那么人人都会避开，这是真理，一定是要有"看见不好的事情就像是拿手去碰沸水"，那么自然就和普通人有差别了。有人曾经被老虎所伤，别人说到老虎，虽然小孩子都知道老虎很可怕，却也比不上曾经被老虎所伤的人神色慑懦惊恐、非常害怕，这是真的明白老虎的可怕，在心中领悟，叫作有德，不用勉强，但学习的人还是要尽力。古人有捐躯殒命，如果不明白真理，又怎么能做到这种地步呢？应该明白生命没有大义重要，活着没有比为大义而死更安心，所以有杀身成仁，只是成就了一个对而已。

7.26

【原文】

孟子辨舜、跖[①]之分，只在义利之间。言间者，谓相去不甚远，所争毫末尔。义与利，只是个公与私也。才出义，便以利言也。只那计较，便是为有利害，若无利害，何用计较？利害者，天下之常情也。人皆知趋利而避害，圣人则更不论利害，惟看义当为不当为，便是命在其中也。

——《河南程氏遗书》卷十七

【注释】

①跖（zhí）：盗跖，原名展雄，姬姓，展氏，名跖，一作跖，又名柳下跖、柳展雄。

【译文】

孟子辨别舜和盗跖的区别，只是在义和利之间。说间，是说相差不多，只相差很小很小而已。义与利，只是公和私而已，刚刚超出义就是说利了。有那种计较就是有利害了。如果没有利害，还计较什么呢？利害，是天下的长情。人都知道趋向有利的东西而避开祸端，圣人就更不说利害，只是就义的角度看该不该做，就是天命在其中了。

7.27

【原文】

大凡儒者，未敢望深造于道，且只得所存正，分别善恶，识廉耻。如此等人多，亦须渐好。

——《河南程氏遗书》卷十七

【译文】

但凡是儒者，不敢期望在大道上有过深的造诣，暂且只要心存正理，辨别善恶，知道廉耻。这样的人多了，天下也会慢慢变好。

7.28

【原文】

赵景平[①]问："'子罕言利'，所谓利者，何利？"曰："不独财利之利，凡有利心便不可。如作一事，须寻自家稳便处，皆利心也。圣人以义为利，义安处便为利。如释氏之学，皆本于利，故便不是。”

——《河南程氏遗书》卷十六《己巳冬所闻》

【注释】

①赵景平：程颐门人。

【译文】

赵景平问：“‘孔子很少谈论利益’，所谓的利益，是什么利呢？”程颐回答说：“不只是钱财的利益，凡是有求利的心，就不行。就像做一件事，一定要找自己家安稳方便的地方，这都是求利之心。圣人把义当作利益，义理安处的地方就是利益所在的地方。就像佛学，都是以利为根本的，所以不对。”

7.29

【原文】

问：“邢七①久从先生，想都无知识，后来极狼狈。”先生曰：“谓之全无知则不可，只是义理不能胜利欲之心，便至如此也。”

——《河南程氏遗书》卷十九《杨遵道录》

【注释】

①邢七：字和叔，郑州原武人。早年从二程学。

【译文】

问：“邢七跟随您很久了，想来没有学到什么知识，所以后来很狼狈。”先生说：“说他全然不懂知识是不行的，只是义理没有战胜利欲之心，才到了这个地步。”

7.30

【原文】

谢湜自蜀之京师，过洛而见程子。子曰：“尔将何之？”曰：“将试教官。”子弗答。湜曰：“如何？”子曰：“吾尝买婢，欲试之，其母怒而弗许，曰：‘吾女非可试者也。’今尔求为人师而试之，必为此媪①笑也。”湜遂不行。

——《河南程氏遗书》卷二十一上《师说》

【注释】

①媪：老年的妇女。

【译文】

谢湜从蜀中到京师，路过洛阳时去见程颐。程颐问：“你要到哪里去？”

谢湜回答说："我要去试做教官。"程颐不说话了。谢湜说："怎么了？"程颐说："我曾经买女婢，想要试用她，她的母亲生气并且不允许，说：'我的女儿不是可以被试用的人。'现在你想要成为别人的老师却要被试用，一定会被这个年老的妇人取笑。"谢湜于是没有去。

7.31

【原文】

先生在讲筵[①]，不曾请俸[②]。诸公遂牒[③]户部，问不支俸钱。户部索前任历子[④]，先生云："某起自草莱[⑤]，无前任历子。"遂令户部自为出券历。又不为妻求封。范纯甫问其故，先生曰："某当时起自草莱，三辞然后受命，岂有今日乃为妻求封之理？"问："今人陈乞恩例，义当然否？人皆以为本分，不为害。"先生曰："只为而今士大夫道得个乞字惯，却动不动又是乞也。"因问："陈乞封父祖，如何？"先生曰："此事体又别。"再三请益，但云："其说甚长，待别时说。"

——《河南程氏遗书》卷十九《杨遵道录》

【注释】

①讲筵：讲经、讲学的处所。

②请俸：支取薪俸。

③牒：文书，证件。

④历子：记述官员政迹功过以备考课升降之用的本子。

⑤草莱：杂生的草，荒芜之地，乡野，平民。

【译文】

先生在讲经的处所，从不支取薪俸，诸位同仁于是就呈递文书给户部，询问不支付薪俸给程颐的原因。户部向程颐索要在上一任职位的记述官员政迹功过以备考课升降之用的本子，程颐说："我从乡野起家，没有前任历子。"于是让户部自己为他写了份历子，他又不为妻子求封号。范纯甫问他原因，先生说："我自乡野被任用，三次推辞之后接受任命，岂有现在为妻子求封的道理呢？"问："现在的人向皇上陈述乞求恩例，从义理上讲是应当的吗？人们都认为这是本分，不认为这有什么害处。"程颐说："只因为现在士大夫说乞字说习惯了，动不动就去乞求恩赏。"又问："那乞求封赏父祖又怎么样呢？"先生说："这又有所不同。"询问的人再三请教，他只是说："这要说起来就很长了，等到别的时候再说吧。”

7.32

【原文】

汉策贤良，犹是人举之，如公孙弘①者，犹强起之，乃就对。至如后世贤良，乃自求举尔。若果有日“我心只望廷对，欲直言天下事”，则亦可尚已。若志在富贵，则得志便骄纵，失志则便放旷与悲愁而已。

——《河南程氏遗书》卷一《端伯传师说》

【注释】

①公孙弘：名弘，字季，一字次卿，齐地菑川人，为西汉名臣。

【译文】

汉代举荐贤良，还是让别人去举荐，就像公孙弘，还是朝廷强力推荐他才去的。至于后世的贤良，就是自我举荐了。如果有人说“我的心只希望在朝廷和皇帝应答，想要直说天下事”，那么也算得上值得崇尚。如果志向在于富贵，那么得志就会骄纵，失意就会放纵和悲伤了。

7.33

【原文】

伊川先生曰：人多说某不教人习举业，某何尝不教人习举业也！人若不习举业而望及第①，却是责天理而不修人事。但举业既可以及第即已，若更去上面尽力求必得之道，是惑也。

——《河南程氏遗书》卷十八《刘元承手编》

【注释】

①及第：指科举考试考中，特指考中进士。

【译文】

程颐说：人们大多说我不教别人学习科举所用的课业，我何曾不教人学习科举所用的课业！人如果不学习科举所用的课业还希望科举考试考中，就是责备天理且不修习个人之事。但是科举所用的课业可以让人考中而已，如果想要进入更高的境界要尽力一定能行的办法，让人疑惑。

7.34

【原文】

问：“家贫亲老，应举求仕，不免有得失之累，何修可以免此？”伊川先生曰："此只是志不胜气。若志胜，自无此累。家贫亲老，须用禄仕，然得之不得为有命。"曰："在己固可，为亲奈何？"曰："为己为亲，也只是一事。若不得，其如命何？孔子曰：'不知命，无以为君子。'人苟不知命，见患难必避，遇得丧必动，见利必趋，其何以为君子？"

——《河南程氏遗书》卷十八《刘元承手编》

【译文】

有人问："家境贫寒又有年老的双亲，想要科举谋求仕途，不免有得失之心的牵累，怎么修行可以免去这种情况呢？"程颐说："这只是志气胜不过内心的意气而已。如果志气获胜，自然没有这种牵累。家境贫寒双亲年老需要用到俸禄，然而得不得到官职都是天命。"说："如果只是为了自己得不得到官职都可以，如果是为了奉养双亲又怎么办呢？"回答说："为了自己还是为了双亲，都是同一件事。如果得不到，命运又能怎么办呢？孔子说：'不知命，没有办法成为君子。'人如果不知道天命，看见困难一定会躲避，遇见丧难一定会有所动作，看见利益一定会趋附，这样怎么成为君子呢？"

7.35

【原文】

或谓科举事业夺人之功，是不然。且一月之中，十日为举业，余日足可为学。然人不志于此，必志于彼。故科举之事，不患妨功，惟患夺志①。

——《河南程氏遗书》卷十一《师训》

【注释】

①夺志：强行使人改变原有的志向、志气。

【译文】

有的人说科举的课业会夺去别人修行的工夫，其实不对。况且一个月之中，十天是学习科举要用到的课业，剩下的日子可以学习别的。但是人的志向不在于此，就一定在别的地方。所以科举这件事，不担心它妨碍学习别的事物的工夫，就担心自己改变原有的志向。

7.36

【原文】

横渠先生曰：世禄之荣，王者所以录有功，尊有德，爱之厚之，示恩遇之不穷也。为人后者，所宜乐职劝功①，以服勤②事任③，长廉远利，以似述世风。而近代公卿子孙，方且下比布衣，工声病④，售有司⑤，不知求仕非义，而反羞循理为不能，不知荫袭⑥为荣，而反以虚名为善继，诚何心哉！

——张载《文集佚存·策问》

【注释】

①劝功：努力建功立业。

②服勤：服持职事勤劳。

③事任：承担职务。

④声病：诗文声律上的毛病。

⑤有司：官吏。

⑥荫袭：旧时因先辈有功，子孙受庇荫而承袭官爵。

【译文】

张载说：世代承袭的恩宠，君王用它来录用有功之人，尊敬有德之人，厚爱他们，展示无穷的恩宠礼遇。作为世家后代，应该乐于职守努力建功立业，服持职事勤劳承担职务，长期廉洁远离利欲，来记述世家的风采。但是近代公卿的子孙，非要自降身份与平民比较，专攻诗文声律，想要当官，不知道追求做官不符合道义，反而认为承袭官职是羞耻无能的，不知道承袭是光荣的，反而把有虚名当作善于继承家业，这是什么心理呢！

7.37

【原文】

不资其力而利其有，则能忘人之势。

——张载《正蒙·作者篇第十》

【译文】

不借助别人的力量而做对自己有

利的事，那么就能忘记别人的权势。

7.38

【原文】

人多言安于贫贱，其实只是计穷力屈才短，不能营画耳。若稍动得，恐未肯安之。须是诚知义理之乐于利欲也，乃能。

——张载《经学理窟·气质》

【译文】

人们大多说安于贫贱，其实只是手段困乏力量弱小才能不足，才不能经营谋划而已。如果稍微改变，恐怕不能安于现状。应该是确实知道义理的乐趣，面对利欲也能做到安于贫贱。

7.39

【原文】

天下事，大患只是畏人非笑①。不养车马，食粗衣恶，居贫贱，皆恐人非笑。不知当生则生，当死则死，今日万钟，明日弃之，今日富贵，明日饥饿亦不恤，惟义所在。

——张载《经学理窟·自道》

【注释】

①非笑：嘲笑，讥笑。

【译文】

天下的事最怕的就是别人嘲笑。不养车马，吃粗食穿粗布衣裳，都怕别人讥笑。不知道该活着就活着，该死就死去，今日的种种明天就该抛弃，今日富贵明日饥饿也不去忧虑，只是在意义所在的地方而已。

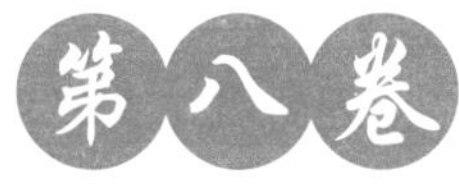

各于其所

8.01

【原文】

濂溪先生曰：治天下有本，身之谓也；治天下有则，家之谓也。本必端，端本，诚心而已矣；则必善，善则，和亲而已矣。家难而天下易，家亲而天下疏也。家人离，必起于妇人，故《睽》次《家人》，以二女同居，而志不同行。尧所以釐降[①]二女于妫汭[②]，舜可禅乎？吾兹试矣。是治天下观于家，治家观身而已矣。身端，心诚之谓也；诚心，复其不善之动而已矣。不善之动，妄也；妄复，则无妄矣；无妄，则诚焉。故《无妄》次《复》，而曰“先王以茂对时育万物”，深哉！

——周敦颐《周子通书·家人睽复无妄第三十二》

【注释】

①降：本谓尧女嫁舜事。代指下嫁。

②妫汭（guī ruì）：妫水隈曲之处。传说舜居于此，尧将两个女儿嫁给他。

【译文】

周敦颐说：治理天下有根本，那就是治理本身；治理天下有准则，那就是治家的准则。这根本一定要端正，端正根本，诚敬其心而已；准则一定要和善，和善的准则，使人们亲和而已。治家难而治天下容易，这是因为家人亲近而天下疏远。家人不和，一定起源于妇人，故以《睽》卦紧接《家人》卦后，《彖辞》说：“二女同居，她们的志向却不相同。”尧之所以在妫汭把两个女儿下嫁给舜，是认为舜有资格接受自己的禅让，自己要通过两个女儿去试试他。这就是想要知道一个人能不能治理天下要先看看他能不能管好自己的家，治家如何则观察他怎么管理自身就可以了。自身端正，说的是他心诚；诚心，就是将不善的念头动作变成善的。不善的念头，是虚妄的；虚妄变回善念，就无妄了；无妄，就诚敬了。故以《周易》中《无妄》卦紧接《复》卦之后，而《无妄》卦的《象辞》还说：“先王以其盛德配天，孕育万物。”深刻啊！

8.02

【原文】

明道先生言于神宗曰：得天理之正，极人伦之至者，尧舜之道也；用其私心，依仁义之偏者，霸者之事也。王道如砥，本乎人情，出乎礼义，若履大路而行，无复回曲。霸者崎岖反侧于曲径之中，而卒不可与入尧舜之道。故诚心而王，则王矣；假之而霸[①]，则霸矣。二者其道不同，在审其初而已。《易》所谓“差若毫厘，谬以千里”者，其初不可不审也。惟陛下稽[②]先圣之言，察人事之理，知尧舜之道备于己，反身而诚之，推之以及四海，则万世幸甚。

——《河南程氏文集》卷一《表疏论王霸劄子》

【注释】

①霸：推行霸业。

②稽：考核。

【译文】

程颢对宋神宗说：领悟了天理的中正，穷尽人伦的极致，是尧舜之道；运用私心，假借仁义之名却行偏颇之事的人，这是霸者的事业。君王的道理就像平坦大道，以人情为根本，出于礼义，就像踩着大路而行走，再没有曲折坎坷。霸者走在崎岖曲折的小路中，最终也不能进入尧舜之道。所以真诚地想要实行王道，就可以实行王道；假借着王道而称霸，就成霸道了。两者的道理不同，在于审查他们起初的心思。这就是《易》上说的“差之毫厘，谬以千里”，所以最初的心思不可以不审查。希望皇上考察先代圣人的话语，考察人事之理，理解尧舜之道本来自身就具备，然后返过来使自身诚敬，推广其道而遍及天下，那是万世的幸福啊。

8.03

【原文】

伊川先生曰：当世之务，所尤先者有三：一曰立志，二曰责任，三曰求贤。今虽纳嘉谋，陈善算，非君志先立，其能听而用之乎？君欲用之，非责任宰辅，其孰承而行之乎？君相协[①]心，非贤者任职，其能施于天下乎？此三者，本也；制于事者，用也。三者之中，复以立志为本。所谓立志者，至诚一心，以道自任，以圣人之训为可必信，先王之治为可必行，不狃滞[②]于近规，不迁惑于众口，必期致天下如三代之世也。

——《河南程氏文集》卷五《上书·为家君应诏上英宗皇帝书》

【注释】

①协：同心，齐心。

②狃滞（niǔ zhì）：因袭，守旧。

【译文】

程颐说：当世之事，尤其应该先做的有三个：第一是立志，第二是责任，第三是求贤。现在尽管接纳好的谋略，陈述好的计划，如果君主不先立志，他能听从并使用这些好的谋略吗？君主想采用，而不任用宰辅，又有谁来去施行呢？国君大臣齐心，如果不是贤者任职，那么能够实行于天下吗？这三项，是根本；至于具体事情，那就具体运用。这三者之中，又以立志为根本。立志，就是至诚一心，以实行圣人之道当作自己的责任，认为圣人的教导一定是可信的，先王之治理方法一定是可行的，不拘泥于近世的规则，不被舆论所牵累迷惑，一定希望让天下变成像三代时期一样的盛世。

8.04

【原文】

《比》之九五曰："显比①，王用三驱，失前禽。"《传》曰：人君比天下之道，当显明其比道而已。如诚意以待物，恕己以及人，发政施仁，使天下蒙其惠泽，是人君亲比天下之道也。如是，天下孰不亲比于上？若乃暴其小仁，违道干誉，欲以求天下之比，其道亦已狭矣，其能得天下之比乎？王者显明其比道，天下自然来比。来者抚之，固不煦煦然②求比于物。若田之三驱，禽之去者，从而不追，来者则取之也。此王道之大，所以其民皞皞③而莫知为之者也。非惟人君比天下之道如此，大率人之相比莫不然。以臣于君言之，竭其忠诚，致其才力，乃显其比君之道也。用之与否，在君而已，不可阿谀逢迎，求其比己也。在朋友亦然，修身诚意以待之，亲己与否，在人而已，不可巧言令色，曲从苟合，以求人之比己也。于乡党、亲戚，于众人，莫不皆然，"三驱，失前禽"之义也。

——《周易程氏传》卷一《比传》

【注释】

①显比：谓臣子以光明之道辅佐其君。比，亲附。

②煦煦然：温和和悦的样子。

③皞皞：亦作"暤暤"。广大自得貌；心情舒畅貌。

【译文】

《比》卦的九五爻辞说："臣子以光明之道辅佐其君，王从三面驱赶野兽，放过跑在前面的禽兽。"《易传》说：君主让天下亲近的办法，应该是显示明

白他亲近天下人的意愿。比如诚意待物，用宽恕自己之心来宽恕别人，发布政令施行仁政，使天下人受他的恩泽，这就是君王让天下亲附的办法。像这样，天下谁不亲附于君主呢？如果只显现小的仁德，违背道义而求虚名，想要让下面的人亲附，那道路也已经狭隘了，又怎么能得到天下人的亲附呢？帝王显示明白亲附天下的意思，天下人自然来亲附。来亲附的人安慰他，本不要故意装出和乐的样子来寻求别人的依附。就像田猎中三面驱赶野兽，从前面跑走的野兽就不去追，跑过来的野兽就抓住。这是王道的大度，所以他的百姓心情舒畅，却不知道是怎么做到的。不仅君主让天下依附是这样的，大体上人之间想要亲附都是这样。以臣属对于君主来说，竭尽自己的忠诚，极尽自己的才力，才能显示自己亲附君主呀。是否任用，则在君上，不能阿谀逢迎，让君主亲近自己。和朋友也是这样，修身诚意来对待，至于是否亲近自己，就在于他人，不能花言巧语做出讨好人的姿态，曲从附和，去求得别人亲附自己。对于乡里亲戚，对于普通的人，都是这样，这就是“三驱，失前禽”的深意啊。

8.05

【原文】

古之时，公卿大夫而下，位各称其德，终身居之，得其分也；位未称德，则君举而进之；士修其学，学至而君求之，皆非有预于己也。农工商贾勤其事，而所享有限。故皆有定志，而天下之心可一。后世自庶士至于公卿，日志于尊荣；农工商贾，日志于富侈。亿兆之心，交骛于利，天下纷然，如之何其可一也？欲其不乱，难矣！

——《周易程氏传》卷一《履传》

【译文】

古时候，自公卿大夫以下，职位与其德相称，终身在自己的职位上，得到自己应有的权力；职位低而与他德行不相称的，君主就会提拔他；士人修行学问，学成了国君就会求他出仕，这都不是提前自己安排的。农工商人，勤奋于自己的事务，享受该享有的权力范围。所以人人都有定志，而天下之心可以合而为一。后世从庶民士人到公卿，每天都以富贵为志向；农工商人，每天想的是能够富贵。亿兆人的心一起追逐名利，天下纷纷，怎么能够统一呢？想要不乱，难啊！

8.06

【原文】

《泰》之九二曰："包荒，用冯河。"《传》曰：人情安肆[①]，则政舒缓，而法度废弛，庶事无节。治之之道，必有包含荒秽之量，则其施为，宽裕详密，弊革事理，而人安之。若无含弘之度，有忿疾[②]之心，则无深远之虑，有暴扰之患，深弊未去，而近患已生矣，故在包荒也。自古泰治之世，必渐至于衰替，盖由狃习[③]安逸因循而然。自非刚断之君，英烈之辅，不能挺特奋发以革其弊也，故曰"用冯河"。或疑上云包荒，则是包含宽容；此云用冯河，则是奋发改革，似相反也。不知以含容之量，施刚果之用，乃圣贤之为也。

——《周易程氏传》卷一《泰传》

【注释】

①安肆：安乐放纵。

②忿疾：忿怒憎恶。

③狃习：熟习，习惯。

【译文】

《泰》卦的九二爻辞说："包荒，用冯河。"《易传》说：人们安乐放纵，政令也就舒缓，法度荒废松弛，各种事情也都没有了节制。治理这些的方法，一定要有包容荒废污秽的度量，这样施政，宽厚又详细紧密，弊病革去而事理分明，人民也很安定。如果没有包容宏大的大度，有忿怒憎恶之心，就没有深远的考虑，有暴乱纷扰的忧患，根植的弊端没有除去，眼前的患害已经产生，所以在于有包容之量。自古太平的年代，一定会逐渐走向衰退，这是由于人们在太平之世习惯于安逸，因循守旧不思作为而造成的。除非有刚果决断的君主，英杰伟烈之辅臣，不能挺起特出奋发而革除其弊，所以说要"用冯河"。有人怀疑上边说包荒，是要包含宽容；这里又说用冯河，是要发奋改革。似乎是彼此矛盾的。而不知以包容之量，来推行刚果之措施，才是圣贤的作为。

8.07

【原文】

《观》："盥[①]而不荐，有孚[②]颙若。"《传》曰："君子居上，为天下之表仪，必极其庄敬。"如始盥之初，勿使诚意少散。如既荐之后，则天下莫不尽其孚诚，颙然[3]瞻仰之矣。

——《周易程氏传》卷二《观传》

【注释】

①盥：浇水洗手，泛指洗

②孚：为人所信服。

③颙然：温和肃敬的样子

【译文】

《观卦》说："洗手后进献贡品之前，要保持信仰并且温和肃静。"《易传》说："君子在上，是天下的表率，一定要极其庄严肃静。"就像刚刚开始祭祀前的洗手一样，不要让自己的诚心消散。等到献上祭品以后，那么天下没有不信服的，都诚心瞻仰你。

8.08

【原文】

凡天下至于一国一家，至于万事，所以不和合者，皆由有间也，无间则合矣。以至天地之生，万物之成，皆合而后能遂；凡未合者，皆有间也。若君臣、父子、亲戚、朋友之间，有离贰怨隙者，盖谗邪间于其间也。去其间隔而合之，则无不和且洽矣。《噬嗑》[1]者，治天下之大用也。

——《周易程式传》卷二《噬嗑传》

【注释】

①《噬嗑》:《周易》卦名。六十四卦之一。

【译文】

从天下到一国一家，以至千千万万的事，之所以不和谐，都是因为有间隙，没有间隙就能和谐了。以至于天地的生育，万物的成长，都是因为和谐才能生成；凡是不能达到和谐的都是有间隙。如君臣、父子、亲戚、朋友之间，有离散二心怨恨隔阂的，是因为有进谗言的邪祟之人在中间挑拨离间。消除了间隔使其和谐，那就没有不和反而融洽起来。《噬嗑》卦的道理，对治理天下有很大的用处。

8.09

【原文】

《大畜》之六五曰："豮豕[1]之牙，吉。"《传》曰：物有总摄[2]，事有机会，圣人操得其要，则视亿兆之心犹一心。道之斯行，止之则戢[3]，故不劳而治，其用若“豮豕之牙”也。豕，刚躁之物，若强制其牙，则用力劳而不能止；若豮去其势，则牙虽存，而刚躁自止。君子法豮豕之义，知天下之恶不可以力制也，则察其机，持其要，塞绝其本原，故不假刑法严峻，而恶自止也。且如止盗，民有欲心，见利而动，苟不知教，而迫于饥寒，虽刑杀日施，其能胜亿兆利欲之心乎？圣人则知所以止之之道，不尚威刑而修政教，使之有农桑之业，知廉耻之道，虽赏之不窃矣。

——《周易程氏传》卷二《大畜传》

【注释】

①豮豕（fén shǐ）：阉割过的猪，去势的猪。

②总摄：主宰，主持。

③戢：停止。

【译文】

《大畜》卦的六五爻辞说：“去势的猪的牙，吉利。”《易传》说：万物都有主宰，事物都有要害，圣人把握了事物的关键，就将亿万人的心看作是一心。引导他们向前走，阻止他们停止，所以不用劳累就能把天下治理得很好，它的用处就好像“豮豕之牙”啊。猪，是刚烈暴躁的东西，如果强制地取它的牙，那么劳累自己的体力也不能制服猪。如果割去它的生殖器，那么牙虽然还在，但是猪的刚躁的脾气自己就会平静下来。君子效法豮豕的道理，知道天下的邪恶不可以通过暴力制止，就观察它的关键，把握其机要，阻塞其本源，所以不用借助严苛的法律，邪恶自己就止息了。就像制止盗窃，民有私欲之心，见利而心动，如果没有受过教化，又被饥寒逼迫，即使天天施加刑罚诛杀罪犯，能挡得住亿兆的追求利欲之心吗？圣人懂得阻止的方法，不崇尚严苛的刑罚，而修行政治教化，使百姓有农桑之业，懂得廉耻，即使赏他让他去盗窃他也不会去的。

8.10

【原文】

《解》：“利西南，无所往，其来复，吉，有攸往，夙[1]吉。”《传》曰：西南，坤方，坤之体，广大平易。当天下之难方解，人始离艰苦，不可复以烦苛严急治之，当济以宽大简易，乃其宜也。既解其难而安平无事矣，是“无所往”也。则当修复治道，正纪刚，明法度，进复先代明王之治，是“来复”也，谓反正理也。自古圣王救难定乱，其始未暇遽为也；既安定，则为可久可继之治。自汉以下，乱既除，则不复有为，姑随时维持而已，故不能成善治，盖不知“来复”之义也。“有攸往，夙吉”，谓尚有当解之事，则早为之，乃吉也。当解而未尽者，不早去则将复盛；事之复生者，不早为则将渐大。故夙则吉也。

——《周易程氏传》卷三《解传》

【注释】

①夙：早。

【译文】

《周易·解卦》的卦辞说：“去西南有利，没有要去的地方，返回原地就吉祥，如果有要去的地方，早去就吉祥。”《易传》说：西南方，是坤方，坤的形体广大平易。当天下大难刚刚解除的时候，人们刚从艰难困苦中脱离出来，不能再用烦琐严苛的政令治理，应当用宽大简易的政令救济他们，这才是适宜的。艰难的境地解除后就平安无事了，这就是“无所往”。这时应该修复治理之道，严正纪纲，阐明法度，恢复古代明君的治理，这就是“来复”，也就是要回归正理。自古圣王拯救危难平定暴乱，刚开始顾不上恢复治理的工作，安定以后就可以进行可长久持续的治理了。从汉代以下，暴乱去除以后，就没有什么作为，姑且只是随时维持而已，所以不能完成伟大的治理，大概是不知道“来复”的含义啊。“有攸往，夙吉”，是说还有应当完成的事，还是早一点去做比较吉利。应当解除而没有完成的，不早去完成，就会再度兴盛。那些重新出现的问题，不早去解决，就会逐渐变大。所以说夙则吉。

8.11

【原文】

夫有物必有则。父止于慈，子止于孝，君止于仁，臣止于敬。万物庶事，莫不各有其所。得其所则安，失其所则悖。圣人所以能使天下顺治，非能为物作则也，惟止之各于其所而已。

——《周易程氏传》卷四《艮传》

【译文】

有事物就一定会有准则，父亲就止于慈，儿子就止于孝，君主就止于仁，臣属就止于敬。万物万事，各自都能得到恰当的安置。事物能够得到该得到的就安定，不能得到应得的就悖乱。圣人之所以能使天下昌顺安治，不是能为事物制定法则，只是让事物能够恰当的安置。

8.12

【原文】

《兑》说而能贞，是以上顺天理，下应人心，说道之至正至善者也。若夫违道以干①百姓之誉者，苟说之道。违道不顺天，干誉非应人，苟取一时之说耳，非君子之正道。君子之道，其说于民，如天地之施，感之于心而说无斁②。

——《周易程氏传》卷四《兑传》

【注释】

①干：追求，求取，旧指追求职位俸禄。

②斁（yì）：厌倦，懈怠，厌弃。

【译文】

《兑卦》能取悦人还能保持忠贞，所以对上顺应天理，对下呼应人心，是使人欢悦的办法中最中正最良善的了。至于那些违背正道而去追求百姓赞誉的，是苟且取悦的办法。违反正道不顺应上天，追求赞誉而不响应人心，只是苟且取得人们一时的愉悦而已，不是君子的正道。君子之道，是取悦于人民，就像天地的施与，使人内心感动并且不厌倦。

8.13

【原文】

天下之事，不进则退，无一定之理。济之终，不进而止矣，无常止也，衰乱至矣；盖其道已穷极也。圣人至此奈何？曰：唯圣人为能通其变于未穷，不使至于极，尧舜是也，故有终而无乱。

——《周易程氏传》卷四《既济传》

【译文】

天下的事，不进步就会退步，没有不变的道理。既卦的最后一爻，不前进就停止了，没有长久的停止，衰乱到了；大概是因为达到已经穷尽了。圣人到了这个地步又该怎么办呢？回答说：只有圣人能够在没有穷尽的时候就能通晓变化，使其不至于穷尽，尧舜就是这样的，所以虽然达成大治却没有动乱。

8.14

【原文】

为民立君，所以养之也。养民之道，在爱其力。民力足则生养遂，生养遂则教化行而风俗美，故为政以民力为重也。《春秋》凡用民力，必书其所兴作。不时害义，固为罪也，虽时且义，必书，见劳民为重事也。后之人君知此义，则知慎重于用民力矣。然有用民力之大而不书者，为教之意深矣。僖公①修泮宫②，复閟宫，非不用民力也，然而不书。二者，复古兴废之大事，为国之先务，如是而用民力，乃所当用也。人君知此义，知为政之先后轻重矣。

——《河南程氏经说》卷四《春秋传》

【注释】

①僖公：鲁僖公，姬姓，名申，鲁庄公之子。

②泮宫：古代的国家高等学校。

【译文】

为人民设立君主，所以要供养人民。养民的道理，在于爱惜百姓的力气。民力足那么生养顺遂，生养顺遂那么教化盛行而风俗美好，所以治理政务中以民力为重。《春秋》里凡是使用民力一定要书写，如果兴建工程不合时宜损害义理，就是罪过啊，即使符合时节和道义也一定会记录，可见劳用人民力气是重要的事。后来的人君知道这个道理，就会知道慎用民力。然而也有使用很大的民力而不记载的，教育的意义很深远。鲁僖公修建泮宫，修复閟宫，并非没有使用民力，而是没有书写。这两件事，是恢复古迹的大事，是国家的首要事情，像这样而使用民力，是应当使用。君主知道这个道理，就懂得了政务的轻重先后了。

8.15

【原文】

治身齐家以至平天下者，治之道也。建立治纲，分正百职，顺天时以制事，至于创立制度，尽天下之事者，治之法也。圣人治天下之道，唯此二端而已。

——《河南程氏经说》卷二《尧典》

【译文】

修身齐家到平定天下，是治理国家的办法。建立治理的纲法，区分百官，顺应天时来制定事物，至于创立制度，完善天下之事，是治理的办法。圣人治理天下的办法，只有这两种而已。

8.16

【原文】

明道先生曰：先王之世，以道治天下；后世只是以法把持天下。

——《河南程氏遗书》卷一《端伯传师说》

【译文】

程颢说：先代的君王用大道来治理天下；后世只是用法律来把持天下。

8.17

【原文】

为政须要有纲纪文章，先有司、乡官、读法、平价、谨权量①，皆不可阙也。人各亲其亲，然后能不独亲其亲。仲弓②曰："焉知贤才而举之？"子曰："举尔所知。尔所不知，人其舍诸？"便见仲弓与圣人用心之大小。推此义，则一心可以丧邦，一心可以兴邦，只在公私之间尔。

——《河南程氏遗书》卷十一《师训》

【注释】

①权量：权与量。测定物体大小、轻重的器具。

②仲弓：冉雍，字仲弓，孔子弟子。

【译文】

处理政务应该有纲纪法度，身先士卒、乡官要诵读法律、平抑物价、谨慎地确定度量标准，这些都不能缺少。人们各自亲近自己亲近的，然后能够不只亲近自己亲近的人。冉雍说："怎么能知道贤才之人然后去举荐他呢？"孔子说："举荐你知道的。你不知道的贤才，难道别人就会舍弃他吗？"就看见冉雍和圣人用心的大小。类推这个意思，那么一种用心可以丧失国家，一种用心可以振兴国家，只是在公私之间有所区别而已。

8.18

【原文】

治道亦有从本而言，亦有从事而言。从本而言，惟从格君心之非，正心以正朝廷，正朝廷以正百官。若从事而言，不救则已，若须救之，必须变，大变则大益，小变则小益。

——《河南程氏遗书》卷十五《入闽语录》

【译文】

治理的办法也有从根本而言的，也有从事情本身而言的。从根本来说，只有从纠正君王心中的错误，端正内心来端正朝廷，端正朝廷来端正百官。如果从事物本身来说，不挽救事物就算了，如果要挽救它，必须改变，大改变就有大的益处，小改变就有小的益处。

8.19

【原文】

唐有天下，虽号治平，然亦有夷狄之风。三纲不正，无君臣、父子、夫妇，其原始于太宗也。故其后世子弟皆不可使。君不君，臣不臣。故藩镇不宾①，权臣跋扈②，陵夷③有五代之乱。汉之治过于唐，汉大纲正，唐万目举。本朝大纲正，万目亦未尽举。

——《河南程氏遗书》卷十八《刘元承手编》

【注释】

①宾：服从，归顺。

②跋扈：专横。

③陵夷：由盛到衰。衰颓，衰落。

【译文】

唐代拥有天下，虽然号称是治理天下太平，然而还是有夷狄的风气。三纲不端正，就没有君臣、父子、夫妇的纲常，这始于唐太宗。所以他的后世子弟都不能驱使。君主没有君主的样子，臣子没有臣子的样子。所以藩镇不再归顺，权臣专横，国力衰弱然后有五代之乱。汉代治理比唐朝好，汉代的纲常中正，唐代的种种制度施行，本朝的纲常中正，但是种种制度还没有完全施行。

8.20

【原文】

教人者，养其善心而恶自消；治民者，导之敬让而争自息。

——《河南程氏外书》卷十一《时氏本拾遗》

【译文】

教导别人，培养他们的善心而使恶自然消亡；治理人民的人，要引导他们去尊敬礼让而让争端自动平息。

8.21

【原文】

明道先生曰：必有《关雎》《麟趾》①之意，然后可以行《周官》②之法度。

——《河南程氏外书》卷十二《传闻杂记》

【注释】

①《关雎》《麟趾》（lín zhǐ）：都是《诗经·周南》的篇名。

②《周官》：《尚书·周书》的篇名。

【译文】

程颢说：一定有《关雎》《麟趾》的意义，然后才可以施行《周官》的法度。

8.22

【原文】

“君仁莫不仁，君义莫不义。”天下之治乱，系乎人君仁不仁耳。离是而非，则生于其心，必害于其政，岂待乎作之于外哉？昔者，孟子三见齐王而不言事，门人疑之。孟子曰：“我先攻其邪心。”心既正，然后天下之事可从而理也。夫政事之失，用人之非，智者能更之，直者能谏之。然非心存焉，则一事之失，救而正之，后之失者，将不胜救矣。格其非心，使无不正，非大人①其孰能之？

——《河南程氏外书》卷六《罗氏本拾遗》

【注释】

①大人：德行高尚、志趣高远的人。

【译文】

“君主仁德就不会有不仁之人，君主大义就不会有不义之人。”天下的太平和动乱，在于君主仁不仁德。君主一旦偏离了正确的道理而走向错误，那么就在心中产生错误，一定会危害到朝政，怎么还能等到错误表现在外面呢？曾经，孟子三次见齐王都不说正事，门人疑惑。孟子说：“我先攻击他的邪心。”心正以后，天下的事就可以进行治理了。政事的失误，用人的错误，智慧的人可以更改，正直的人可以进谏。然而有错误的心理留存，那么一件事物的失误，可以挽救然后改正它，但后面的失误，就将数不清了。纠正他错误的内心，使其没有不端正的，除了修养高的人谁能做到呢？

8.23

【原文】

横渠先生曰：道千乘之国，不及礼乐刑政，而云“节用而爱人，使民以时”。言能如是，则法行，不能如是，则法不徒行，礼乐刑政，亦制数[①]而已耳。

——张载《正蒙·有司篇第十三》

【注释】

①制数：限量，定法。

【译文】

张载说：孔子说起有千辆兵马的国家，不提及礼乐刑罚政令，而是说“节约用度并且仁爱百姓，让百姓按照时节生活”。说这样就能让法令推行，不能这样法令就不能推行，礼乐刑罚政令，也只是定法而已了。

8.24

【原文】

法立而能守，则德可久、业可大。郑声[①]佞人能使为邦者丧其所守，故放远之。

——张载《正蒙·三十篇第十一》

【注释】

①郑声：春秋战国时郑国音乐。

【译文】

法律确立然后能坚守它，那么德行就可以长久、功业就可以壮大。郑国的音乐、奸佞的小人，会让治理国家的人丧失其所坚守的东西的人，应该流放远离他们。

8.25

【原文】

横渠先生答范巽之书曰：朝廷以道学政术为二事，此正自古之可忧者。巽之谓孔孟可作，将推其所得而施诸天下邪？将以其所不为而强施之于天下欤？大都君相以父母天下为王道，不能推父母之心于百姓，谓之王道可乎？所谓父母之心，非徒见于言，必须视四海之民如己之子。设使四海之内皆为己之子，则讲治之术，必不为秦汉之少恩，必不为五伯之假名。巽之为朝廷言，人不足与适，政不足与间。能使吾君爱天下之人如赤子①，则治德必日新，人之进者必良士，帝王之道不必改途而成，学与政不殊心而得矣。

——张载《文集佚存·答范巽之书》

【注释】

①赤子：刚生的婴儿，人民，也指纯洁善良的人。

【译文】

张载在回答范巽之的书信里说：朝廷把道学政术当作两件事，这正是自古以来的值得担忧的事。范巽之说如果孔子孟子复活，可以将自己所领悟的推行施加到天下人身上吗？会将自己不想做的事情强行施加到天下人身上吗？大多君主都把天下之人视作父母当作王道，不能将父母对孩子的心意施加到百姓上，那还可以称之为王道吗？所谓的父母之心，不是只能在言语上看出来，必须把天下的百姓当作自己的孩子。假设天下的人民都是自己的孩子，那么所讲的治理天下的办法，一定不是秦汉那样的少恩少惠，一定不是春秋五霸的借以仁爱之名。范巽之为朝廷说话，不必去指责人的失误，不必去议论政务的错误。能让我们的君主爱天下之人就好像刚生的婴儿，那么治理国家的德行每日都会进步，人们举荐的人一定会是良才，帝王之道不用改变途径就可以有所成就，学问和治理的方法不用分心就可以领悟了。

第九卷

以正风俗，得贤才为本

9.01

【原文】

濂溪先生曰：古圣王制礼法，修教化，三纲正，九畴[①]叙，百姓大和，万物咸若[②]，乃作乐以宣八风之气，以平天下之情。故乐声淡而不伤，和而不淫，入其耳，感其心，莫不淡且和焉。淡则欲心平，和则躁心释。优柔平中，德之盛也；天下化中，治之至也。是谓道配天地，古之极也。后世礼法不修，刑政苛紊，纵欲败度，下民困苦。谓古乐不足听也，代变新声，妖淫愁怨，导欲增悲，不能自止。故有贼[③]君弃父，轻生败伦，不可禁者矣。呜呼！乐者，古以平心，今以助欲；古以宣化，今以长怨。不复古礼，不变今乐，而欲至治者，远哉！

——周敦颐《周子通书·乐上第十七》

【注释】

①九畴：治理天下的大法。

②咸若：颂帝王之教化。谓万物皆能顺其性，应其时，得其宜。

③贼：害，伤害。

【译文】

周敦颐说：古代圣王制定礼法，修养教化，三纲端正，法律有次序，百姓非常和谐，万物都能顺应其时，于是制作了音乐来宣扬八方之风，来平顺天下人的情绪。所以乐声淡然却不忧伤，和谐但不随便，进入人的耳朵，感化人的内心，人们的心没有不淡然和顺的。淡然则欲求之心平静，和顺则浮躁之心消释。优柔平和中正，这是德行的兴盛了；天下教化中正，是治理的极致了。这就是所谓的大道配天地，是古代君王治理的极限了。后世礼法不修善，政令刑罚苛责混乱，放纵私欲败坏制度，使下民困苦。他们说古乐不值得去听，一代代都更换新的音乐，但新的音乐妖娆愁怨，导致人的欲望产生，增加人的悲伤，甚至不能自己停止。所以就有了残害君主抛弃父亲，轻视生命败坏人伦，不能禁止的情形。唉！音乐，古代的音乐是用来平顺人心的，现在的音乐是用来助长欲望的；古人用来宣传教化，现在的人用来滋长怨恨。不恢复古代的礼法，不改变现在的音乐，而想治理天下太平昌盛，差的太远了！

9.02

【原文】

明道先生言于朝曰：治天下以正风俗、得贤才为本。宜先礼命近侍贤儒，及百执事，悉心推访，有德业充备、足为师表者。其次有笃志好学、材良行修者，延聘①敦遣，萃于京师，俾朝夕相与讲明正学。其道必本于人伦，明乎物理。其教自小学洒扫应对以往，修其孝悌忠信，周旋礼乐。其所以诱掖②激厉、渐摩成就之道，皆有节序，其要在于择善修身，至于化成天下，自乡人而可至于圣人之道。其学行皆中于是者为成德，取材识明达、可进于善者，使日受其业。择其学明德尊者，为太学之师，次以分教天下之学。择士入学，县升之州，州宾兴于太学，太学聚而教之，岁论其贤者能者于朝。凡选士之法，皆以性行端洁、居家孝悌、有廉耻、礼逊、通明学业、晓达治道者。

——《河南程氏文集》卷一《表疏请修学校尊师儒取士札子》

【注释】

①延聘：聘请。

②掖：扶持别人。

【译文】

程颢在朝廷上说：治理天下来肃正风俗、得贤才才是根本。应该先礼遇任命近侍贤儒和执事百官，尽心推究访求德业充备、足以成为别人老师的人。其次有笃志好学、品德与才华兼备的人，朝廷要聘请恭送，让他们在京城汇聚，让他们从早到晚相处讲解正学。他们的学问一定是以人伦为本的，通明物理。他们教人从幼时的洒扫庭院应对宾客，修行孝悌忠信，应酬礼乐。其用以诱导、帮助、激励、砥砺的方法，都有一个秩序，它的关键在于选择善行修行自身，以至于化育天下，这样的话乡野之人也可成就圣人之道。其中那些学业德行都符合的人就成就了德行。挑选那些才识明晓通达可以行善的人，让他们每天学习，而挑选那些学业明晓德行可敬的人，作为太学的老师，比这些人稍微差一点的，就让他们分别去教导地方的各级学校。选择士子入学，升到州学，州学再举荐到太学，太学聚集起这些人来教育，每年都在朝廷上讨论太学中的贤能之人。凡是挑选好的士子，都要选取品性品行端正廉洁、在家孝敬父母友爱兄弟、知廉耻、谦逊、通晓明达学业、晓达治国之道的人。

9.03

【原文】

明道先生论十事：一曰师傅，二曰六官，三曰经界[①]，四曰乡党[②]，五曰贡士[③]，六曰兵役，七曰民食，八曰四民，九曰山泽，十曰分数[④]。其言曰：无古今，无治乱，如生民之理有穷，则圣王之法可改。后世能尽其道则大治，或用其偏则小康[⑤]，此历代彰灼[⑥]著明之效也。苟或徒知泥古，而不能施之于今，姑欲徇名而遂废其实，此则陋儒之见，何足以论治道哉！然傥谓今人之情皆以异于古，先王之迹，不可复于今，趣便目前，不务高远，则亦恐非大有为之论，而未足以济当今之极弊也。

——《河南程氏文集》卷一《表疏论十事札子》

【注释】

①经界：土地、疆域的分界。

②乡党：里、家乡，乡族朋友。

③贡士：中国古代中央一级科举考试中试者之称。

④分数：法度，规范。

⑤小康：广大群众所享有的介于温饱和富裕之间的比较殷实的生活状态。

⑥彰灼：昭著，显明。

【译文】

程颢先生谈论十事：一是师傅，二是六官，三是土地的分界，四是乡族朋友，五是贡士，六是兵役，七是百姓吃食，八是士农工商，九是山泽，十是法度。他说：无论古今，无论和平还是动乱，如果生养百姓的办法穷尽了，那么圣王之法也该变革了。后世能极尽这个办法的就可以实现治理太平，有的仅用了一部分就可以使百姓都达到比较殷实的生活水平，这是历代证实的显明的效果。假如有的人只知道拘泥于古代的法律而不能把古代的法律灵活变通后在现在实行，如果只追求名声而荒废了实际，这是目光浅陋的儒者的见解，怎么足够他去讨论治国之道呢！但如果说现在人的性情都已经与古时不同，先王的政迹不可能在今日复现，只追求眼前，而好高骛远，那恐怕也不是大有作为的说法，而不足以挽救现在的弊病。

9.04

【原文】

伊川先生上疏曰：三代之时，人君必有师、傅、保之官。师，道之教训；傅，傅之德义；保，保其身体。后世作事无本，知求治而不知正君，知规过而不知养德；傅德义之道，固已疏矣；保身体之法，复无闻焉。臣以为，傅德义者，在乎防见闻之非，节嗜好之过；保身体者，在乎适起居之宜，存畏慎之心。今既不设保傅之官，则此责皆在经筵[①]，欲乞皇帝在宫中言动服食，皆使经筵官知之。有剪桐[②]之戏，则随事箴规；违持养之方，则应时谏止。

——《河南程氏文集》卷六《表疏论经筵第二札子》

【注释】

①经筵：汉唐以来帝王为讲论经史而特设的御前讲席。宋代始称经筵。

②剪桐：指帝王分封。

【译文】

程颐上书说：三代的时候，国君一定会设立师、傅、保等官职。师，是教授国君的；傅，是辅佐国君德义的；保，是保养国君身体的。后世做事不求根本，知道追求治理的办法却不知道端正君王的内心，知道劝说君王改过却不知培养君王的德行；辅佐君主行德义之道，固然已经疏废了；保养国君身体的方法，再也没有听到过了。我认为，辅佐君主行德义之道的方法，在于防止君主看见听见不符合礼义的事，约制君主过度的嗜好；保养身体的方法，则在于起居都要适宜，常存有畏惧谨慎之心。现在既然不设保、傅之类的官职，那么这一职责都落在经筵上了，我想请求皇帝在宫中的话语动作穿着饮食，都让经筵官知道。有君主分封的戏言，就要随时劝谏；有违背养生的行为，要及时阻止。

9.05

【原文】

伊川先生《看详三学条制》云：旧制，公私试补，盖无虚月。学校礼义相先之地，而月使之争，殊非教养之道。请改试为课，有所未至，则学官召而教之，更不考定高下。制尊贤堂，以延天下道德之士，及置待宾吏师斋，立检察士人行检等法。又云：自元丰后，设利诱之法，增国学解额[①]至五百人，来者奔凑，舍父母之养，忘骨肉之爱，往来道路，旅寓他土，人心日偷，士风日薄。今欲量留一百人，余四百人分在州郡解额窄处。自然士人各安乡土，养其孝爱之心，息其奔趋流浪之志，风俗亦当稍厚。又云：三舍升补之法，皆案文责迹，有司之事，非庠序②育材论秀之道。盖朝廷授法，必达乎下。长官守法而不得有为，是以事成于下，而下得以制其上，此后世所以不治也。或曰："长贰得人则善矣。或非其人，不若防闲详密，可循守也。"殊不知先王制法，待人而行，未闻立不得人之法也。苟长贰非人，不知教育之道，徒守虚文密法，果足以成人才乎？

——《河南程氏文集》卷七《学制》

【注释】

①解额：科举时各地方解送入试之名额。

②庠序：古代的地方学校。

【译文】

程颐在《看详三学条制》中说：根据旧制度，太学生参加公试和私试再加以升补，没有空闲的月份。学校是以礼义为先的地方，而每个月的竞争，实在不是教养学生的办法。请求改考试为检验，发现学生没学好的地方，学官召集学生来教导，并且考核学生成绩名次的高低。设置尊贤堂，邀请天下有道德的人，还设置待宾斋、吏师斋，建立检查士人品行的制度。又说：从元丰年间以来，太学设立了通过利益引诱学生入学的方法，将国学解送入试的名额增加到五百人，来太学的人都奔赴聚集在一处，放弃父母的养育，忘记骨肉之间的爱，往返奔波，在他乡住宿，使人心日益苟且，士风日益衰败。现在想要留一百人，剩余四百个名额分配在解送名额少的州郡，这样士人自然安居在乡里，培养他们孝顺有爱之心，平复他们的流浪之心，风俗也会慢慢纯厚起来。又说：三舍升补的办法，都是按照文卷成绩的，这是官府的事，不是学校培育良才的办法。朝廷授予法令，一定要传达到下层。长官遵守法律而不能作为，所以事情在下层完成，所以下层可以制衡上层，这就是后世不太平的原因。有人说："长官副职任用合适的人就很好。如果任用了不合适的人，还不如防范严密详细，还是可以遵循本职的。"却不知道先王制定法律，是等到有合适的人出现再去实行，没有听说过为不恰当的人立法的。如果由不合适的人任职正副职位，不知道教育的办法，白白守着空泛的文书严密的法律，最后可以培养出人才吗？

9.06

【原文】

《明道先生行状》云：先生为泽州晋城令，民以事至邑[①]者，必告之以孝悌忠信，入所以事父兄，出所以事长上。度乡村远近，为伍保，使之力役相助，患难相恤[②]，而奸伪无所容。凡孤茕[③]残废者，责之亲戚乡党，使无失所。行旅出于其途者，疾病皆有所养。诸乡皆有校，暇时亲至，召父老与之语；儿童所读书，亲为正句读；教者不善，则为易置；择子弟之秀者，聚而教之。乡民为社会，为立科条[④]，旌别[⑤]善恶，使有劝有耻。

——《河南程氏文集》卷十一《明道先生行状》

【注释】

①邑：旧指县。

②恤：对别人表同情，怜悯。

③茕：孤独，无依无靠。

④科条：条例，章程。

⑤旌别：识别，区别。

【译文】

程颐在《明道先生行状》中说：程颢是泽州晋城令时，百姓因为有事情到城中去的，程颢一定会劝告他们孝悌忠信，在家侍奉对待父亲兄长，在外侍奉长辈上级。度量乡村之间的距离，组成伍保，让他们在出力服役的事上互相鼓励帮助，患难时可以互相体恤，而虚伪奸诈的人就没有了容身之地。凡是孤独无所依靠的和残废的人，要他的亲戚和同乡负责，让他们不会流离失所。行路路过的人，疾病都能得到照顾。每个乡都建有学校，程颢在闲暇的时候会亲自到学校去，召来父老长辈和他们交谈；儿童所读的书，亲自为他们订正断句；教授知识的人做的不好，就为更换另行配置；挑选子弟中优秀的，把他们聚集起来教育。乡民们组织社团，程颢为他们确立公约条例，辨别善恶，使他们都具备上进和羞耻之心。

9.07

【原文】

《萃》："王假有庙。"《传》曰：群生至众也，而可一其归仰。人心莫知其乡也，而能致其诚敬；鬼神之不可度也，而能致其来格[①]。天下萃合人心、总摄众志之道非一，其至大莫过于宗庙，故王者萃天下之道，至于有庙，则萃道之至也。祭祀之报，本于人心，圣人制礼以成其德耳。故豺獭[2]能祭，其性然也。

——《周易程氏传》卷三《萃传》

【注释】

①来格：来临，到来。

②豺獭：豺祭和獭祭。

【译文】

《萃卦》："王来到宗庙。"《易传》说：苍生众多，却可以统一他们的归属信仰。人心难以揣测去向，却能让他们诚敬；鬼神难以揣度，却能让它们来临。天下聚合人心、总领众人志向的办法不止一种，最重要也不过宗庙，所以王者聚合天下的办法在于宗庙，这就是聚合办法中的极致了。祭祀的报答，根源于人的内心，圣人制定礼义来成就人的德行。所以豺獭可以祭祀，这就是它们的本性使然。

9.08

【原文】

古者戍役[1]，再期[2]而还。今年春暮行，明年夏代者至，复留备秋，至过十一月而归；又明年中春遣次戍者。每秋与冬初两番戍者皆在疆圉[3]，乃今之防秋也。

——《河南程氏经说》卷三《诗解》

【注释】

①戍役：指戍边的军士。

②再期：两年。

③疆圉：边境，边界。

【译文】

古代的时候守卫边疆服兵役的人，两周年就返回。今年暮春时出发，明年夏天替代的人就到了，还有再留下来为秋天做准备，等过了十一月再返回；后年二月再派遣戍守边关的人。每年的秋天和初冬，两批戍守边关的人都在边疆，就是如今的防秋啊。

9.09

【原文】

圣人无一事不顺天时，故至日[①]闭关[②]。

——《河南程氏外书》卷三《陈氏本拾遗》

【注释】

①至日：冬至、夏至。

②闭关：闭关口，比喻不与外界交往。

【译文】

圣人没有一件事不是顺应天时的，所以到了两至的时候就封闭关口。

9.10

【原文】

韩信多多益办，只是分数[①]明。

——《河南程氏遗书》卷七

【注释】

①分数：规定人数，分任职务。指军队的组织编制。

【译文】

韩信点兵认为越多越好，只因为他的军队的组织编制明确。

9.11

【原文】

伊川先生曰：管辖人亦须有法，徒严不济事。今帅千人，能使千人依时及节得饭吃，只如此者，亦能有几人？尝谓军中夜惊，亚夫[①]坚卧不起，不起善矣，然犹夜惊何也？亦是未尽善。

——《河南程氏遗书》卷十《洛阳议论》

【注释】

①亚夫：周亚夫，西汉时期的著名将军。

【译文】

程颐说：管辖百姓一定要有法度，只是严格对于完成事情没有帮助。如今率领千人，要使这千人能按照时间吃饭，只是能做到这样的能有几个人呢？常说军队中半夜发生惊乱，周亚夫坚定地躺着不起身，不起身是好的，但是为什么会有半夜的惊乱呢？只是因为他没有做到最好而已。

9.12

【原文】

管摄天下人心，收宗族，厚风俗，使人不忘本，须是明谱系①，收世族，立宗子法。（一年有一年工夫。）

——《河南程氏遗书》卷六

【注释】

①谱系：宗族世系或同类事物历代系统及其谱记载体的统称。

【译文】

总管天下人心，收复宗族之人，使风俗淳厚，使人不忘记自己的根本，一定要写明宗族世系的书册，凝聚世族，确立宗子法。（实施一年就会有一年的效果。）

9.13

【原文】

宗子法坏，则人不自知来处，以至流转四方，往往亲未绝，不相识。今且试以一二巨公之家行之，其术要得拘守得，须是且如唐时立庙院，仍不得分割了祖业，使一人主之。

——《河南程氏遗书》卷十五《入闽语录》

【译文】

宗子法败坏，那么人自己都不知道自己从哪里来，以至于在四方流浪，往往血缘还没有断绝，却已经相互不认识了。如今先试着在一两个大世族中实行宗子法，要能拘束坚持住，要是像唐朝那样设立庙院，仍然不能分割祖辈的家业，要让一个人做主。

9.14

【原文】

凡人家法，须月为一会以合族①。古人有花树韦家宗会法，可取也。每有族人远来，亦一为之。吉凶嫁娶之类，更须相与为礼，使骨肉之意常相通。骨肉日疏者，只为不相见，情不相接尔。

——《河南程氏遗书》卷一《端伯传师说》

【注释】

①合族：聚集全族的人。

【译文】

但凡是家法，应该每个月举行一次会议来聚合全族。古人有韦氏家族在春季花开时举行家礼，可以采取这个办法。每次有族人从远方来，也可以举行一次这样的聚会。吉凶嫁娶之类的事，更应该相聚在一起举行家礼，让骨肉亲情常常相通。骨肉亲情日益疏远的人，只是因为不见面，情感不能接触沟通而已。

9.15

【原文】

冠昏丧祭，礼之大者，今人都不理会。豺獭皆知报本，今士大夫家多忽此，厚于奉养而薄于先祖，甚不可也。某尝修六礼①，大略：家必有庙，庙必有主，月朔②必荐新，时祭③用仲月④，冬至祭始祖，立春祭先祖，秋季祭祢⑤，忌日迁主，祭于正寝。凡事死之礼，当厚于奉生者。人家能存得此等事数件，虽幼者，可使渐知礼义。

——《河南程氏遗书》卷十八《刘元承手编》

【注释】

①六礼：中国婚姻仪礼。指从议婚至完婚过程中的六种礼节。

②月朔：每月的朔日。

③时祭：四时的祭祀。

④仲月：每季的第二个月。

⑤祢：古代对已在宗庙中立牌位的亡父的称谓。

【译文】

弱冠、结婚、丧礼、祭祀，这都是礼节中最重要的，现在的人却都不理会。豺獭都知道报答自己的根本，现在的士大夫的家族大多疏忽这个，在奉养自己上十分优厚但对先祖的报答却很微薄，这是非常错误的。我曾经修正六礼，大概：家族里一定要有家庙，家庙里一定要有灵主，每月的朔日一定要供奉新的祭品，四时的祭祀一定要在第二个月，冬至日祭祀始祖，立春祭祀祖先，秋季祭祀亡父，在灵主忌日迁其到正屋祭奠。凡是侍奉死者的礼物，都应该比侍奉生者的更厚重。世家能做到这些事里面的几件，即使是年幼的人，也可以让他们渐渐懂得礼义。

9.16

【原文】

卜[①]其宅兆[②]，卜其地之美恶也。地美则其神灵安，其子孙盛。然则曷谓地之美者？土色之光润，草木之茂盛，乃其验也。而拘忌者，惑以择地之方位，决日之吉凶，甚者不以奉先为计，而专以利后为虑，尤非孝子安措之用心也。惟五患者，不得不慎：须使异日不为道路，不为城郭，不为沟池，不为贵势所夺，不为耕犁所及。

——《河南程氏文集》卷十《礼·葬说》

【注释】

①卜：选择（处所）。

②宅兆：墓地。

【译文】

选择墓地，占卜这块地的好恶。地美那么神灵就可以安息，子孙就可以兴旺。然而什么叫作地美呢？土壤的色泽光润，草木茂盛，这就是验证。而拘泥于禁忌的人对选择土地的方位感到迷惑，选择日子的吉凶，甚至有人不把侍奉先祖作为重要的事，却只考虑造福后代，这不是孝子安置先祖的用心。只有五种忧患，不得不慎重：一定要让墓地在日后不被道路、城池、沟地、权势所霸占，不被耕地涉及。

9.17

【原文】

正叔云：某家治丧，不用浮图。在洛，亦有一二人家化[①]之。

——《河南程氏遗书》卷十《洛阳议论》

【注释】

①化：性质或形态改变。

【译文】

程颐说：我家办理丧事，不用佛家。在洛阳也有一两户人家被我影响改变。

9.18

【原文】

今无宗子[1]，故朝廷无世臣[2]。若立宗子法，则人知尊祖重本；人既重本，则朝廷之势自尊。古者子弟从父兄，今父兄从子弟，由不知本也。且如汉高祖欲下沛时，只是以帛书[3]与沛父老，其父兄便能率子弟从之。又如相如[4]使蜀，亦移书责父老，然后子弟皆听其命而从之。只有一个尊卑上下之分，然后顺从而不乱也。若无法以联属之，安可？且立宗子法，亦是天理。譬如木，必有从根直上一干，亦必有旁枝。又如水，虽远必有正源，亦必有分派处，自然之势也。然又有旁枝达而为干者，故曰：古者天子建国，诸侯夺宗云。

——《河南程氏遗书》卷十八《刘元承手编》

【注释】

①宗子：大宗的嫡长子。

②世臣：历代有功勋的旧臣。

③帛书：写在绢帛上的文书。

④相如：蔺相如，战国时期赵国上卿，赵国著名的政治家、外交家。

【译文】

现在没有大宗的嫡长子，所以朝廷也没有了历代有功勋的旧臣。如果设立宗子法，那么人人都知道尊重先祖看重根本；人看重亲缘根本之后，那么朝廷的气势自然就尊贵起来。古代子弟听从父兄，如今父兄听从子弟，这就是因为不知道根本。就像汉高祖想要攻下沛县的时候，只是拿写在绢帛上的文书给沛县的父老乡亲，他的父兄就能率领子弟跟从他。又像蔺相如出使蜀国，也是寄信责备父老乡亲，然后子弟都听从了他的命令而顺从他。只有一个尊卑上下的区别，那么天下就会顺从而不混乱。如果不能一种联系连接他们，怎么办呢？就设立宗子法，这也是天理。就像树木，一定有一根是笔直的树干，旁边也一定会有分枝。又像水，虽然流得很远也一定会有源头，也

一定会有支流，这是自然的景象啊。但是也有旁枝太过强大而变成主干的，所以叫作：古代天子建立国家，诸侯争夺正宗之类的话。

9.19

【原文】

邢和叔叙明道先生事云：尧、舜、三代帝王之治，所以博大悠远，上下与天地同流者，先生固已默而识之。至于兴造礼乐、制度文为，下至行师用兵，战阵之法，无所不讲，皆造其极。外之夷狄情状[①]，山川道路之险易，边鄙防戍、城寨斥候、控带之要，靡[②]不究知。其吏事操决，文法簿书，又皆精密详练。若先生，可谓通儒全才矣。

——《河南程氏遗书·附录·门人朋友叙述并序》

【注释】

①情状：情形状况。

②靡：没有。

【译文】

邢恕叙述程颢的事说：尧舜以及三代帝王的治理，之所以博大悠远，上下与天地同行，程颢固然已经默然领会了。至于兴建礼乐、制度文书，再到排兵布阵的方法，没有不讲的，都登峰造极。外面夷狄的生活情况，山川道路的艰难或简易，边疆戍守城寨勘察的关键，没有不研究了解的。他遇事果决，文书又都精密详细简练。程颢可以说得上是通晓儒学的全才了。

9.20

【原文】

介甫[①]言律是八分书[②]，是他见得。

——《河南程氏外书》卷十《大全集拾遗》

【注释】

①介甫：王安石，字介甫，号半山。北宋著名的思想家、政治家、文学家、改革家。

②八分书：八分书是隶书的一种。

【译文】

王安石说律法就像八分书，这就是他的理解。

9.21

【原文】

横渠先生曰：兵谋师律，圣人不得已而用之。其术见三王方策[①]历代简书。惟志士仁人，为能识其远者大者，素求预备而不敢忽忘。

——张载《拾遗·近思录拾遗》

【注释】

①方策：方册，简册、典籍。

【译文】

张载说：军事计谋军队纪律，圣人到了不得不用的时候运用它们。用的方法可以在三王的史册、历代的简书中看到。只有仁人志士才能认识到他的深谋远虑，向来追求预先准备而不敢疏忽遗忘。

9.22

【原文】

肉辟[①]，于今世死刑中取之，亦足宽民之死，过此，当念其散之之久。

——张载《拾遗·近思录拾遗》

【注释】

①肉辟：肉刑的总称。

【译文】

肉刑，在现在的死刑犯中选出一些执行它，也足以宽恕百姓的死罪，然后，应当知道百姓松散了太久。

9.23

【原文】

吕与叔撰《横渠先生行状》云：先生慨然有意三代之治，论治人先务，未始不以经界为急，尝曰："仁政，必自经界始。贫富不均，教养无法，虽欲言治，皆苟而已。世之病难行者，未始不以亟夺富人之田为辞。然兹法之行，悦之者众，苟处之有术，期以数年，不刑一人而可复，所病①者特上之人未行耳。"乃言曰：纵不能行之天下，犹可验之一乡。方与学者议古之法，共买田一方，画为数井，上不失公家之赋役，退以其私正经界、分宅里、立敛法、广储蓄、兴学校、成礼俗，救灾恤患，敦本抑末，足以推先王之遗法，明当今之可行。此皆有志未就。

——张载《附录·吕大临横渠先生行状》

【注释】

①病：担心。

【译文】

吕大临写《横渠先生行状》说：先生激情昂扬有恢复三代时期治理的志向，讨论治理百姓的首要任务，没有不认为土地是紧急的，曾经说："仁政，一定要从土地开始。贫富分配不均，教养没有法度，虽然想要治理，都只是苟且而已。世间担心井田制难以实行的人，没有不以不想抢夺富人的田地为推辞的。但是井田法实行，高兴的人众多。假如处理的有章法，等待数年，不用对一个人实施刑罚就可以恢复治理，担心的只是上层不去这么做而已。"于是说：即使不能推行到天下，也可以在一个乡县中实验。刚刚与学者讨论古代的方法，百姓共同买一方田地，把它们划分为多个井字分开，对上对国家的徭役赋税没有减少，退一步在私也可以区分土地与住宅、确立税法、扩大积蓄、兴办学校、养成风俗，救助灾患，重农抑商，足够推行先代帝王遗留下来的法律，明确在现在也是可以实行的。这都是张载有志向却还没有成功的。

9.24

【原文】

横渠先生为云岩令，政事大抵以敦本善俗为先。每以月吉①，具酒食，召乡人高年会县庭，亲为劝酬②，使人知养老事长之义。因③问民疾苦，及告所以训戒子弟之意。

——张载《附录·吕大临横渠先生行状》

【注释】

①月吉：农历每月初一或指正月初一。

②劝酬：互相劝酒，敬酒。

③因：趁机。

【译文】

张载担任云岩县令的时候，政务大抵以重视农本改善风俗为先。每月初，都置办酒食，召集乡人中年事已高的在县庭聚会，亲自劝酒，使百姓知道侍奉供养老人。趁机询问百姓的疾苦，并告诉大家训诫子弟的意义。

9.25

【原文】

横渠先生曰：古者“有东宫，有西宫，有南宫，有北宫，异宫而同财”。此礼亦可行。古人虑远，目下虽似相疏，其实如此乃能久相亲。盖数十百口之家，自是饮食衣服难为得一。又异宫乃容子得伸其私，所以“避子之私也。子不私其父，则不成为子”。古之人曲尽人情。必也同宫，有叔父伯父，则为子者何以独厚于其父？为父者又乌得而当之？父子异宫，为命士[①]以上，愈贵则愈严。故异宫犹今世有逐位，非如异居也。

——张载《拾遗·近思录拾遗》

【注释】

①命士：古代称受有爵命的士。

【译文】

张载说：古时“有东宫、西宫、南宫、北宫，在不同的宫殿居住，大家却享有共同的财产”。古人有长远的忧虑，眼下虽然看起来很疏远，其实这样才能长久地互相亲近。大概有十几上百口人的家族，饮食衣服自然是难以统一的。又住在各自的地方才能让孩子可以伸张自己的私欲，所以“掩盖孩儿对于父母的偏爱。儿子不偏爱他的父亲，就不能叫作儿子”。古代的人委婉地表达出人情，一定要住在一起，有叔父伯父在，身为人子又怎么能只偏爱父亲呢？当父亲的又怎么能接受呢？父子不住在一起，这是受任爵命的世族以上才有的规格，身份越尊贵遵守的越严格。所以不在一块住就好像现在有排列名次的制度，不是像分居一样。

9.26

【原文】

治天下不由井地，终无由得平。周道止是均平。

——张载《经学理窟·周礼》

【译文】

治理天下不通过推行井田制，最终没法得到公平。周朝的治国之道也是公平平均。

9.27

【原文】

井田卒归于封建，乃定。

——张载《经学理窟·周礼》

【译文】

井田制最终回归到分封建国，才是真正的平定。

第十卷

要在同而能异

10.01

【原文】

伊川先生上疏曰：夫钟，怒而击之则武，悲而击之则哀，诚意之感而入也。告于人亦如是，古人所以斋戒①而告君也。臣前后两得进讲，未尝敢不宿斋预戒，潜思存诚，觊感动于上心。若使营营于职事，纷纷其思虑，待至上前，然后善其辞说，徒以颊舌②感人，不亦浅乎？

——《河南程氏文集》卷六《表疏·上太皇太后书》

【注释】

①斋戒：古人在重要仪式前沐浴更衣、整洁身心，以示虔诚。

②颊舌：口舌言语。比喻口辩才能。

【译文】

程颐上书说：钟，人生气敲击它时声音就雄武，悲伤敲击它时声音就哀伤，这是诚意感动了钟并融入钟声之中。向别人请示也要像这样，所以古人要在向君主进谏前斋戒。我前后有两次机会面见皇帝讲学，不敢不预先斋戒，沉静思绪保持诚敬，希望能打动皇帝的心。如果让我不知疲惫地钻营职事，思虑纷纷扰扰，等到了皇帝面前，再完善自己的说辞，只是用话语感动人，不是太肤浅了吗？

10.02

【原文】

伊川《答人示奏稿书①》云：观公之意，专以畏乱为主。颐欲公以爱民为先，力言百姓饥且死，丐朝廷哀怜，因惧将为寇乱，可也。不惟告君之体当如是，事势亦宜尔。公方求财以活人，祈之以仁爱，则当轻财而重民；惧之以利害，则将恃②财以自保。古之时，得丘民则得天下，后世以兵制民，以财聚众。聚财者能守，保民者为迂。惟当以诚意感动，觊其有不忍之心而已。

——《河南程氏文集》卷九《书启·答人示奏稿书》

【注释】

①稿书：草稿的别称。

②恃：依赖，依靠。

【译文】

程颐先生在《答人示奏稿书》中说：看您的意思，只以畏惧动乱为主。我想要您先爱惜百姓，尽力说明百姓都快要饿死了，乞求朝廷的同情和可怜，因为担心百姓被生活所迫变成寇贼造成动乱，这样写是可以的。不只告诉君主按照体制要这么做，事情的形势也是适宜这么去做的。您只要乞求财物来救活百姓，乞求君主用仁爱之心去对待这件事，那么君主就会轻财而重民；用这件事的利害关系让君主心生担忧恐惧，那么皇帝就会依仗财物来救济百姓以求得自保。古时候，得民心就能得到天下，后世用军队来制约百姓，以财物招揽部下。聚敛财物的被视为守护之人，保护百姓的被视为迂腐之人。我们只能用诚意感动君主，希望他有不忍之心罢了。

10.03

【原文】

明道为邑，及民之事，多众人所谓“法所拘”者，然为之未尝大戾[1]于法，众亦不甚骇。谓之得伸其志则不可，求小补，则过今之为政者远矣。人虽异之，不至指为狂也。至谓之狂，则大骇矣。尽诚为之，不容而后去，又何嫌[2]乎?

——《河南程氏文集》卷九《书启·答吕进伯简三》

【注释】

①戾：违背，违反。

②嫌：疑惑。

【译文】

程颢担任地方官，他做的涉及百姓的事，大多都是众人认为的“被法律所拘束而不能做”的，但是这么做也没有很过分地违背法律，百姓也没有多惊骇。说他伸张了自己的志向是不可以的，但说他只是小有补益，却也超过现在理政的人很多了。人们虽然感到惊异，但不至于认为他狂妄。到了可以称作狂妄的地步，那就会引起大的惊骇了。竭尽自己的诚意去做，不能为世所容就离开，又有什么疑虑呢?

10.04

【原文】

明道先生曰：一命之士，苟存心于爱物，于人必有所济。

——《河南程氏文集》卷十一《明道先生行状》

【译文】

程颢说：即使是职位最低的官员，如果存心爱惜万物，对百姓一定有帮助。

10.05

【原文】

伊川先生曰：君子观天水违行[①]之象，知人情有争讼之道。故凡所作事，必谋其始，绝讼端于事之始，则讼无由生矣。谋始之义广矣，若慎交结、明契券[②]之类是也。

——《周易程氏传》卷一《讼传》

【注释】

①天水违行：天总是高高在上，水却总是往低处流，二者性质相背，永远不能融合在一起。

②契券：契据，证券。

【译文】

程颐说：君子看见水与天背道而行的卦象，就知道人之间会有争端与不和的道理。所以只要做事，在开始一定仔细谋划，在一开始就杜绝争端的发生，那么争端也就不会再发生了。在开始就谋划的含义是广泛的，就像是谨慎与人结交、写明契券之类的都是。

10.06

【原文】

《师》之九二，为师之主。恃专，则失为下之道；不专，则无成功之理，故得中为吉。凡师之道，威和并至则吉也。

——《周易程氏传》卷一《师传》

【译文】

《师卦》的九二爻，象征军队的统帅。依仗专权，就会失去作为君主臣下的道理；不专权，就没有成功的方法，所以折中才是吉利。但凡是作为主帅的道理，恩施并济才会吉利。

10.07

【原文】

世儒有论鲁祀周公以天子礼乐，以为周公能为人臣不能为之功，则可用人臣不得用之礼乐，是不知人臣之道也。夫居周公之位，则为周公之事，由其位而能为者，皆所当为也。周公乃尽其职耳。

——《周易程氏传》卷一《师传》

【译文】

世上的儒者有人谈论鲁国用天子才配享有的礼乐来祭祀周公的事，认为周公能做到别的臣子做不到的功劳，那么就可以用人臣没资格用的礼乐，这是不理解作为人臣的道理啊。既然身处周公的职位，就该做周公该做的事，在这个职位上能做的事，都应该做。周公只是尽其职责而已。

10.08

【原文】

《大有》之九三曰："公用亨于天子，小人[1]弗[2]克[3]。"《传》曰：三当大有之时，居诸侯之位，有其富盛，必用亨通于天子，谓以其有为天子之有也，乃人臣之常义也。若小人处之，则专其富有以为私，不知公己奉上之道，故曰"小人弗克"也。

——《周易程氏传》卷一《大有传》

【注释】

①小人：指平民百姓，指被统治者。

②弗：不。

③克：能够。

【译文】

《大有》的九三爻说："诸侯进献于天子，百姓就做不到。"《易传》说：处于诸侯的位置，拥有富饶丰盛，一定会进献给天子，认为自己的就是天子的，这是为人臣子的常理啊。如果是百姓处在诸侯的位置，那么就会独占这富饶把这当作是自己的，不明白献上给天子的道理，所以说"百姓做不到啊"呀。

10.09

【原文】

人心所从，多所亲爱者也。常人之情，爱之则见其是，恶之则见其非。故妻孥[1]之言，虽失而多从；所憎之言，虽善为恶也。苟以亲爱而随之，则是私情所与[2]，岂合正理？故《随》之初九，出门而交，则有功也。

——《周易程氏传》卷二《随传》

【注释】

①妻孥：妻子和儿女。

②与：结交。

【译文】

人心听随的，大多是自己亲近喜爱的人。常人之情，喜欢一个人就只看到他的好，讨厌一个人就只能看到他的坏。所以妻子儿女的话，虽然是错的人们也大多听从；而讨厌的人的话，即使是出自善意的也认为是恶的。如果因为亲近喜爱而听随，那是按自己的私情去相处，怎么能符合正理呢？因此《随》卦的初九爻说，出门在外与人结交，才能建立功业。

10.10

【原文】

《随》九五之《象》曰："孚[1]于嘉[2]吉，位正中也。"《传》曰：《随》以得中为善，随之所防者过也。盖心所说随，则不知其过矣。

——《周易程氏传》卷二《随传》

【注释】

①孚：诚信。

②嘉：善。

【译文】

《随》卦九五爻的《象》辞说："信守于善就吉利，是因为处在中正的位置上。"《易传》说：《随》认为中正是好的，追随要防范的是犯错，因为是内心对追随感到喜悦，就不能发现错误。

10.11

【原文】

《坎》之六四曰："樽酒，簋[1]贰，用缶[2]，纳约自牖[3]，终无咎。"《传》曰：此言人臣以忠信善道结于君心，必自其所明处，乃能入也。人心有所蔽，有所通，通者，明处也，当就其明处而告之，求信则易也，故云"纳约自牖"。能如是，则虽艰险之时，终得无咎也。且如君心蔽于荒乐，唯其蔽也故尔，虽力诋[4]其荒乐之非，如其不省何？必于所不蔽之事，推而及之，则能悟其心矣。自古能谏其君者，未有不因其所明者也。故讦直[5]强劲者，率多取忤；而温厚明辨者，其说多行。非唯告于君者如此，为教者亦然。夫教必就人之所长，所长者，心之所明也。从其心之所明而入，然后推及其余，孟子所谓“成德”“达才”是也。

——《周易程氏传》卷二《习坎传》

【注释】

①簋（guǐ）：古代盛食物的器具。

②缶：瓦器。

③牖（yǒu）：窗户。

④诋：谴责。

⑤讦直：亢直敢言。

【译文】

《坎》卦的六四爻辞说：“一杯酒，两簋食，用瓦器盛了，从窗户里接受简单的食物，最终不会有过错。”《易传》说：这是说臣下用忠信的善道来结交君心，一定要从他明白通达的地方入手才能深入其心。人心都有被遮蔽的地方，有通达的地方，通达的地方就是明处，应该从他通达的地方告诉他，取得君王的信任就很容易，所以说“纳约自牖”。能像这样，那么即使在艰难的时候，最终也不会有过错。假如君心被荒游享乐所蒙蔽，正由于他被蒙蔽着，所以即使极力谴责他贪图享乐的错误，如果他就是不清醒呢？一定要从他没有被蒙蔽的地方进言，然后再推广到他不明白的地方，就能让他的心省悟了。自古能向君主进谏的人，没有不从君主明白的地方开始进谏的。所以那些亢直敢言语气强硬的人，大多违逆君主；而温柔敦厚善于明辨的人，他们的言论大多被实行。不只是进谏君主应该这样，教导人也是这样。教导别人一定要凭借自己所擅长的，所擅长的地方，就是心中明达之处呀。从他心中明达的地方入手，然后推及到其他的方面，这就是孟子所说的“成德”和“达才”。

10.12

【原文】

《恒》之初六曰：“浚恒①，贞凶。”《象》曰：“浚恒之凶，始求深也。”《传》曰：初六居下，而四为正应。四以刚居高，又为二三所隔，应初之志，异乎常矣。而初乃求望之深，是知常而不知变也。世之责望故素而至悔咎者，皆浚恒者也。

——《周易程氏传》卷三《恒传》

【注释】

①浚恒：求之太过，超出恒常。

【译文】

《恒》卦的初六爻辞说："求之太过，超出恒常，是凶兆。"《象辞》说："浚恒之所以为凶兆，是从要求的太多太深开始的。"《易传》说：初六爻居于下位，与九四爻为对照应。九四爻因为阳刚居在高位，又被九二、九三两爻所阻隔，回应本心，已经与常理相异了。而初六爻对九四爻的希望很深切，这是只懂得常理而不懂变通啊。世上对故人的期望过高而导致过错的人，都是求之太过，超出恒常啊。

10.13

【原文】

遁之九三曰："系遁[①]，有疾厉；畜臣妾，吉。"《传》曰：系恋之私恩，怀小人女子之道也，故以畜养臣妾则吉。然君子之待小人，亦不如是也。

——《周易程氏传》卷三《遁传》

【注释】

①遁：隐退、躲避。

【译文】

《遁》卦的九三爻辞说："被拖累而不能隐退，就想要严重的疾病；蓄养奴婢或许是吉利的。"《易传》说：用私人恩情来牵制，这是对待小人和女子的办法，所以认为蓄养奴婢是吉利的。然而君子对待小人，不也是这样的。

10.14

【原文】

《睽》之《象》曰："君子以同而异[①]。"《传》曰：圣贤之处世，在天理之常，莫不大同，于世俗所同者，则有时而独异。不能大同者，乱常拂理之人也；不能独异者，随俗习非之人也。要在同而能异耳。

——《周易程氏传》卷三《睽传》

【注释】

①以同而异：找出共同点，将不尽相同的事物归为一类。

【译文】

《睽》卦的《象》辞说："君子找出共同点，将不尽相同的事物归为一类。"《易传》说：圣贤处世，在天道常理上，与常人没有什么不同的，与世俗相同的人，有时却会独自与世俗相异。不能与人大体相同的人，是扰乱伦理纲常的人；不能有独自相异的人，是顺遂习俗习惯错误的人。要大体相同又能保持独异。

10.15

【原文】

《睽》之初九，当睽[①]之时，虽同德者相与，然小人乖异[②]者至众，若弃绝之，不几尽天下以仇君子乎？如此，则失含弘之义，致凶咎之道也，又安能化不善而使之合乎？故必"见恶人，则无咎"也。古之圣王，所以能化奸凶为善良，革仇敌为臣民者，由弗绝也。

——《周易程氏传》卷三《睽传》

【注释】

①睽：孤独。

②乖异：不一致，背离。

【译文】

《睽》的九二爻辞解释，当人心离散的时候，即使和有相同品德的人结交，但是背离的小人太多，如果与他们绝交，不是让天下仇视君子吗？如果这样就失去了容人之量，会导致凶患过错，又怎么能化解不友善为和睦呢？所以一定要知道"见到恶人，也没什么过错"。古代的圣王，之所以能将奸凶之人感化善良，将仇敌转变为臣民，就是因为不与他们断绝关系。

10.16

【原文】

《睽》之九二，当睽之时，君心未合，贤臣在下，竭力尽诚，期使之信合而已。至诚以感动之，尽力以扶持之，明义理以致其知，杜蔽惑以诚其意，如是宛转以求其合也。"遇"非枉[①]道逢迎也，"巷"非邪僻由径也，故《象》曰："遇主于巷，未失道也。"

——《周易程氏传》卷三《睽传》

【注释】

①枉：弯曲，弯屈。

【译文】

《睽》卦的九二爻解释，当分离之时，君主之心未能与臣子之心融合，贤臣处在下位，竭尽全力效尽忠诚，以期君主信任自己而与自己相合而已。用至诚之心去感动君主，尽力去扶持君主，阐明义理来使君主获得智慧，杜绝蒙蔽和惑乱君心的东西以使君主诚意，像这样婉转地求取君主与我相合。"遇"就不是专门绕道去逢迎巴结，"巷"就不是邪僻的小道。所以《象》辞说："在小巷遇到君主，没有失去为臣之道。"

10.17

【原文】

《损》之九二曰："弗损益之。"《传》曰：不自损其刚贞，则能益其上，乃益之也。若失其刚贞而用柔说[①]，适足以损之而已。世之愚者，有虽无邪心，而惟知竭力顺上为忠者，盖不知"弗损益之"之义也。

——《周易程氏传》卷三《损传》

【注释】

①说：通"悦"。

【译文】

《损》卦的九二爻辞说："不损而益。"《易传》说：不减损自己的刚烈忠贞，就能有益于君主，这就是有益的。如果失去刚烈忠贞而柔媚地去取悦于上，正好足以危害君上。世上愚蠢的人，有的虽然没有邪念，却只知道尽力地顺从君主，认为这就是忠，大概是不知道"不损而益"的道理吧。

10.18

【原文】

《益》之初九曰："利用为大作，元吉，无咎。"《象》曰："元吉，无咎，下不厚事也。"《传》曰：在下者，本不当处厚事。厚事，重大之事也。以为在上所任，所以当大事，必能济大事，而致元吉，乃为无咎。能致元吉，则在上者任之为知人，己当之为胜任，不然，则上下皆有咎也。

——《周易程氏传》卷三《益传》

【译文】

《益》卦的初九爻说："有利于有大作为，大吉，没有过错。"《象》辞说："大吉，没有过错，在下者不应该去处理大事。"《易传》说：在下位的人不应当处理大事。厚事，就是重要的事。因为是上位者的委任，所以负责了大事，一定要使大事顺利完成而做到吉祥，才是没有过错。能够做到吉祥，那么上位者任用你就是知人善用，你能承担起这个任务就是可堪大用。如果不能这样，那么上下都有过错

10.19

【原文】

革而无甚益，犹可悔也，况反害乎？古人所以重改作也。

——《周易程氏传》卷四《革传》

【译文】

变革却没什么好处，就可以后悔了，何况反而有害处了呢？这就是古人对改革很谨慎的原因。

10.20

【原文】

《渐》之九三曰："利御寇。"《传》曰：君子之与小人比也，自守以正。岂唯君子自完其己而已乎？亦使小人得不陷于非义。是以顺道相保，御止其恶也。

——《周易程氏传》卷四《渐传》

【译文】

《渐》卦的九三爻辞说："有利于抵御寇贼。"《易传》说：君子和小人相比，自我坚守来守持正道。难道只有君子可以自我完善吗？也使小人可以不陷于不道义中。所以遵循正道来保全彼此，防止做下坏事。

10.21

【原文】

《旅》之初六曰："旅琐琐①，斯其所取灾。"《传》曰：志卑之人，既处旅困，鄙猥琐细，无所不至，乃其所以致悔辱、取灾咎也。

——《周易程氏传》卷四《旅传》

【注释】

①琐琐：人品卑微、平庸、渺小。

【译文】

《旅》卦的初六爻辞说："旅行的人平庸渺小，所以容易碰到灾祸。"《易传》说：志向卑微的人，处在路途中劳困的时候，人品卑鄙猥琐，为达到目

的没有不做的，所以招致侮辱悔恨、灾祸过错。

10.22

【原文】

在旅而过刚自高，致困灾之道也。

——《周易程氏传》卷四《旅传》

【译文】

在旅途中过于刚烈和自视过高，是招致灾厄的原因啊。

10.23

【原文】

《兑》之上六曰："引兑。"《象》曰："未光也。"《传》曰：说①既极矣，又引而长之，虽说之之心不已，而事理已过，实无所说。事之盛，则有光辉，既极而强引之长，其无意味甚矣，岂有光也？

——《程氏易传·兑传》

【注释】

①说：通"悦"，喜悦。

【译文】

《兑》卦的上六爻辞说："引出喜悦。"象辞说："没有光。"《易传》说：高兴到了极点，还去引导增长，虽然感到开心的心情没有停止，但从事理上讲已经有了过错，实在没有可喜悦的。事物兴盛极致就会有光辉，到了极点却要强行引导它增长，这也太没有意思了，怎么还会有光呢？

10.24

【原文】

《中孚》之《象》曰："君子以议狱缓①死。"《传》曰：君子之于议狱，尽其忠而已；于决死，极于恻而已。天下之事，无所不尽其忠，而议狱缓死，最其大者也。

——《周易程氏传》卷四《中孚传》

【注释】

①缓：宽松，松弛。

【译文】

《中孚》卦的《象辞》说："君子审理案件时要宽松死刑。"《易传》说：

君子审理案件，就是极尽忠诚而已；判决死刑，极尽恻隐之心而已。天下之事，没有什么不是极尽忠诚的，而审理案件宽松死刑，是其中最重要的。

10.25

【原文】

事有时而当过，所以从宜，然岂可甚过也？如过恭、过哀、过俭，大过则不可。所以小过为顺乎宜也。能顺乎宜，所以大吉。

——《周易程氏传》卷四《小过传》

【译文】

事情有的时候应该过度，所以要看清时宜，但是怎么可以过分地过度呢？就像过于恭敬、过于悲伤、过于节俭，太过度就不可以。所以小的过度是顺乎时宜。能顺乎时宜，就会大吉。

10.26

【原文】

防小人之道，正己为先。

——《周易程氏传》卷四《小过传》

【译文】

防范品格卑劣之人的办法，就是先端正自己。

10.27

【原文】

周公至公不私，进退以道，无利欲之蔽。其处己也，夔夔[①]然存恭畏之心；其存诚也，荡荡焉无顾虑之意。所以虽在危疑之地，而不失其圣也。《诗》曰："公孙硕肤[②]，赤舄[③]几几。"

——《河南程氏经说》卷三《诗解》

【注释】

①夔夔：敬谨恐惧的样子。

②硕肤：大的美德。亦指德高望重之人。

③赤舄：古代天子、诸侯所穿的鞋。赤色，重底。

【译文】

周公大公无私，进退都合乎正道，没有受到利欲的蒙蔽。自处时也是敬谨恐惧的样子；内心存着诚敬，坦荡没有顾虑。所以虽然待在危疑之地，也不失去圣人的风范。《诗经》说：“周公品德高尚，穿着红鞋却也步履优雅。”

10.28

【原文】

采察求访，使臣①之大务。

——《河南程氏经说》卷三《诗解》

【注释】

①使臣：泛称皇帝所派遣负有专门使命的官员。

【译文】

探知查访，是使臣的重要任务。

10.29

【原文】

明道先生与吴师礼①谈介甫②之学错处，谓师礼曰：为我尽达诸介甫，我亦未敢自以为是，如有说，愿往复。此天下公理，无彼我。果能明辨，不有益于介甫，则必有益于我。

——《河南程氏遗书》卷一《端伯传师说》

【注释】

①吴师礼：字安仲，杭州钱塘人。

②介甫：王安石，字介甫，号半山，汉族，临川人，北宋著名的思想家、政治家、文学家、改革家。

【译文】

程颢和吴师礼谈论王安石学习的错处，对吴师礼说：帮我将我说的话尽数传达给王安石，我也不敢自认为是对的，如果他有回复，希望你可以传回来告诉我。这是天下公认的道理，不是你我的。如果能辨明道理，不但有利于王安石，也有利于我。

10.30

【原文】

天祺在司竹①，常爱用一卒长②，及将代，自见其人盗笋皮，遂治之，无少贷。罪已正，待之复如初，略不介意。其德量如此。

——《河南程氏遗书》卷二上《元丰己未吕与叔东见二先生语》

【注释】

①司竹：官署名，汉有司竹长，隋有司竹监，唐沿置，属司农寺。

②卒长：以一百人为一卒，以上士任卒长。

【译文】

张戬在司竹任职的时候，常常任用一个差役头，等到这个头目快要被取代的时候，他亲自看见这个人偷盗笋皮，所以惩治了他，没有少一点宽恕。罪行已经被依法查处，张戬对待他又变回了从前，一点也不介意的样子。他的品德和度量就是这样。

10.31

【原文】

因论"口将言而嗫嚅[①]"云：若合开口时，要他头，也须开口，须是"听其言也厉"。

——《河南程氏遗书》卷三《谢显道记忆平日语》

【注释】

①嗫嚅：指的是想说而又吞吞吐吐不敢说出来的样子。

【译文】

程颢谈论"想说而又吞吞吐吐不敢说出来"时说：如果应该开口，即使是要他的头颅他也会开口。一定是"听到的他的话非常严厉"。

10.32

【原文】

须是就事上学。《蛊》"振民育德"，然有所知后，方能如此。"何必读书，然后为学？"

——《河南程氏遗书》卷三《谢显道记忆平日语》

【译文】

应该是根据事情然后有所学习。《蛊》卦说"救济百姓，培育德行"，然后明白了道理，才能这样。"何必要先阅读书籍，然后再学习呢？"

10.33

【原文】

先生见一学者忙迫，问其故。曰："欲了几处人事。"曰："某非不愿周旋人事者，曷[①]尝似贤急迫？"

——《河南程氏遗书》卷三《谢显道记忆平日语》

【注释】

①曷：何时。

【译文】

程颐看见一个学习的人忙碌紧张的样子，问他原因。他说："想要去完成几件人际交往的事。"程颐说："我也不是不愿意周旋于人际交往之间的人，又什么时候像您那样急迫呢？"

10.34

【原文】

安定之门人，往往知稽古①爱民矣，则于为政也何有？

——《河南程氏遗书》卷四《游定夫所录》

【注释】

①稽古：考察古代的事迹，以明辨道理是非、总结知识经验，从而于今有益、为今所用。

【译文】

胡瑗的门人，往往知道考察古代的事迹、爱护百姓，那处理政事还有什么难的呢？

10.35

【原文】

门人有曰："吾与人居，视其有过而不告，则于心有所不安；告之而人不受，则奈何？"曰："与之处而不告其过，非忠也。要使诚意之交通，在于未言之前，则言出而人信矣。"又曰："责善之道，要使诚有余而言不足，则于人有益，而在我者，无自辱矣。"

——《河南程氏遗书》卷四《游定夫所录》

【译文】

有个门人说："我和别人居住，看见他犯了错却不告诉他，那么在心中就会不安，告诉他他也不接受，那该怎么办呢？"程颢回答说："和他相处却不告诉他的过错，是不忠啊。要在还没说出别人的错误之前，和别人诚心交往，这样的话告诉他过错他就会相信。"又说："劝人向善的办法，要让自己的诚心有余而不要多话，那么对人就是有益的，而对我就是不会让自己受到屈辱。"

10.36

【原文】

职事不可以巧免。

——《河南程氏遗书》卷七

【译文】

自己职责内该做的事不可以投机取巧地免除。

10.37

【原文】

居是邦不非其大夫，此理最好。

——《河南程氏遗书》卷六

【译文】

居住在这个国家就不去说其他大夫不好，这个道理最好。

10.38

【原文】

克勤小物[1]最难。

——《河南程氏遗书》卷十一《师训》

【注释】

①克勤小物：勤勤恳恳做小事。

【译文】

勤勤恳恳做小事是最难的。

10.39

【原文】

欲当大任，须是笃实。

——《河南程氏遗书》卷十《师训》

【译文】

想要担当大任，一定要忠厚老实。

10.40

【原文】

凡为人言者，理胜则事明，气忿[1]则怫[2]。

——《河南程氏遗书》卷十一《师训》

【注释】

①忿：生气，恨。

②怫：违背，不顺。

【译文】

但凡是对别人说话，有道理那么事情就清楚，愤怒就会不顺利。

10.41

【原文】

居今之时，不安今之法令，非义也。若论为治，不为则已，如复为之，须于今之法度内处得其当，方为合义。若须更改而后为，则何义之有？

——《河南程氏遗书》卷二上《元丰己未吕与叔东见二先生语》

【译文】

处在现在的时代，对现在的法令感到不安，不是大义。如果讨论治理的办法，不去做就算了，如果要去做，一定要在现在的法令内找到恰当的方法去处理，才是合乎大义。如果要更改法令然后才能有所作为，哪还有什么大义呢？

10.42

【原文】

今之监司[1]，多不与州县一体。监司专欲伺察，州县专欲掩蔽。不若推诚心与之共治，有所不逮[2]，可教者教之，可督者督之。至于不听，择其甚者去一二，使足以警众可也。

——《河南程氏遗书》卷二上《元丰己未吕与叔东见二先生语》

【注释】

①监司：负有监察之责的官吏。

②逮：到，及。

【译文】

现在的监司，大多不能和州县一体。监司只想要监察，州县只想要掩盖遮蔽。不如推心置腹和他共同治理，有处理不到的地方，可以教导的就教导，可以督促的就督促。至于不听从，选择一两个过分的人开除，就足以警告众人了。

10.43

【原文】

伊川先生曰：人恶多事，或人悯之。世事虽多，尽是人事。人事不教人做，更责谁做？

——《河南程氏遗书》卷十五《入闽语录》

【译文】

程颐说：人们都讨厌多事，有的人同情。世间的事虽然很多，但全都是人事。人事不让人去做，还要让谁去做呢？

10.44

【原文】

感慨[1]杀身者易，从容就义者难。

——《河南程氏遗书》卷十一《师训》

【注释】

①感慨：情感愤激。

【译文】

情感愤激地赴死容易，从容地为义赴死却很难。

10.45

【原文】

人或劝先生以加礼[①]近贵，先生曰："何不见责[②]以尽礼，而责之以加礼？礼尽则已，岂有加也？"

——《河南程氏遗书》卷十七

【注释】

①加礼：厚于常规的礼仪。

②责：要求。

【译文】

有的人劝程颐厚礼来亲近权贵之人，程颐说："怎么不要求我周全礼仪，反而要求我增加礼仪呢？礼仪周全就可以了，哪里还有增加的道理？"

10.46

【原文】

或问：簿，佐令者也。簿所欲为，令或不从，奈何？曰：当以诚意动之，今令与簿不和，只是争私意。令是邑之长，若能以事父兄之道事之，过则归己，善则唯恐不归于令。积此诚意，岂有不动得人？

——《河南程氏遗书》卷十八《刘元承手编》

【译文】

有的人问：主簿，是辅佐县令的人。主簿想要做什么，县令不答应，那怎么办呢？程颐回答说：应当用诚意来打动他。现在县令和主簿不和睦，只是争执自己的想法。县令是城镇的长官，如果能用侍奉父兄的道理来侍奉县令，有了过错就归咎到自己身上，好就唯恐不能归功到县令身上。积累这样的诚意，怎么会打动不了人呢？

10.47

【原文】

问："人于议论，多欲直己，无含容之气，是气不平否？"曰："固是气不平，亦是量狭。人量随识长，亦有人识高而量不长者，是识实未至也。大凡别事人都强得，惟识量不可强。今人有斗筲[①]之量，有釜斛[②]之量，有钟鼎之量，有江河之量。江河之量亦大矣，然有涯[③]，有涯亦有时而满，惟天地之量则无满。故圣人者，天地之量也。圣人之量，道也；常人之有量者，天资也。

天资有量须有限，大抵六尺之躯，力量只如此，虽欲不满，不可得也。如邓艾[④]位三公，年七十，处得甚好，及因下蜀有功，便动了。谢安闻谢玄破苻坚[⑤]，对客围棋，报至不喜，及归，折屐齿，强终不得也。更如人大醉后益恭谨者，只益恭便是动了，虽与放肆者不同，其为酒所动一也。又如贵公子，位益高，益卑谦，只卑谦便是动了，虽与骄傲者不同，其为位所动一也。然惟知道者，量自然宏大，不勉强而成。今人有所见卑下者，无他，亦是识量不足也。"

——《河南程氏遗书》卷十八《刘元承手编》

【注释】

①斗筲：斗和筲都是很小的容器，比喻气量狭小和才识短浅。

②釜斛：容器名。

③涯：泛指边际。

④邓艾：字士载，义阳棘阳人。三国时期魏国杰出的军事家、将领。

⑤苻坚：前秦世祖宣昭皇帝苻坚，字永固，又字文玉，小名坚头，氐族，略阳临渭人，十六国时期前秦的君主。

【译文】

问："人们在议论时，大多想要表达自己，没有含纳包容的气量，这是气不平吗？"程颐回答说："固然是气不平，也是气量狭窄。人的气量随着见识增长，也有人见识很高但是气量不增长，是见识没有到达境界。大体上别的事人都可以尽力做到，只有见识和气量不可以。现在的人有斗筲的气量，有釜斛的气量，有钟鼎的气量，也有江河的气量。江河的气量也很大，然而也会有尽头，有尽头就说明也会有满的时候，只有天地的容量是不会满的。所以圣人，是有天地的气量。圣人的气量，是大道；普通人有的气量，是天资。天资是有限制的，大概六尺之躯，力量就只有这些，虽然不满，也没有办法。就像邓艾位列三公，七十岁，为人处世很好，等到因为攻克蜀国有功劳，就动心了。谢安听闻谢玄攻破苻坚，和客人下围棋，喜报传来也没有喜悦的表情，等到回去的时候却高兴地把木屐的齿都折断了，心胸宽广是强求不得的。更有人大醉之后更加恭敬谨慎，只是更加恭敬谨慎就是心动了，虽然和放肆的人不同，但是和被酒所打动的人一样。又像地位高贵的公子一样，位置越高，就越谦卑，只是谦卑就是动心了，虽然和骄傲的人不一样，但是他们都是被地位所打动了。但是只有通晓大道的人，气量自然宏大，不勉强自然就形成。现在的人有的见识短浅，不是因为别的，而是他见识和气量不足。

10.48

【原文】

人才有意于为公，便是私心。昔有人典[①]选，其子弟系磨勘[②]，皆不为理，此乃是私心。人多言古时用直，不避嫌得，后世用此不得。自是无人，岂是无时？

——《河南程氏遗书》卷十八《刘元承手编》

【注释】

①典：主管。

②磨勘：对乡试、会试试卷进行复核。

【译文】

人一旦有意于为公，就是有私心。曾经有人主管选拔，他的子弟也在选拔名额里，他都不理会，这就是私心。人们大多说古人正直，不会特意去避嫌，后世却不能这样做。自然是没有像古代那样的人了，难道是因为时代不对吗？

10.49

【原文】

君实[①]尝问先生云："欲除一人给事中，谁可为者？"先生曰："初若泛论人才却可，今既如此，颐虽有其人，何可言？"君实曰："出于公口，入于光耳，又何害？"先生终不言。

——《河南程氏遗书》卷十九《杨遵道录》

【注释】

①君实：司马光，字君实，号迂叟，汉族，陕州夏县涑水乡人，世称涑水先生。北宋政治家、史学家、文学家。

【译文】

司马光曾经问程颐说："想要任命一个人为给事中，谁可以担任呢？"程颐说："如果是宽泛地议论人才，是可以的。既然是现在这种情况，我既然有这样的人选，又怎么说呢？"司马光说："从你的嘴中说出，入了我的耳朵，又有什么危害呢？"先生最后也没有说。

10.50

【原文】

先生云：韩持国①服义②，最不可得。一日，颐与持国、范夷叟③泛舟于颍昌西湖，须臾，客将④云："有一官员上书谒见大资。"颐将为有甚急切公事，乃是求知己。颐云："大资⑤居位，却不求人，乃使人倒来求己，是甚道理？"夷叟云："只为正叔太执，求荐章常事也。"颐云："不然。只为曾有不求者不与，来求者与之，遂致人如此。"持国便服。

——《河南程氏遗书》卷十九《杨遵道录》

【注释】

①韩持国：韩维，字持国，祖籍真定灵寿，开封雍丘人。

②服义：服膺正义。

③范夷叟：范纯礼，字彝叟，一作夷叟。参知政事范仲淹第三子，右相范纯仁之弟。北宋大臣。

④客将：负责接待宾客的衙役。

⑤大资：宋代资政殿大学士的简称。

【译文】

程颐说：韩维的服膺大义是最难得的。一日，程颐和韩维、范纯礼在颍昌西湖上划船，一会儿客将说："有一个官员上书要拜见大资。"我以为有什么急切的公事，原来是想要让人了解自己。我说："大资身处其位，却不求贤，反而让别人来主动要求了解自己，这是什么道理？"范纯礼说："只是你太固执了，举荐文书这是常事啊。"我说："不是的。只是因为曾经有不求他的人没得到，求他的人得到的事情，所以才会导致别人这么做。"韩维就信服了。

10.51

【原文】

先生因言：今日供职，只第一件便做他底不得。吏人押申转运司①状，颐不曾签。国子监②自系台省，台省系朝廷官。外司有事，合行申状，岂有台省倒申外司之理？只为从前人只计较利害，不计较事体，直得凭地。须看圣人欲正名处，见得道名不正时，便至礼乐不与，是自然住不得。

——《河南程氏遗书》卷十九《杨遵道录》

【注释】

①转运司：转运使司。官署名。

②国子监：国子监是中国古代隋朝以后的中央官学，为中国古代教育体系中的最高学府，又称国子学或国子寺。

【译文】

程颐说：今天去任职，只是第一件事就不能做。吏人画押呈送给转运司的申状，我没有签。国子监从属台省，台省从属朝廷官。朝廷外的官署有事，应该呈递申状，哪有台省反而向外部官署呈递申状的道理呢？只是因为以前的人只计较利害得失，不计较事情体制，直接去做了。应该看圣人想要证明的地方，看见名声不正时，就会使礼乐不盛，是自然不能做的。

10.52

【原文】

学者不可不通世务。天下事譬如一家，非我为则彼为，非甲为则乙为。

——《河南程氏遗书》卷二十二下《附杂录后》

【译文】

学习的人不可以不通达世事。天下事就好像是一家之事，不是我做就是你做，不是甲做就是乙做。

10.53

【原文】

“人无远虑，必有近忧”，思虑当在事外。

——《河南程氏外书》卷二《朱公掞问学拾遗》

【译文】

“人没有长远的忧虑，就一定会有近处的忧患”，思虑应当超出事情外。

10.54

【原文】

圣人之责人也常缓，便见只欲事正，无显人过恶之意。

——《河南程氏外书》卷七《胡氏本拾遗》

【译文】

圣人责备别人也常常是舒缓的，看见只想要事情端正，但没有显示别人过错的意思。

10.55

【原文】

伊川先生云：今之守令，唯制民之产一事不得为，其他在法度中甚有可为者，患人不为耳。

——《河南程氏外书》卷十二《传闻杂记》

【译文】

程颐说：现在的地方官，只有规定百姓的生产这件事不能做，其他在法度中有很多可以做的事，只担心别人不做而已。

10.56

【原文】

明道先生作县，凡坐处皆书“视民如伤”四字，常曰：“颢常愧此四字。”

——《河南程氏外书》卷十二《传闻杂记》

【译文】

程颢说担任县令，但凡是坐的地方都写着“视民如伤”这四个字，常常说：“我常常愧对于这四个字。”

10.57

【原文】

伊川每见人论前辈之短，则曰：“汝辈且取他长处。”

——《河南程氏外书》卷十二《传闻杂记》

【译文】

程颐每次看见别人议论前辈的短处，就说：“你们应该要看他的长处。”

10.58

【原文】

刘安礼云：王荆公执政，议法改令，言者攻之甚力。明道先生尝被旨赴中堂①议事，荆公方怒言者，厉色待之。先生徐曰：“天下之事非一家私议，愿公平气以听。”荆公为之愧屈。

——《河南程氏遗书·附录·门人朋友叙述并序》

【注释】

①中堂：政事堂，为宰相处理政务之处。

【译文】

刘立之说：王安石执掌政务，议论法律改变令法，言官非常猛烈地攻击他。程颢曾经带着圣旨去中堂议论政事，王安石刚刚对言官发怒，神色严厉地等待程颢。程颢安然缓慢地说："天下的事不是一家的私下议论，希望您平静心气之后再听。"王安石对此愧疚佩服。

10.59

【原文】

刘安礼问临民①，明道先生曰："使民各得输其情。"问御吏，曰："正己以格物。"

——《河南程氏遗书·附录·门人朋友叙述并序》

【注释】

①临民：治民。

【译文】

刘立之问如何治理百姓，程颢说："让百姓可以各自表达他们的情况。"问怎么驾驭官吏，程颢回答说："端正自己来推及官吏。"

10.60

【原文】

横渠先生曰：凡人为上则易，为下则难。然不能为下，亦未能使下，不尽其情伪也。大抵使人，常在其前己尝为之，则能使人。

——张载《经学理窟·义理》

【译文】

张载说：人做上位者很容易，做下位者就难。然而不能做下位者，也就不能驾驭下级，因为不了解情况的真伪。大多数驱使别人，常常是自己之前做过类似的事，才能使唤别人。

10.61

【原文】

《坎》"维①心亨②"，故"行有尚"。外虽积险，苟处之心亨不疑，则虽难必济，而"往有功也"。今水临万仞③之山，要下即下，无复疑滞之在前。惟知有义理而已，则复何回避？所以心通。

——张载《横渠易说·上经·习坎》

【注释】

①维：通“唯”。

②亨：顺利，通达，顺达。

③仞：古代的计量单位，如山高万仞，可以指测量深度。

【译文】

《坎》卦“只要内心亨通”，所以“行为才会让别人崇尚”。外面虽然有很多的危险，如果内心通达不疑，虽然艰难却一定可以渡过难关，而“去了就是有功劳”。现在水到了万仞之山，要流下就流下，不会再停滞。只有懂得义理而已，还回避什么呢？所以内心通达。

10.62

【原文】

人所以不能行己者，于其所难者则惰，其异俗者虽易而羞缩。惟心弘，则不顾人之非笑，所趋义理耳，视天下莫能移其道。然为之，人亦未必怪。正以在己者义理不胜，惰与羞缩之病，消则有长，不消则病常在，意思[①]龌龊[②]，无由作事。在古气节[③]之士，冒死以有为，于义未必中，然非有志概者莫能，况吾于义理已明，何为不为？

——张载《横渠易说·下经·大壮》

【注释】

①意思：思想。

②龌龊：器量局促、狭小。

③气节：人的志气和节操。

【译文】

人之所以不能做自己想做的事，是对于困难的事就懒惰，对与风俗不同的东西即使容易也会害羞退缩。只有内心宏大，就不会顾及别人的非议和讥笑，他追求的是义理，认为天下没有可以让他改变的道路。但是这么做了，人们未必会觉得他奇怪。不这么做，正在于你自己的义理之心没有取胜，懒惰与害羞退缩的弊病消失，那么义理之心就会增强，不消失那么弊病常在，思想器量狭小，做不成事。古代的有志气和节操的人，冒着死亡的威胁也要去做，在义理上未必中正，但不是有志气激情的人是做不到的。况且我们已经懂得了义理，为什么不做？

10.63

【原文】

《姤》初六："羸[①]豕孚蹢躅[②]。"豕方羸时，力未能动，然至诚在于蹢躅，得伸则伸矣。如李德裕[③]处置阉宦[④]，徒知其帖息[⑤]威伏，而忽于志不忘逞，照察少不至，则失其几也。

——张载《横渠易说·下经·姤》

【注释】

①羸：瘦弱。

②蹢躅：徘徊不前的样子。

③李德裕：字文饶，小字台郎。唐代杰出政治家、文学家、战略家。

④阉宦：宦官。

⑤帖息：驯服，平服。

【译文】

《姤》卦的初六爻辞说："瘦弱的猪徘徊不前。"猪还瘦弱的时候，力量还不能支撑它有什么动作，但如果诚心诚意地徘徊不前，就可以有所动作。就像李德裕处置阉宦，只知道他们因为你的威严平服，而疏忽他们喜欢炫耀的志向，观察得稍微不到位，就失去了在事物萌芽时期把握它的机会。

10.64

【原文】

人教小童，亦可取益。绊己不出入，一益也；授人数数，己亦了此文义，二益也；对之，必正衣冠，尊瞻视[①]，三益也；常以因己而坏人之才为忧，则不敢惰，四益也。

——张载《经学理窟·义理》

【注释】

①瞻视：顾盼。

【译文】

人教育幼童，也可以从中获益。自己被事情牵绊而不能出入，是第一个好处；多次教授别人知识，自己也了解了文义，这是第二个好处；对着幼童一定会端正衣冠，顾盼之间更加合礼，这是第三个益处；常常担心因为自己而耽误别人的才能，所以不敢懒惰，这是第四个益处。

第十一卷

今人成材也难

11.01

【原文】

濂溪先生曰：刚善，为义，为直，为断，为严毅，为干固；恶，为猛，为隘，为强梁[①]。柔善，为慈，为顺，为巽[②]；恶，为懦弱，为无断，为邪佞。惟中者，和也，中节也，天下之达道也，圣人之事也。故圣人立教，俾人自易其恶，自至其中而止矣。

——周敦颐《周子通书·师第七》

【注释】

①强梁：强横凶暴。

②巽：同“逊”，谦让恭顺。

【译文】

周敦颐说：刚强善良，正义，正直，果断，严毅，固执；恶，凶猛，狭隘，强横。柔和善良，慈祥，和顺，谦让；恶，懦弱，优柔，邪佞。只有中正，才是和谐的，中节，是天下通达的办法，是圣人的事。所以圣人立教，让人自己改变自己的邪恶，自己到达了并保持中正。

11.02

【原文】

伊川先生曰：古人生子，能食能言而教之。大学之法，以豫[①]为先。人之幼也，知思未有所主，便当以格言至论日陈于前，虽未晓知，且当薰聒，使盈耳充腹，久自安习，若固有之，虽以他言惑之，不能入也。若为之不豫，及乎稍长，私意偏好生于内，众口辩言铄于外，欲其纯完，不可得也。

——《河南程氏文集》卷六《表疏·上太皇太后书》

【注释】

①豫：预先，提前。

【译文】

程颐说：古人生孩子，从孩子可以吃饭说话时就开始教导他。大人学的办法，应当以提前为先。人幼年时，知识和思想还没有定型，就应当每日在他面前说些格言，即使不能明白，就当作是熏陶，让这些先贤言论充盈他的耳朵和腹中，长久之后自然成为了习惯，就好像他本来就是这样，即使拿别的言论来迷惑他，他也是听不进去的。如果不提前这么做，等到他稍微大一些，私心就会在内心生长，外面又会有各种各样的言论，想要他内心纯净就不可能了。

11.03

【原文】

《观》之上九曰："观其生，君子无咎。"《象》曰："观其生，志未平也。"《传》曰：君子虽不在位，然以人观其德，用为仪法[1]，故当自慎省。观其所生，常不失于君子，则人不失所望而化[2]之矣。不可以不在于位，故安然放意[3]，无所事也。

——《周易程氏传》卷二《观传》

【注释】

①仪法：礼仪法度。

②化：影响，改变。

③放意：纵情，恣意。

【译文】

《观》卦的上九卦说："观察他的生平，君子是没有过错的。"《象》辞说："观察他的生平，志向没有达成。"《易传》说：君子虽然不在他应该在的位置上，但是人们看他的品德，把他当作礼仪法度，所以应当自己谨慎自省。观察他的生平，常常不辜负君子之名，所以人们不会对他失望而改变自身。不可以因为自己不在应该在的位置上就肆意妄为，无所事事。

11.04

【原文】

圣人之道如天然，与众人之识甚殊邈[1]也。门人弟子既亲炙[2]，而后益知其高远。既若不可以及，则趋望之心怠矣。故圣人之教，常俯而就[3]之。事上临丧，不敢不勉，君子之常行。不困于酒，尤其近也。而以己处之者，不独使夫资之下者勉思企及，而才之高者亦不敢易乎近矣。

——《河南程氏粹言》卷二《圣贤篇》

【注释】

①邈：远。

②亲炙：亲身受到教益。

③就：迁就。

【译文】

圣人之道就好像是天生的一样，和众人的见识相差太远了。门人弟子亲身受到教益，然后更加知道圣人之道的高远。既然好像是不能企及的，那么趋附追求之心就懈怠了。所以圣人的教导，常常降低难度而迁就常人。就像侍奉长辈处理丧事，不敢不勤勉，这是君子平常该做的事。不被酒所困，说的尤其的平易近人。而拿自己的处事方法教导别人，不只让天资低下的人可以勤勉然后追上圣人之道，而天资高的人也不敢因为简单易懂而轻视它。

11.05

【原文】

明道先生曰：忧子弟之轻俊[①]者，只教以经学念书，不得令作文字。子弟凡百玩好皆夺志。至于书札[②]，于儒者事最近，然一向好著，亦自丧志。如王、虞、颜、柳[③]辈，诚为好人则有之，曾见有善书者知道否？平生精力，一用于此，非惟徒废时日，于道便有妨处，足知丧志也。

——《河南程氏遗书》卷一《端伯传师说》

【注释】

①轻俊：飘逸潇洒。

②书札：书信，此处指书法。

③王、虞、颜、柳：王羲之、虞世南、颜真卿、柳公权，著名书法家。

【译文】

程颢说：担心子弟中飘逸潇洒的人，只教导他们经学，不让他们写作。子弟中但凡是沉溺于玩乐的最后志向都会改变。至于书法，是和儒者关系最近的事了，但是一味地喜欢，也会丧失自己的志向。就像王羲之、虞世南、颜真卿、柳公权这些人，说他们是好人也可以，但曾见过有擅长书法的人通晓大道吗？平生的精力都用在这些方面，不只是白白的浪费时间，在学道上也会有妨碍，足以知道玩物丧志了。

11.06

【原文】

胡安定在湖州，置治道斋，学者有欲明治道者，讲之于中，如治民、治兵、水利、算数之类。尝言刘彝[①]善治水利，后累为政，皆兴水利有功。

——《河南程氏遗书》卷二上《元丰己未吕与叔东见二先生语》

【注释】

①刘彝：北宋著名水利专家。

【译文】

胡瑗在湖州的时候，设置治道斋，学习的人有想要了解治理之道的，就在治道斋里讲学，比如治理百姓、治理军队、兴修水利、算数之类的。曾经说刘彝擅长治理水利，后来刘彝屡次处理政务，都因为治理水利立下功劳。

11.07

【原文】

凡立言，欲涵蓄[①]意思，不使知德者厌、无德者惑。

——《河南程氏遗书》卷二上《元丰己未吕与叔东见二先生语》

【注释】

①涵蓄：思想、感情不轻易流露。

【译文】

但凡是著书立说，想要让思想情感不轻易流露，不让了解道德的人厌恶、不让不懂道德的人疑惑。

11.08

【原文】

教人未见意趣，必不乐学。欲且教之歌舞，如古《诗》三百篇，皆古人作之。如《关雎》之类，正家之始，故用之乡人，用之邦国，日使人闻之。此等诗，其言简奥，今人未易晓。别欲作诗，略言教童子洒扫应对事长之节，令朝夕歌之，似当有助。

——《河南程氏遗书》卷二上《元丰己未吕与叔东见二先生语》

【译文】

教育别人如果没有让别人领会到其中的意趣，别人一定不乐意学习。想要教他歌舞，就像古《诗》三百篇，都是古人写的。就像《关雎》之类的，是端正家风的开端，所以用它来教导乡人、邦国，让人们每日都能听闻。这类的事，它的言语简单奥妙，现在的人不容易知道。所以想另外写诗，大致说教导幼童洒扫庭院、应对宾客、侍奉长辈的礼节，让他们朝夕都歌唱，应当是会有帮助的。

11.09

【原文】

子厚以礼教学者最善，使学者先有所据守。

——《河南程氏遗书》卷二上《元丰己未吕与叔东见二先生语》

【译文】

张载用礼仪来教导学习的人是最好的了，让学习的人可以守持内心。

11.10

【原文】

语学者以所见未到之理，不惟所闻不深彻，反将理低看了。

——《河南程氏遗书》卷三《谢显道记忆平日语》

【译文】

和学习的人说以你的见识还不能理解的道理，他们不只是理解得不深沉透彻，反而把这个道理看低了。

11.11

【原文】

舞射便见人诚。古之教人，莫非使之成己。自洒扫应对上，便可到圣人事。

——《河南程氏遗书》卷五

【译文】

从乐舞和齐射中就可以看出一个人是否诚敬。古代教导别人，没有不让人成就自己的。从洒扫庭院应对宾客上，就可以达到圣人的境界。

11.12

【原文】

自“幼子常视无诳[①]”以上，便是教以圣人事。

——《河南程氏遗书》卷六

【注释】

①诳：欺骗，迷惑。

【译文】

从“幼童平常都在观察着父母，所以父母不要撒谎”以上，就不教别人圣人的道理了。

11.13

【原文】

先传后倦，君子教人有序：先传以小者近者，而后教以大者远者。非是先传以近小，而后不教以远大也。

——《河南程氏遗书》卷八

【译文】

先传授后传授，君子教导别人是有顺序的：先教导小的贴近生活的道理，然后再教深远的道理。不是先教别人小的贴近生活的道理，就不教别人深远的道理了。

11.14

【原文】

伊川先生曰：说书必非古意，转使人薄。学者须是潜心积虑，优游[①]涵养，使之自得。今一日说尽，只是教得薄。至如汉时说下帷讲诵[②]，犹未必说书。

——《河南程氏遗书》卷十五《入闽语录》

【注释】

①优游：从容，不急迫。

②下帷讲诵：原指汉代董仲舒下帷讲学，三年不看窗外这件事。

【译文】

程颐说：解说经书不一定非要是古人的原意，这样反而使人浅薄。学习的人应该是潜心积虑，从容积累，让自己有所收获。现在一天就把道理讲完了，只是教得很浅薄。至于就像汉朝时说的放下帷布讲诵，未必就是讲解经书。

11.15

【原文】

古者八岁入小学，十五入大学，择其才可教者聚之，不肖者复之农亩。盖士农不易业，既入学则不治农，然后士农判①。在学之养，若士大夫之子，则不虑无养；虽庶人之子，既入学则亦必有养。古之士者，自十五入学，至四十方仕，中间自有二十五年学，又无利可趋，则所志可知，须去趋善，便自此成德。后之人，自童稚间已有汲汲趋利之意，何由得向善？故古人必使四十而仕，然后志定。只营衣食却无害，惟利禄之诱最害人。

——《河南程氏遗书》卷十五《入闽语录》

【注释】

①判：区别，分辨，断定。

【译文】

古代的人八岁入小学，十五岁入大学，挑选那些可以教育的人才聚集起来，没有才能的就回去农垦。士人和农民不能改变职业，入学之后就不从事农业，然后士子和农民之间就有了区别。学习期间的供养，如果是士大夫的孩子，就不担心没有供养；即使是平民的孩子，入学之后也一定要有供养。古代的士子，从十五岁入学，到四十岁才出仕。中间有二十五年学习，有没有利益可以追求，那么他们的志向就可以知道了，一定是追求善道，成就自己的德行。后世之人，从童年时就有了努力钻研追求利益的心思，还怎么向善呢？所以古人一定要四十岁才能出仕，然后志向就定下来了。只追求衣服吃食还没有害处，只有利禄的诱惑是最害人的。

11.16

【原文】

天下有多少才！只为道不明于天下，故不得有所成就。且古者"兴于《诗》，立于礼，成于乐"，如今人怎生会得？古人于《诗》，如今人歌曲一般，虽闾巷①童稚，皆习闻其说而晓其义，故能兴起于《诗》。后世老师宿儒，尚不能晓其义，怎生责得学者？是不得"兴于《诗》"也。古礼既废，人伦不明，以至治家皆无法度，是不得"立于礼"也。古人有歌咏以养其性情，声音以养其耳目，舞蹈以养其血脉。今皆无之，是不得“成于乐”也。古之成材也易，今之成材也难。

——《河南程氏遗书》卷十八《刘元承手编》

【注释】

①闾巷：乡里民间。

【译文】

天下有多少人才！只是不能在天下说明，所以不能有所成就。况且古代的人“兴起于《诗经》，在礼仪上立身，在礼乐上成功”，现在的人怎么会明白呢？古人学习《诗经》，就像现在的人唱歌一样，即使是乡里民间的小孩子，都听闻过它的内容明白它的意思，所以能兴起于《诗经》。后世老师和大儒还不能明白它的含义，怎么能责备学习的人不能兴起于《诗经》呢。古礼已经废除，人伦不明，以至于治理家族没有法度，是不能“立身于礼”。古人有歌咏可以涵养性情，有声音可以培养耳目，有舞蹈来涵养血脉。现在都没有了，是不能“在礼乐上成就”。古代成才容易，现在成才难。

11.17

【原文】

孔子教人，“不愤不启①，不悱不发②”。盖不待愤、悱而发，则知之不固；待愤、悱而后发，则沛然矣。学者须是深思之，思而不得，然后为他说便好。初学者须是且为他说，不然，非独他不晓，亦止人好问之心也。

——《河南程氏遗书》卷十八《刘元承手编》

【注释】

①不愤不启：不到学生们想弄明白而还没有弄明白时，不去启发他。

②不悱不发：不到学生想说而说不出来时，不去启发他。

【译文】

孔子教导别人，“不到学生们想弄明白而还没有弄明白时，不去启发他，不到学生想说而说不出来时，不去启发他”。大概是因为不到学生想弄明白、想说出来时就启发他，那么明白的就不牢固；等到学生想弄明白、想说出来后再启发他，就能贯通明白。学习的人应该是深切地思考，思考后没有收获，然后再告诉他才好。刚刚开始学习的人应该对他讲解，不然的话，不仅是他不知道，还会抑制他的好奇之心。

11.18

【原文】

横渠先生曰："恭敬、撙节①、退让以明礼"，仁之至也，爱道之极也。己不勉明，则人无从倡，道无从弘，教无从成矣。

——张载《正蒙·至当篇第九》

【注释】

①撙节：节制，节约，调节。

【译文】

张载说："恭敬、节制、退让来表明礼节"，是仁的极致，爱道的极致。自己不尽力，别人就不能倡导，大道就不能弘扬，教化就不能成功。

11.19

【原文】

《学记》曰："进而不顾其安，使人不由其诚，教人不尽其材。"人未安之，又进之；未喻①之，又告之，徒使人生此节目②。不尽材，不顾安，不由诚，皆是施之妄也。教人至难，必尽人之材，乃不误人。观可及处，然后告之。圣人之明，直若庖丁之解牛，皆知其隙，刃投馀地，无全牛矣。人之才足以有为，但以其不由于诚，则不尽其才。若曰勉率而为之，则岂有由诚哉！

——张载《张子语录·语录抄》

【注释】

①喻：说明，使人了解。

②节目：枝节，麻烦。

【译文】

《学记》说："教学而不顾学生的适应能力，让人不能用诚敬之心学习，教导人不能发挥学生的才能。"学生不能适应，老师又推进进度，学生还没有明白，又告诉他们新的道理，就会出现这样的麻烦。不能尽其才，不能顾及学生的适应能力，不能极尽诚敬，都是教学的随意。教导别人很难，一定要极尽学生的才华，才是不耽误人。观察学生能到达的境界，然后再教导他们。圣人的教导，就像庖丁解牛，都知道骨头间的缝隙，刀插进去还有余地，在庖丁眼中就不是一头完整的牛。人的才能足以让他有所作为，但因为他不

够诚心，所以不能极尽自己的才华。如果说勉强地去做，又怎么会是真诚的呢！

11.20

【原文】

古之小儿，便能敬事。“长者与之提携，则两手奉长者之手”；问之，“掩口而对”。盖稍不敬事，便不忠信。故教小儿，且先安祥恭敬。

——张载《张子语录·语录抄》

【译文】

古代的小孩子，就能尊敬地侍奉长辈。“长辈牵制他的手，那么就两只手捧着长辈的手”；问他话，“就要遮掩着嘴巴对答”。因为只有一点不尊敬的事，就是不忠信。所以教育孩子，应该先让他懂得安静和恭敬。

11.21

【原文】

孟子曰：“人不足与適也，政不足与间也，唯大人为能格君子之非。”非惟君心，至于朋游学者之际，彼虽议论异同，未欲深较。惟整理其心，使归之正，岂小补哉！

——张载《张子语录·语录抄》

【译文】

孟子说：“人不足以去指责君主，政令也不值得去非议，只有品德高尚的人才能纠正君主的错误。”不只是君心，在朋友和学习的人之间，虽然议论时有不同的观点，也不要太计较，只有整理自己的内心，让内心归于中正，这哪里是小小的补益啊！

第十二卷

今人有过不喜人规

12.01

【原文】

濂溪先生曰：仲由喜闻过，令[①]名无穷焉。今人有过，不喜人规，如护疾而忌医，宁灭其身而无悟也。噫！

——周敦颐《周子通书·过第二十六》

【注释】

①令：美好的。

【译文】

周敦颐说：子路喜欢听到别人指出他的错误，所以他美好的名声无穷啊。现在的人有过错，不喜欢别人规劝，就像护住自己的疾病而忌讳去看医生，宁可自身毁灭也不觉悟。唉！

12.02

【原文】

伊川先生曰：德善日积，则福禄日臻[①]。德逾于禄，则虽盛而非满。自古隆盛，未有不失道而丧败者也。

——《周易程氏传》卷一《泰传》

【注释】

①臻：来到。

【译文】

程颐说：德善要一天天积累，那么福禄就会一日日接近。德行超过利禄，那么虽然很盛大了也不会溢满。自古的盛大，没有不丧失正道却衰败的。

12.03

【原文】

人之于豫乐[①]，心说[②]之，故迟迟[③]，遂至于耽恋不能已也。《豫》之六二，以中正自守，其介[④]如石，其去之速，不俟终日，故贞正而吉也。处豫不可安且久也，久则溺矣。如二可谓见几而作者也。盖中正，故其守坚，而能辨之早，去之速也。

——《周易程氏传》卷二《豫传》

【注释】

①豫乐：安适快乐。

②说：通“悦”，愉快。

③迟迟：眷恋貌。

④介：耿直。

【译文】

人对于安适快乐，心里是愉悦的，所以十分眷恋，以至于到了沉溺其中不能自已的地步。《豫》卦的六二爻辞，以中正来自我守持，清高就像石头，离开欢愉很迅速，不等一天过去，所以可以贞节中正而吉祥。在欢乐中不能安心且不能久处，呆的久了就会沉溺其中。就像六二爻辞所说的看到事物的隐微征兆而有所行动。因为中正，所以可以坚守，所以可以早些辨明，迅速离去。

12.04

【原文】

大君致危亡之道非一，而以豫为多。

——《周易程氏传》卷二《豫传》

【译文】

君主导致国家危亡的方法不止一种，其中以安乐为多。

12.05

【原文】

圣人为戒，必于方盛之时。方其盛而不知戒，故狃①安富则骄侈生，乐舒肆则纲纪坏，忘祸乱则衅孽②萌，是以浸淫不知乱之至也。

——《周易程氏传》卷二《临传》

【注释】

①狃：拘泥。

②衅孽：祸害。

【译文】

圣人戒备，一定是在兴盛的时候。在兴盛的时候而不知道戒备，所以沉溺在安乐富裕中，那么骄纵奢侈的风气就产生了，乐于舒服肆意那么纲纪就被败坏了，忘记祸乱那么祸害就会萌生，所以沉浸在安乐中不知道动乱已经来临。

12.06

【原文】

《复》之六三，以阴躁处动之极，复之频数[①]而不能固者也。复贵安固，频复频失，不安于复也。复善而屡失，危之道也。圣人开迁善[②]之道，与其复而危其屡失，故云"厉无咎"。不可以频失而戒其复也，频失则为危，屡复何咎？过在失而不在复也。（刘质夫[③]曰：频复不已，遂至迷复。）

——《周易程氏传》卷二《复传》

【注释】

①频数：多次，连续。

②迁善：去恶为善，改过向善。

③刘质夫：刘绚，字质夫，宋缑氏人，祖籍常山。初受业于程颐、程颢。

【译文】

《复》卦的六三爻辞，以阴躁之性处在极点上，往复多次而不能固定。回归最重要的是安稳固定，多次回归多次失去，就会不安于回归。回归良善又多次失去，是危险的。圣人说明了改过向善的道理，赞许他们回归良善又告诉他们屡次失去良善的危害，所以说"有危害却没有过错"。不可以因为多次失去良善就不让他回归良善。多次失去良善是危险的，多次回归良善又有什么过错？过错在于丧失良善而不在于回归良善。（刘绚说：多次地回归良善，会导致迷乱在回归良善的道路上。）

12.07

【原文】

睽[①]极则咈[②]戾[③]而难合，刚极则躁暴而不详[④]，明极则过察而多疑。《睽》之上九，有六三之正应，实不孤，而其才性[⑤]如此，自睽孤也。如人虽有亲党[⑥]，而多自猜疑，妄生乖离，虽处骨肉亲党之间，而常孤独也。

——《周易程氏传》卷三《睽传》

【注释】

①睽：不顺，乖离。

②咈：违背、违逆。

③戾：违背，违反。

④详：庄重。

⑤才性：才能秉性。

⑥亲党：亲信党与。

【译文】

背离到极致就会乖戾到难以与人相合，刚烈到极致就会焦躁暴力而不能庄重，明达到极致就会因为过于洞察而多疑。《睽》的上九爻与六三爻正相对应，不孤单，而他的才能和秉性就是这样的，自然就是背离孤僻。就像人虽然有亲戚亲信党与，然而还是有很多猜忌疑虑，随便生出背离之心，即使是处于朋友和亲信党与之间，也常常是孤独的。

12.08

【原文】

《解》之六三曰："负且乘，致寇至，贞吝①。"《传》曰：小人而窃盛位，虽勉为正事，而气质卑下，本非在上之物，终可吝也。若能大正，则如何？曰：大正，非阴柔所能也。若能之，则是化为君子矣。

——《周易程氏传》卷三《解传》

【注释】

①贞吝：卜问不吉，其事难行。

【译文】

《解》卦的六三爻辞说："背负着东西乘在车上，就会导致寇贼到来，其事难行。"《易传》说：小人身处高位，即使勉强去做正事，但是他的气质卑下，本来就不是可以居高位的人，最终还是会招致祸患。如果能行正事，又怎么样呢？程颐回答说：中正，不是阴柔的人可以做到的。如果能做到，就变成君子了。

12.09

【原文】

《益》之上九曰："莫益之，或击之。"《传》曰：理者，天下之至公；利者，众人所同欲。苟公其心，不失其正理，则与众同利，无侵于人，人亦欲与之。若切于好利，蔽于自私，求自益以损于人，则人亦与之力争。故莫肯益之，而有击夺之者矣。

——《周易程氏传》卷三《益传》

【译文】

《益》卦的上九爻辞说："没有好处，或许就会有人攻击他。"《易传》说：理，是天下最公正的存在；利，是众人共同追求的。如果使内心公正，不丧失正理，那么就和别人有着共同的利益，不会侵占到别人的利益，别人也会想要分享给他。如果好利之心迫切，内心被自私蒙蔽，追求自己的好处而损害别人的利益，那么别人也会和他争夺。所以就不肯使他受益，就有攻击他的人了。

12.10

【原文】

《艮》之九三曰："艮其限①，列②其夤③，厉薰心。"《传》曰：夫止道贵乎得宜，行止不能以时，而定于一，其坚强如此，则处世乖戾，与物睽绝，其危甚矣。人之固止一隅，而举世莫与宜者，则艰蹇忿畏焚挠其中，岂有安裕之理？"厉薰心"，谓不安之势，薰烁其中也。

——《周易程氏传》卷四《艮传》

【注释】

①限：即界限。

②列：裂。

③夤：即脊梁骨。

【译文】

《艮》卦的九三爻辞说："艮卦九三爻的位置就好像人的腰部，就好像脊梁骨被撕裂了，疼痛熏灼着内心。"《易传》说：止的道理最重要的就是适宜。行动和静止不能按照时宜，却定在一个地方，他这么坚强，就会与世俗背离，与外物断绝，就很危险了。人固定在一个角落，那整个世界都没有可以和他相处融洽的人，那么就会有艰难愤怒和畏惧来焚烧扰乱他的内心，哪里有安乐的道理呢？"疼痛熏灼着内心"，是说有不安熏烤在其中了。

12.11

【原文】

大率[①]以说[②]而动，安有不失正者。

——《周易程氏传》卷四《归妹传》

【注释】

①大率：大多。

②说：通"悦"，喜悦。

【译文】

内心大多因喜悦而动，哪有不丧失中正的。

12.12

【原文】

男女有尊卑之序，夫妇有倡随[①]之理，此常理也。若徇情肆欲，唯说是动，男牵欲而失其刚，妇狃说而忘其顺，则凶而无所利矣。

——《周易程氏传》卷四《归妹传》

【注释】

①倡随：夫唱妇随的略语。

【译文】

男女有尊卑的顺序，夫妇有夫唱妇随的道理，这是常理。如果顺从私情放肆欲望，只靠喜悦来动心，男人就会被欲望牵引而失去刚正，妇人就会因为沉溺于喜悦而忘记顺从，那么就会有凶祸而没有利处了。

12.13

【原文】

虽舜之圣，且畏巧言令色①，说之惑人，易入而可惧也如此。

——《周易程氏传》卷四《兑传》

【注释】

①巧言令色：用花言巧语和谄媚的态度讨好于人。

【译文】

即使像舜那样的圣人，还畏惧用花言巧语和谄媚的态度讨好于人的人，喜悦会迷惑别人，容易潜藏进人的内心而令人感到恐惧。

12.14

【原文】

治水，天下之大任也，非其至公之心，能舍己从人，尽天下之议，则不能成其功。岂方命圮族①者所能乎？鲧②虽九年而功弗成，然其所治，固非他人所及也。惟其功有叙③，故其自任益强，咈戾圮类益甚，公议隔而人心离矣，是其恶益显，而功卒不可成也。

——《河南程氏经说》卷二《书解·尧典》

【注释】

①方命圮族：不遵守命令，危害同族的人。

②鲧（gǔn）：中国先秦时期的历史人物，夏朝开国君主大禹的父亲、夏启的祖父。

③叙：评议等级次第。

【译文】

治水，是天下重大的任务，不是最公正的心，就不能舍弃自己听从别人的意见，不能尽天下人的议论，就不能治理成功。岂是不遵守命令，危害同族的人能做的呢？鲧虽然治理了九年但也没有成功，然而他治理的能力，也不是别人能比得上的。只是他有功，所以自己认为很厉害，危害同族的更加过分，公众的议论被隔绝而人心离散，所以他的恶更加凸显，而最终也无法成功治水。

12.15

【原文】

君子敬以直内。微生高①所枉②虽小，害直为大。

——《河南程氏经说》卷六《论语解·公冶长》

【注释】

①微生高：春秋时鲁国人，孔子弟子。

②枉：引申指人的品行、作风等不正、不公道。

【译文】

君子诚敬来使内心正直。微生高所做的坏事虽然很小，但是损害正直很大。

12.16

【原文】

人有欲则无刚，刚则不屈于欲。

——《河南程氏经说》卷六《论语解·公冶长》

【译文】

人有欲望就难以刚强，刚强就不会屈服于欲望。

12.17

【原文】

人之过也，各于其类。君子常失于厚，小人常失于薄；君子过于爱，小人伤于忍。

——《河南程氏经说》卷六《论语解·公冶长》

【译文】

人的过错，可以各自分类。君子常常错在宽厚，小人常常错于薄吝；君子过于仁爱，小人被隐忍所伤。

12.18

【原文】

明道先生曰：富贵骄人固不善，学问骄人害亦不细。

——《河南程氏遗书》卷一《端伯传师说》

【译文】

程颢说：凭借富贵而骄傲固然不好，凭借学问而骄傲害处也不浅。

12.19

【原文】

人以料事为明，便骎骎[①]入逆诈[②]億不信去也。

——《河南程氏遗书》卷一《端伯传师说》

【注释】

①骎骎（qīn qīn）：迅疾的样子。

②逆诈：事先猜疑别人存心欺诈。

【译文】

人把能预料世事当作通明，就会很快预先猜测到欺骗、猜测到别人不诚心。

12.20

【原文】

人于外物奉身者，事事要好。只有自家一个身与心，却不要好。苟得外面物好时，却不知道自家身与心，却已先不好了也。

——《河南程氏遗书》卷一《端伯传师说》

【译文】

人对要奉养自身的外物，要求样样都要好。只有自己这个身和心，却不要求好。如果外物好的时候，却不知道自己的身与心已经先不好了。

12.21

【原文】

人于天理昏者，是只为嗜欲乱著他。庄子言："其嗜欲深者，其天机浅。"此言却最是。

——《河南程氏遗书》卷二上《元丰己未吕与叔东见二先生语》

【译文】

对天理不明白的人，是因为嗜好和欲望在扰乱他。庄子说："嗜好欲望深重的人，天赋就浅薄。"这话太对了。

12.22

【原文】

伊川先生曰：阅机事[①]之久，机心必生。盖方其阅时，心必喜，既喜，则如种下种子。

——《河南程氏遗书》卷三《谢显道记忆平日语》

【注释】

①机事：机巧之事，国家枢机大事，机密之事。

【译文】

程颐说：看机密之事久了，机巧之心一定会产生。因为在他看的时候，内心一定喜悦，喜悦之后，就像种下种子一样在心中留下机巧。

12.23

【原文】

疑病者，未有事至时，先有疑端在心；周罗事者，先有周事之端在心。皆病也。

——《河南程氏遗书》卷三《谢显道记忆平日语》

【译文】

有疑心病的人，还没有遇到事的时候，就先有疑虑在心；张罗事的人，先有张罗事的心思在心中。这都是病。

12.24

【原文】

较事大小，其弊为枉尺直寻[①]之病。

——《河南程氏遗书》卷三《谢显道记忆平日语》

【注释】

①枉尺直寻：比喻在小处委屈一些，以求得较大的好处。

【译文】

比较事的大小，它的弊端就是在小的地方受委屈来谋求更大的利益。

12.25

【原文】

小人、小丈夫，不合小了，他本不是恶。

——《河南程氏遗书》卷六

【译文】

见识短浅的人，不应该小看他们，他们本不是恶人。

12.26

【原文】

虽公天下事，若用私意为之，便是私。

——《河南程氏遗书》卷五

【译文】

即使处理的是天下的公事，但如果用私意去做，也就是私事了。

12.27

【原文】

做官夺人志。

——《河南程氏遗书》卷十五《入闽语录》

【译文】

做官会使人改变志向。

12.28

【原文】

骄是气盈，吝是气歉。人若吝时，于财上亦不足，于事上亦不足，凡百事皆不足，必有歉歉[1]之色也。

——《河南程氏遗书》卷十八《刘元承手编》

【注释】

①歉歉：不满足貌。

【译文】

骄是气盛，吝是气虚。人如果吝啬的时候，在钱财上不满足，在事情上也不满足，什么事都不满足，一定会有不满足的样貌。

12.29

【原文】

未知道者如醉人，方其醉时，无所不至；及其醒也，莫不愧耻。人之未知学者，自视以为无缺，及既知学，反思前日所为，则骇且惧矣。

——《河南程氏遗书》卷十八《刘元承手编》

【译文】

不通晓大道的人就好像喝醉的人，当他喝醉时，没有什么做不到的；等到他酒醒，没有不愧疚羞耻的。人在不知道学习的时候，自己认为自己没有缺点，等到知道学习之后，反思以前的所作所为，就惊骇而且恐惧。

12.30

【原文】

刑七云："一日三点检。"明道先生曰："可哀也哉！其余时理会甚事？盖仿三省之说错了，可见不曾用功。"又多逐人面上说一般话，明道责之，刑曰："无可说。"明道曰："无可说，便不得不说？"

——《河南程氏遗书》卷十二《传闻杂记》

【译文】

邢七说："一日自省三次。"程颢说："多可悲啊！其余的时间你又要干什么事呢？因为模仿吾日三省吾身的说法说错了，可以看出你没有用功。"又跑到别人面前说这样的话，程颢责备他，邢恕说："我没有话可说。"程颢说："你没话可说，我就不得不说了？"

12.31

【原文】

横渠先生曰：学者舍礼义，则饱食终日，无所猷为①，与下民一致，所事不逾衣食之间、燕游②之乐尔。

——张载《正蒙·中正篇第八》

【注释】

①猷（yóu）为：建立功业。

②燕游：宴饮游乐。

【译文】

张载说：学习的人舍弃了礼义，就整天只是吃饱饭，不建功立业，和平民一样，所做的事不超过穿衣吃饭、宴饮游乐这些的了。

12.32

【原文】

郑、卫之音悲哀，令人意思留连，又生怠惰之意，从而致骄淫之心，虽珍玩奇货，其始感人也，亦不如是切，从而生无限嗜好，故孔子曰“必放之”。亦是圣人经历过，但圣人能不为物所移耳。

——张载《拾遗·近思录拾遗》

【译文】

郑国、卫国的音乐悲伤，令人心思留恋，又产生懒惰的心思，从而产生了骄淫的心态，虽然是珍奇，一开始感动人也不像是音乐这样，从而产生无限的嗜好，所以孔子说“一定要舍弃它”。也是圣人经历过这些，但圣人可以不被外物所打动。

12.33

【原文】

孟子言反经，特于乡原①之后者，以乡原大者不先立，心中初无作，惟是左右看，顺人情，不欲违，一生如此。

——张载《拾遗·近思录拾遗》

【注释】

①乡原：即乡愿。指乡里中言行不一、伪善欺世的人。引申为见识浅陋、胆小无能之人。

【译文】

孟子说反经，特意把它放在乡原的后面，因为乡原中的大人不先确立，心中一开始没有主见，只有左右看，听从别人的意愿，不想要违背别人，一生都是这样。

第十三卷

杨、墨之害，甚于申、韩

13.01

【原文】

明道先生曰：杨[①]、墨[②]之害，甚于申、韩。佛、老之害，甚于杨、墨。“杨氏”“为我”疑于仁；墨氏“兼爱”疑于义。申、韩则浅陋易见。故孟子只辟[③]杨、墨，为其惑世之甚也。佛、老其言近理，又非杨、墨之比，此所以为害尤甚。杨、墨之害，亦经孟子辟之，所以廓如[④]也。

——《河南程氏遗书》卷十三《亥八月见先生于洛所闻》

【注释】

①杨：指杨朱，字子居，魏国（一说秦国）人，战国初期伟大的思想家、哲学家。是道家杨朱学派的创始人。

②墨：指墨翟，创立墨家学说。

③辟：驳斥，排除。

④廓如：澄清貌。

【译文】

程颢说：杨朱、墨翟的危害，超过申不害、韩非子。佛教、道教的危害，超过杨朱、墨翟。杨朱的“为我”在仁上是有疑虑的；墨翟的“兼爱”在义上也是有疑虑的。申不害、韩非子的看法却浅陋易懂，所以孟子只驳斥杨朱和墨翟，因为他们迷惑世人很严重。佛教、道教的话接近于理，又不是杨朱、墨翟可以比的，这就是它们的危害尤为严重的原因。杨朱和墨翟的危害，经过孟子的驳斥，就澄清了。

13.02

【原文】

伊川先生曰：儒者潜心正道，不容有差，其始甚微，其终则不可救。如“师[①]也过，商[②]也不及”。于圣人中道，师只是过于厚些，商只是不及些。然而厚则渐至于兼爱，不及则便至于为我，其过不及，同出于儒者，其末遂至杨、墨。至如杨、墨，亦未至于无父无君，孟子推之便至于此，盖其差必至于是也。

——《河南程氏遗书》卷十七

【注释】

①师：指子张，孔子弟子。

②商：指子夏，孔子弟子。

【译文】

程颐说：儒者潜心正道，不容许有差错，差错一开始是很微小的，到最后就不能挽救了。就像"子张过度了，子夏则不足"。在圣人的中正之道中，子张只是过于厚重了一些，子夏只是有些不足。然而厚重慢慢就会变成兼爱，不足则会变成为我，过度和不足都出自儒学，其中的末流就成了道教墨家。至于杨朱、墨翟，也没有到无父无君的地步，孟子推究到这里，是因为察觉到他们一定会到这种地步。

13.03

【原文】

明道先生曰：道之外无物，物之外无道，是天地之间无适而非道也。即父子而父子在所亲，即君臣而君臣在所严，以至为夫妇、为长幼、为朋友，无所为而非道，此道所以不可须臾①离也。然则毁人伦、去四大者，其分于道也远矣。故"君子之于天下也，无适也，无莫也，义之与比"。若有适有莫，则于道为有间，非天地之全也。彼释氏之学，于"敬以直内"则有之矣，"义以方外"则未之有也。故滞固者入于枯槁②，疏通者归于恣肆，此佛之教所以为隘也。吾道则不然，率性而已。斯理也，圣人于《易》备言之。(又云：佛有一个觉之理，可以"敬以直内"矣，然无"义以方外"，其直内者，要之其本亦不是。)

——《河南程氏遗书》卷四《游定夫所录》

【注释】

①须臾：一会儿。

②枯槁：植物或者人枯萎憔悴的意思。

【译文】

程颢说：大道之外没有事物，事物之外也没有大道，是天地之间没有什么不蕴含着大道。体现在父子间就是父子有亲缘关系，体现在君臣间就是君臣分界严明，以至于在夫妇间、在长幼间、在朋友间，没有什么不体现大道的，这就是大道不可以离开片刻的原因。然而佛教毁人伦，除去四大，比道教凶戾多了。所以“君子对于天下，不偏厚，也不淡薄，只是依照大义而已”。如果有薄厚之分，那么就和大道有了间隔，不是天地的完满。佛学，在“保持诚敬来使内心正直”方面，是有关的，在“保持大义来规范外在”上却没有相关的内容。所以呆滞固执的人渐渐枯槁，通达的人则归于放纵肆意。这就是佛教为什么狭隘。我们的道却不是这样，只是率性而已。这个道理，圣人在《周易》里讲的很完备了。（又说：佛教有一个觉的理论，可以“保持诚敬来使内心正直”，但是没有“保持大义来规范外物”，内心正直的人，去推究根本也是不对的。）

13.04

【原文】

“释氏本怖死生为利，岂是公道？唯务上达①而无下学，然则其上达处，岂有是也？元不相连属，但有间断，非道也。孟子曰：‘尽其心者，知其性也。’彼所谓识心见性是也，若存心养性一段事则无矣。彼固曰出家独善，便于道体自不足。”或曰：“释氏地狱之类，皆是为下根之人设此怖，令为善。”先生曰：“至诚贯天地，人尚有不化，岂有立伪教而人可化乎？”

——《河南程氏遗书》卷十三《亥八月见先生于洛所闻》

【注释】

①上达：古谓士君子修养德性，务求通达于仁义。

【译文】

“佛教本来就是恐惧死生，修行是为了自己的利益，怎么会是公道？只追求通达于仁义却不研究基础的学问，然而通达于仁义就一定是正确的吗？上达和下学本来是不连接的，但是有间断，这就不是真正的大道。孟子说：‘极尽本心，就能知道本性。’就是所谓的‘认识内心看见本性’，如果是存心养性这一方面，佛家就没有了。他们说出家独善其身，那么佛教在大道上就有不足。”有的人说：“佛教的地域之类的事物，皆是为慧根低下的人设置的恐怖，让他们因恐惧而做善事。”程颢说：“用至诚之心贯通天地，人尚且有难以教化的，哪有设立了伪教然后人就可以教化的呢？”

13.05

【原文】

学者于释氏之说，直须如淫声①美色以远之；不尔，则骎骎②然入其中矣。

颜渊问为邦，孔子既告之以二帝、三王之事，而复戒以“放郑声，远佞人”，曰：“郑声淫，佞人殆[③]。”彼佞人者，是他一边佞耳，然而于己则危，只是能使人移，故危也。至于禹之言曰：“何畏乎巧言令色！”巧言令色直消言畏，只是须着如此戒慎，犹恐不免。释氏之学更不消言，常戒到自家自信后，便不能乱得。

——《河南程氏遗书》卷二上《元丰己未吕与叔东见二先生语》

【注释】

①淫声：淫邪的音乐。

②骎骎：迅疾的样子。

③殆：危险。

【译文】

学习的人面对佛教学说，就应该像面对淫邪的音乐和美人一样远离；不这样的话，淫声美色很快就会进入你的内心。颜子询问怎么治理国家，孔子告诉他二帝三王的事情后，又以“舍弃郑国的音乐，远离奸佞之人”来告诫他，说：“郑国的音乐淫邪，奸佞之人危险。”那些奸佞之人，是他在一旁奸佞，对于我自己来说就危险了，他能让人改变志向，所以很危险。至于大禹说：“为何要畏惧花言巧语和谄媚的态度呢！”只需要说畏惧，这样戒备谨慎，还担心不能幸免。佛教的学说，更不需要说常常戒备了，对于自家学说自信之后，就不会被扰乱了。

13.06

【原文】

所以谓万物一体者，皆有此理，只为从那里来。“生生之谓易”，生则一时生，皆完此理。人则能推，物则气昏推不得，不可道他物不与有也。人只为自私，将自家躯壳上头起意，故看得道理小了他底。放这身来，都在万物中一例看，大小大快活。释氏以不知此，去他身上起意思，奈何那身不得，故却厌恶，要得去尽根尘[①]，为心源不定，故要得如枯木死灰。然没此理，要有此理，除是死也。释氏其实是爱身，放不得，故说许多。譬如蝜蝂[②]之虫，已载不起，犹自更取物在身。又如抱石投河，以其重愈沉，终不道放下石头，惟嫌重也。

——《河南程氏遗书》卷二上《元丰己未吕与叔东见二先生语》

【注释】

①根尘：六根六尘。佛教用语。

②蝜蝂：古人虚构的一种喜爱背东西的小虫。

【译文】

所谓万物一体，都有这样的道理，只是因为万物都从天理中产生。“生生不息叫作易”，事物在一瞬间出生，在那时它们的道理就完备了。人能推算天理，事物却因为气机昏沉而不能推算天理，不可以说事物不和人一样拥有此理。人只是自私，在自己的躯壳上动心思，所以小看了这个道理。要放下自己的身段，把自己当作万物的其中之一来看待，那才会有大的快乐。佛教因为不知道这个道理，就在人身上起心思，又不能对身体怎么样，就厌恶身体，要除尽六根六尘，因为心源飘浮不定，所以要它变得像枯木死灰一样。但是没有这样的道理，要是有这样的道理，除非是人死了。佛教其实是爱惜身体的，但又放不下，所以说了很多。比如蝜蝂虫，已经背不动了，还取东西放在自己身上。又像抱着石头跳进河里，因为石头很重所以越来越下沉，却始终不说放下石头，只是嫌它重。

13.07

【原文】

人有语导气[①]者，问先生曰：“君亦有术乎？”曰：“吾尝夏葛而冬裘，饥食而渴饮，节嗜欲，定心气，如斯而已矣。”

——《河南程氏遗书》卷四《游定夫所录》

【注释】

①导气：养生之法。

【译文】

有谈论导气的人，问程颢说：“您也有什么办法么？”程颢回答说：“我曾经夏天穿葛衣，冬天穿裘衣，饿了就吃渴了就喝，节制自己的嗜好，平定自己的心气，就像这样而已。”

13.08

【原文】

佛氏不识阴阳、昼夜、死生、古今，安得谓形而上者与圣人同乎？

——《河南程氏遗书》卷十四《亥九月过汝所闻》

【译文】

佛教不明白阴阳、昼夜、死生、古今的道理，怎么能说他们形而上的道理与圣人相同呢。

13.09

【原文】

释氏之说，若欲穷其说而去取之，则其说未能穷，固已化而为佛矣。只且于迹上考之，其设教如是，则其心果如何？固难为取其心不取其迹，有是心则有是迹。王通言心迹之判①，便是乱说。故不若且于迹上断定不与圣人合。其言有合处，则吾道固已有；有不合者，固所不取。如是立定，却省易。

——《二程遗书》卷十五

【注释】

①判：分别，分辨，断定。

【译文】

佛教学说，如果想要穷尽他的学说而吸收，那么还没能穷尽的时候，自己就信佛教了。只从他们的行迹上去考察，他这样设立教派，那内心是怎么样的呢？难说他内心可取而行迹不可取，但是应该是有这样的心就会有这样的行迹。王通说内心和行迹的区别，就是乱说。所以不如就在行迹上判断是否与圣人相合。他的言论有相合的地方，那他的大道上就也有；有不与圣人相合的，就是不可取的地方。像这样马上就能断定，却省事简单。

13.10

【原文】

问："神仙之说有诸？"曰："若说白日飞升之类，则无；若言居山林间，保形炼气，以延年益寿，则有之。譬如一炉火，置之风中则易过，置之密室则难过，有此理也。"又问："扬子言'圣人不师仙，厥术异也'，圣人能为此等事否？"曰："此是天地间一贼，若非窃造化之机，安能延年？使圣人肯为，周、孔为之矣。"

——《河南程氏遗书》卷十八《刘元承手编》

【译文】

有人问："神仙之类的说法有多少呢？"程颐说："如果说白日飞升之类的就没有；如果说居住在山林之间，保持形体锻炼气机，来延年益寿，就是有的。就像一个炉火，放在风中就容易燃烧，放在密室里就很难保持燃烧，就是这样的道理。”又问：“扬子说‘圣人不修仙，修养身体的方法就不一样’，圣人能做这些事吗？”程颐回答说：“这就是天地间的一个贼，如果不是窃取造化的气机，又怎么能延年益寿呢？如果圣人肯做，周公、孔子就去做了。”

13.11

【原文】

谢显道历举佛说与吾儒同处，问伊川先生。先生曰：“恁地同处虽多，只是本领①不是，一齐差却。”

——《河南程氏外书》卷十二《传闻杂记》

【注释】

①本领：主旨，要领。

【译文】

谢良佐一个个说出佛教学说和我们儒家学说相同的地方，问程颐。程颐说：“虽然相同的地方多，但是佛教的主旨和要领却不对，这就差得远了。”

13.12

【原文】

横渠先生曰：释氏妄意①天性，而不知范围天用，反以六根②之微因缘③天地，明不能尽，则诬天地日月为幻妄，蔽其用于一身之小，溺其志于虚空之大，此所以语大语小，流遁失中。其过于大也，尘芥④六合⑤；其蔽于小也，梦幻人世。谓之穷理，可乎？不知穷理而谓之尽性，可乎？谓之无不知，可乎？尘芥六合，谓天地为有穷也；梦幻人世，明不能究其所从也。

——张载《正蒙·大心篇第七》

【注释】

①妄意：臆测。

②六根：指六种感觉器官，或认识能力。眼、耳、鼻、舌、身、意。

③因缘：产生结果的直接原因和辅助促成其结果的条件。

④尘芥：尘土和小草，喻指轻微不值得重视的东西。

⑤六合：泛指天地或宇宙。

【译文】

张载说：佛教随便揣测天性，却不知道道理包括的范围，反而以六根的微小，推测天地产生的直接原因和条件，有智慧也不能推究完全，就诬陷天地日月是幻想和虚妄，将其用处闭塞在微小的自身上，将志向溺于广大的虚空中，所以说大说小，流失逃遁失去了中正。他们在大的方面的过错，是认为微小的事物也有自己的世界；他们在小的方面的弊端，就是觉得人世间如梦似幻。说是穷尽了道理可以吗？不知道穷尽了道理，却说他极尽天性了可以吗？说他没有不知道的可以吗？微小事物的天地，认为天地是有穷尽的；人世间如梦似幻，智慧不能推究来源。

13.13

【原文】

大《易》不言有无。言有无，诸子之陋也。

——张载《正蒙·大易篇第十四》

【译文】

伟大的《易经》不说有无。说有无，是诸子百家的浅陋。

13.14

【原文】

浮屠[①]明鬼，谓有识之死，受生循环，遂厌苦求免，可谓知鬼乎？以人生为妄见，可谓知人乎？天人一物，辄生取舍，可谓知天乎？孔孟所谓天，彼所谓道，惑者指游魂为变为轮回，未之思也。大学当先知天德，知人德，则知圣人、知鬼神。今浮图剧论要归，必谓死生流转，非得道不免，谓之悟道，可乎？自其说炽传中国，儒者未容窥圣学门墙，已为引取，沦胥[②]其间，指为大道。乃其俗达之天下，致善恶知愚、男女臧获[③]，人人著信。使英才间气，生则溺耳目恬习之事，长则师世儒崇尚之言，遂冥然[④]被驱，因谓圣人可不修而至，大道可不学而知。故未识圣人心，已谓不必

求其迹；未见君子志，已谓不必事其文。此人伦所以不察，庶物所以不明，治所以忽，德所以乱。异言满耳，上无礼以防其伪，下无学以稽其蔽。自古诐[⑤]淫邪遁之辞，翕然并兴，一出于佛氏之门者千五百年。向非独立不惧，精一自信，有大过人之才，何以正立其间，与之较是非，计得失哉！

——张载《正蒙·乾称篇第十七》

【注释】

①浮屠：亦作“浮图”。佛教语。

②沦胥：泛指沦陷、沦丧。

③臧获：奴婢。

④冥然：茫然。

⑤诐：邪僻，偏颇。

【译文】

佛教说明鬼，说有情识的事物死了后陷入轮回，所以厌恶痛苦想要求得解脱，这样可以说是了解鬼吗？把人生当作是虚妄，可以说是了解人吗？天人一体，取天而舍人，可以说是了解天吗？孔孟所说的天，你们认为是道，被迷惑的人认为游魂为变是轮回，是没有思考。大学应当先知晓天德，知晓人德，那么就了解圣人、通晓了鬼神。现在佛教要讨论归宿，说轮回一定要成佛才能避免，管这个叫作悟道可以吗？从佛教学说在中国兴盛，儒者没有来得及看到儒学的门墙，就被佛教吸引，沦陷其中，把佛教引为大道。然后这样的风俗就传遍了天下，导致善人恶人智慧之人愚昧之人、男女奴婢，人人都相信佛学。让英才生来就对佛教之事耳濡目染，长大就学习世间儒者崇尚的言论，就茫然地被驱逐到了佛教，认为可以不修行就成为圣人，可以不学习就通晓大道。所以不明白圣人的内心，就说不用推究圣人的行迹了；还不知道君子的志向，就说不用看君子的文章了。所以他们不能明察事理和万物，治理轻忽，德行混乱。异端入耳，上位者没有礼法来防范虚伪的学说，下位者没有学问来稽查它的弊病。自古以来，偏颇、放纵、邪恶、逃避之类的言辞，都一起兴盛起来，出自佛教已经有一千五百年了。如果不是独立勇敢，专一自信，有远远超过常人的才能，又怎么能在异端中直立，与他们计较得失是非呢！

第十四卷

尧舜更无优劣

14.01

【原文】

明道先生曰：尧与舜更无优劣，及至汤武便别。孟子言“性之”、“反之”，自古无人如此说，只孟子分别出来，便知得尧舜是生而知之，汤武是学而能之。文王之德则似尧舜，禹之德则似汤武。要之皆是圣人。

——《河南程氏遗书》卷二上《元丰己未吕与叔东见二先生语》

【译文】

程颢说：尧和舜没有优劣的区别，等到了商汤、周武就有了区别。孟子说尧舜仁政是“天性”、汤武仁政是“回归良善”，自古没人这么说，只有孟子分辨了出来，就知道尧舜是天生就知道，汤武是通过学习才能知道。文王的德行与尧舜相似，大禹的德行与汤武相似，总而言之，他们都是圣人。

14.02

【原文】

仲尼，元气①也；颜子，春生也；孟子，并秋杀尽见。仲尼无所不包；颜子示“不违如愚”之学于后世，有自然之和气，不言而化者也；孟子则露其材，盖亦时然而已。仲尼，天地也；颜子，和风庆云也；孟子，泰山岩岩之气象也。观其言，皆可见之矣。仲尼无迹，颜子微有迹，孟子其迹著。孔子尽是明快人，颜子尽岂弟，孟子尽雄辩。

——《河南程氏遗书》卷五

【注释】

①元气：构成万物的原始物质。

【译文】

孔子就像万物构成的初始物质一样；颜子，就像春日的生气一样；孟子，秋日肃杀的气质完全显现。孔子没有什么不能包涵的；颜子向后世人展示“不提出反对意见就好像愚笨”的学问，有自然的和气，不说就能感化别人；孟子却展露自己的才华，那是因为时宜的需要。孔子，就像天地；颜子，像和煦的轻风吉祥的云朵；孟子，有着泰山岩石的气象。看他的言论，就可以看出来。孔子没有留下踪迹，颜子稍微留下了踪迹，孟子的踪迹就很明显了。孔子是个明智轻快的人，颜子是个极尽友善的人，孟子是个雄健之人。

14.03

【原文】

曾子传圣人学，其德后来不可测，安知其不至圣人？如言“吾得正而毙”，且休理会文字，只看他气象极好，被他所见处大。后人虽有好言语，只被气象卑，终不类道。

——《河南程氏遗书》卷十五《入关语录》

【译文】

曾子传授圣人的学问，他的德行后来就难以猜测，怎么知道他没有达到圣人的境界呢？就想说“我要合乎正道而死”，暂时不理会文字，只看他的气质就很好，所以被他领悟的道理都很广大。后世人虽然有好的言辞，只是气质卑劣，终究不是一个道路上的人。

14.04

【原文】

传经为难。如圣人之后才百年，传之已差。圣人之学，若非子思[1]、孟子，则几乎息矣。道何尝息？只是人不由之。“道非亡也，幽厉[2]不由也”。

——《河南程氏遗书》卷十七

【注释】

①子思：孔伋，字子思，孔子的嫡孙。

②幽厉：周幽王、周厉王。

【译文】

传教经书很难。就像圣人离世才百余年，大道的传授已经变差了，如果不是子思、孟子的话，几乎就要停止了。但是大道什么时候会止息呢？只是人不跟从它罢了。“不是大道消亡了，而是周幽王周厉王没有去做而已”。

14.05

【原文】

荀子[1]才高，其过多。扬雄[2]才短，其过少。

——《河南程氏遗书》卷十八《刘元承手编》

【注释】

①荀子：名况，字卿，战国末期赵国人。著名思想家、文学家、政治家，时人尊称“荀卿”。

②扬雄：字子云，汉族。继司马相如之后西汉最著名的辞赋家。

【译文】

荀子才能很高，过错也很多。扬雄才能不足，他的错误也少。

14.06

【原文】

荀子极偏驳，只一句“性恶”，大本已失；扬子虽少过，然已自不识性，更说甚道？

——《河南程氏遗书》卷十九《杨遵道录》

【译文】

荀子的学说非常偏颇，只是一句“人性本恶”，大根本就已经失去了；扬雄虽然过错很少，然而自己也不明白本性，还能说什么大道呢？

14.07

【原文】

董仲舒曰：“正其义，不谋其利；明其道，不计其功。”此董子所以度越诸子。

——《河南程氏遗书》卷二十五《畅潜道录》

【译文】

董仲舒说：“端正他的含义，不谋求他的利益；明白道理，却不计较功劳。”这就是董仲舒超过别的人的原因。

14.08

【原文】

汉儒如毛苌、董仲舒，最得

圣贤之意，然见道不甚分明。下此即至扬雄，规模又窄狭矣。

——《河南程氏遗书》卷一《端伯传师说》

【译文】

汉代的儒者比如毛苌、董仲舒，最能领会到圣贤的意思，然而对大道的理解还不太明白。下一等就到了扬雄，规模又要狭窄一些了。

14.09

【原文】

林希①谓扬雄为禄隐②。扬雄，后人只为见他著书，便须要做他是，怎生做得是？

——《河南程氏遗书》卷十九《杨遵道录》

【注释】

①林希：字子中，宋代大臣。

②禄隐：隐于官禄之中。

【译文】

林希说扬雄是隐于官禄之中的人。扬雄，后人只是因为看见他写书，就要认为他对。这怎么能行呢？

14.10

【原文】

孔明①有王佐之心，道则未尽。王者如天地之无私心焉，行一不义而得天下，不为。孔明必求有成而取刘璋②。圣人宁无成耳，此不可为也。若刘表③子琮④，将为曹公所并，取而兴刘氏，可也。

——《河南程氏遗书》卷二十四《邹德久本》

【注释】

①孔明：字孔明，号卧龙，三国时期蜀汉丞相，杰出的政治家、军事家、散文家、书法家、发明家。

②刘璋：字季玉。东汉末年宗室、军阀，益州牧刘焉幼子，在父亲刘焉死后继任益州牧。刘璋迎接刘备入益州，想借刘备之力，抵抗曹操。但刘备反手攻击刘璋，进至成都。成都吏民都想抵抗刘备，但刘璋为百姓计而开城出降。

③刘表：字景升。东汉末年宗室、名士、军阀，汉末群雄之一，西汉鲁

恭王刘余之后。

④子琮：刘琮，东汉末年荆州牧刘表次子。刘表死后刘琮继承刘表官爵，当曹操大军南下之时，他在蔡瑁等人的劝说之下举荆州而降，被曹操封为青州刺史，后迁谏议大夫，爵封列侯。

【译文】

诸葛亮有辅佐君主的心志，但是在大道上没有极尽。王者就要像天地一样没有私心，做一件事就可以得到天下那这件事也不会去做。诸葛亮要求一定有成就而去攻打刘璋。圣人宁愿没有成就也不会这么做，这就是不能做的事。如果刘表的儿子刘琮的势力即将被曹操吞并，那么攻打他来振兴刘氏就是可以的。

14.11

【原文】

诸葛武侯有儒者气象。

——《河南程氏遗书》卷十八《刘元承手编》

【译文】

诸葛亮有儒者的气度。

14.12

【原文】

孔明庶几①礼乐。

——《河南程氏遗书》卷二十四《邹德久本》

【注释】

①庶几：近似、希望、但愿、或许、也许、有幸。

【译文】

诸葛亮或许可以让礼乐兴盛。

14.13

【原文】

文中子①本是一隐君子，世人往往得其议论，附会成书。其间极有格言②，荀、扬道不到处。

——《河南程氏遗书》卷十九《杨遵道录》

【注释】

①文中子：王通，字仲淹。隋朝教育家、思想家。

②格言：含有教育意义可为准则的字句。

【译文】

王通本来是一个隐居的君子，世人往往看到他的议论，就附会成书，其中有很多含有教育意义可为准则的话语，是荀子、扬雄的话语没有达到的境界。

14.14

【原文】

韩愈[1]亦近世豪杰之士，如《原道》中言语虽有病，然自孟子而后，能将许大见识寻求者，才见此人。至如断曰：“孟氏醇乎醇。”又曰：“荀与扬择焉而不精，语焉而不详。”若不是他见得，岂千余年后便能断得如此分明？

——《河南程氏遗书》卷一《端伯传师说》

【注释】

①韩愈：字退之，自称“郡望昌黎”，世称“韩昌黎”“昌黎先生”。唐代杰出的文学家、思想家、哲学家，政治家。

【译文】

韩愈也是近世的豪杰，像《原道》中的话语虽然有些弊病，但从孟子以后，能找到的有这样广大的见识的人，就是他了。至于他断言：“孟子很醇厚。”又说：“荀子和扬雄选材不精，话语不详细。”如果不是他明白，又怎么能在千余年后还能判断的如此明确呢？

14.15

【原文】

学本是修德，有德然后有言。退之却倒学了，因学文日求所未至，遂有所得。如曰：“轲[1]之死不得其传。”似此言语，非是蹈袭[2]前人，又非凿空[3]撰[4]得出，必有所见。若无所见，不知言所传者何事。

——《河南程氏遗书》卷十八《刘元承手编》

【注释】

①轲：姬姓，孟氏，名轲，字子舆，战国时期邹国人。伟大的思想家、教育家，儒家学派的代表人物，与孔子并称“孔孟”。

②蹈袭：因循，沿袭。

③凿空：凭空无据。

④撰：写作，著书。

【译文】

学习本来是修习德行，有德行然后才能有好的言语。韩愈却学反了，因为学习写文章每日追求却达不到，所以才有所领悟。就像说："孟子死后，大道就没有得到传承了。"像这样的言语，不是抄袭前人，也不是凭空杜撰而来，一定是有所领悟。如果没有领悟，就不会明白所说的要传承的东西是什么。

14.16

【原文】

周茂叔胸中洒落，如光风霁月[①]。其为政精密严恕，务尽道理。

——《宋史·周敦颐传》、潘兴嗣《濂溪先生墓志铭》

【注释】

①光风霁月：比喻开阔的胸襟和心地。光风：雨后初晴时的风；霁：雨雪停止。还可以形容雨过天晴时万物明净的景象和太平清明的政治局面。

【译文】

周敦颐心胸洒脱磊落，就像雨过后天晴时万物明净的样子。他处理政事精密严格却又宽恕，一定极尽道理。

14.17

【原文】

伊川先生撰《明道先生行状》曰：先生资禀既异，而充养有道；纯粹如精金，温润如良玉；宽而有制，和而不流；忠诚贯于金石，孝悌通于神明。视其色，其接物也，如春阳之温；听其言，其入人也，如时雨之润。胸怀洞然，彻视无间。测其蕴，则浩乎若沧溟之无际；极其德，美言盖不足以形容。先生行己，内主于敬，而行之以恕；见善若出诸己，不欲弗施于人。居广居而行大道，言有物而动有常。先生为学，自十五六时，闻汝南周茂叔论道，遂厌科举之业，慨然有求道之志。未知其要，泛滥于诸家，出入于老、释者几十年，返求诸《六经》而后得之。明于庶物，察于人伦，知尽性至命，必本于孝悌；穷神知化，由通于礼乐。辨异端似是之非，开百代未明之惑，秦、汉而下，未有臻[①]斯理也。谓孟子没而圣学不传，以兴起斯文为己任。其言曰："道之不明，异端害之也。昔之害近而易知，今之害深而难辨。昔之惑人也，乘其迷暗；今之入人也，因其高明。自谓之穷神知化，而不足以开物成务[②]。言为无不周遍，实则外于伦理。穷深极微，而不可以入尧舜之道。天下之学，非浅陋固滞，则必入于此。自道之不明也，邪诞妖异之说竞起，涂生民之耳目，溺天下于污浊。虽高才明智，胶[③]于见闻，醉生梦死[④]，不自觉也。是皆正路之蓁芜，圣门之蔽塞，辟之而后可以入道。"先生进将觉斯人，退将明之书；不幸早世，皆未及也。其辨析精微，稍见于世者，学者之所传耳。先生之门，学者多矣。先生之言，平易易知，贤愚皆获其益，如群饮于河，各充其量。先生教人，自致知至于知止，诚意至于平天下，洒扫应对至于穷理尽性，循循有序。病世之学者舍近而趋远，处下而窥高，所以轻自大而卒无得也。先生接物，辨而不间，感而能通。教人而人易从，怒人而人不怨，贤愚善恶咸得其心。狡伪者献其诚，暴慢者致其恭，闻风者诚服，觌[⑤]德者心醉。虽小人以趋向之异，顾于利害，时见排斥，退而省其私，未有不以先生为君子也。先生为政，治恶以宽，处烦而裕[⑥]。当法令繁密之际，未尝从众为应文逃责之事。人皆病于拘碍，而先生处之绰然；众忧以为甚难，而先生为之沛然。虽当仓卒，不动声色。方监司竞为严急之时，其待先生率皆宽厚，设施之际，有所赖焉。先生所为纲条法度，人可效而为也。至其道之而从，动之而和，不求物而物应，未施信而民信，则人不可及也。

——《河南程氏文集》卷十一《明道先生行状》

【注释】

①臻：至。

②开物成务：通晓尤物之理，得以办好各种事情。开：开通，了解；务：事务。

③胶：拘泥，固守。

④醉生梦死：像喝醉酒和做梦那样，昏昏沉沉，糊里糊涂地过日子。

⑤觌（dí）：相见。

⑥裕：从容，不紧张费力。

【译文】

程颐写的《明道先生行状》说：先生天赋异禀，而有善行德行；他就像纯金一样纯粹，像良玉一样温润；宽和但是有度，和谐但不流俗；他的忠诚可也贯穿金石，孝悌可以与神明相同。看他的表情，他处事时就像春天的太阳一样温暖；听他说话，他的言语深入人心就像应时的雨水一样滋润。他的心胸坦荡，彻底地扫视也看不见间隙。测量他的底蕴，那就像大海一样浩然无边；极尽他的美德，美好的话也不足以来形容他。他立身行事，对自己主要是保持诚敬，而靠宽恕来行事，看见善事就好像是自己做的一样去赞许，自己不想的也不要强行施加给别人。为人就好像住在宽广的屋子里走在宽阔的大路上，言语有内容而行动有准则。先生学习，是从十五六岁时，听到周敦颐论道，于是就厌倦了科举之业，慷慨激昂有追求大道的志向。刚开始不得要领，在各家徘徊，在佛教道教间几十年，又返回到《六经》上才领会到。他明达事理，洞察人伦，他知道想要尽性知命，一定以孝悌为根本；穷尽神明知晓变化，与礼乐相同。他辨明异端学说像是对的错误，解开百代也没有弄清楚的疑惑。秦汉以后，就没有人这么了解这些道理了。他认为孟子离世后圣学失传，应该把振兴斯文当作自己的责任。他说："大道之所以不明，是异端学说害的。以前的危害浅显而容易被发现，现在的危害都是隐藏的很深所以难以辨别的。过去的异端学说迷惑人是利用人的愚昧，现在的异端学说迷惑人心是利用人的高明。异端学说自认为能够穷尽神明知晓变化，却不能办好任何事情。异端学说认为他们周全，其实已经超脱了伦理。穷尽到达极深极细微的地方，也不能进入尧舜的圣人之道。天下的学问，若不是浅陋固执，就一定会入佛教。从大道不明开始，邪诞妖异之说竞相兴起，堵塞百姓的耳目，让天下陷溺于污浊之中。虽然才能高超且明智，却固守于耳目的见闻，像喝醉酒和做梦那样，昏昏沉沉，糊里糊涂地过日子，自己却没有察觉。这些都是正路上荒草，圣门的障碍，必须要开辟道路后才能进入大道。"先生做官是要让世人觉醒，退隐要在书中阐明道理；只是不幸早逝，这些都还没做成而已。他的辨析非常精彩，稍稍被世人所知，这是学习的人传颂的啊。先生的门下，学生非常多。先生的言语，平易易懂，聪明和愚笨的人都能获益，就像一群人在河边喝水，各自满足自己所需的量。先生教导别人，从寻求知识到知道自己该停止的地方，从诚其心意到治理天下，从洒扫庭院应对宾客到穷尽道理天性，循序渐进。他担忧世间的学者舍弃浅近的而追求高远的境界，身处下位却窥探高处，所以轻率自大而最终也没有什么收获。先生待人接物，明辨其恶但也不生间隙，交感而能通达。教导别人别人很容易就听从他，对别人发怒别人也不会怨怼。不论贤愚善恶之人，他都能得他们的心。狡猾虚伪的人会献上真诚，暴躁傲慢的人会对他恭敬，听闻他风度的人会心悦诚服，看到他的德行的人会心醉神迷。即使小人与他追求的不同，顾忌着利害关系，有时见到了会排斥他，但他们退下自处思考自己的时候，没有不认为先生是君子的。先生的治理政务，用宽大的手段去治理恶人，处于烦琐的事务中却从容。当法令繁密的时候，他也从不跟随众人去做表面答应背地里敷衍了事的事。人们都担心拘束和障碍，先生却能从容地处理。众人为认为很难的事而担忧，但先生却做得很好。即使在仓促的时候，也能不动声色。当监司纷纷严密紧急地观察州县官时，他们对待先生却都很宽厚。设置实施的时候，还要依赖先生。先生制定的纲条法度，人们都可以效仿着去做。至于他引导百姓就会跟随，他感动百姓就和顺，他不求外物外物却自己应和，他未特意施信百姓却信任他，这都是人们比不上的。

14.18

【原文】

明道先生曰：周茂叔窗前草不除，问之，云："与自家意思一般。"

——《河南程氏遗书》卷三《谢显道记忆平日语》

【译文】

程颢说：周敦颐窗前的

杂草不去除，就问他，周敦颐回答："杂草的生机勃勃和我心中的意思是一样的。"

14.19

【原文】

张子厚闻生皇子，甚喜；见饿莩[①]者，食便不美。

——《河南程氏遗书》卷三《谢显道记忆平日语》

【注释】

①饿莩（piǎo）：饿死的人。莩，通"殍"。

【译文】

张载听说皇子出生了，非常喜悦；见到有饿死的人，吃饭的时候就没有了滋味。

14.20

【原文】

伯淳尝与子厚在兴国寺讲论终日，而曰："不知旧日曾有甚人于此处讲此事？"

——《河南程氏遗书》卷二上《元丰己未吕与叔东见二先生语》

【译文】

程颢和张载在兴国寺讨论了一天，而说："不知道以前又有什么人在这里讲这些事呢？"

14.21

【原文】

谢显道云：明道先生坐如泥塑人，接人则浑是一团和气[①]。

——《河南程氏外书》卷十二《传闻杂记》

【注释】

①一团和气：本指态度和蔼可亲。

【译文】

谢良佐说：程颢坐着的时候就像泥塑人一样端庄，待人接物却又和蔼可亲。

14.22

【原文】

侯师圣[①]云：朱公掞[②]见明道于汝，归谓人曰："光庭在春风中坐了一个月。”游、杨[③]初见伊川，伊川瞑目[④]而坐，二子侍立。既觉，顾谓曰：“贤辈尚在此乎？日既晚，且休矣。”及出门，门外之雪深一尺。

——《河南程氏外书》卷十二《传闻杂记》

【注释】

①侯师圣：侯仲良，字师圣，宋理学学者。遗有著述《论语说》和《雅言》。

②朱公掞：朱光庭，字公掞，河南偃师人。朱景之子，北宋哲学家程颢的门人。

③游、杨：游酢，建州建阳人，北宋书法家、理学家，程门四大弟子之一。杨时，字中立，号龟山。北宋哲学家、文学家。程门四大弟子之一。

④瞑目：闭上眼睛。

【译文】

侯仲良说：朱光庭在汝州见到程颢，回去后跟别人说：“我在春风中坐了一个月。”游酢、杨时初次见到程颐，程颐闭着眼睛坐着，两个人在一旁站着。程颐发觉到这两人，回头对他们说：“你们还在这里吗？现在已经太晚了，暂且先去休息吧”。等到出门，门外的雪已经有一尺厚了。

14.23

【原文】

刘安礼[①]云：明道先生德性充完，粹和之气，盎[②]于面背，乐易多恕，终日怡悦。立之从先生三十年，未尝见其忿厉之容。

——《河南程氏遗书·附录·门人朋友叙述并序》

【注释】

①刘安礼：刘立之，字斯立，宋大中祥符元年进士。

②盎：借指盛大、洋溢。

【译文】

刘立之说：程颢德行天性完备，纯粹祥和志气，在他面部背部充盈，平易和乐宽恕，整日都很愉悦，我跟随先生三十年，没有看见过他愤怒严厉的表情。

14.24

【原文】

吕与叔撰《明道先生哀词》云：先生负特立之才，知《大学》之要。博文强识[①]，躬行[②]力究，察伦明物，极其所止，涣然心释，洞见道体。其造于约也，虽事变之感不一，知应以是心而不穷；虽天下之理至众，知反之吾身而自足。其致于一也，异端并立而不能移，圣人复起而不与易。其养之成也，和气充浃，见于声容，然望之崇深，不可慢也；遇事优为，从容不迫，然诚心恳恻，弗之措也。其自任之重也，宁学圣人而未至，不欲以一善成名；宁以一物不被泽为己病，不欲以一时之利为己功。其自信之笃也，吾志可行，不苟洁其去就；吾义所安，虽小官有所不屑。

——《河南程氏遗书·附录·哀词》

【注释】

①博文强识：形容知识丰富，记忆力强。

②躬行：身体力行，亲身实行。

【译文】

吕大临写的《明道先生哀词》说：先生有着独特的才华，知道大学的关键。知识丰富记忆力强，身体力行，洞察人伦明辨外物，极尽到该停止的地方，内心的忧虑就像冰一样消散，可以洞察到道体。他的造化在于约束，虽然事情变化的感受不一样，但是知道凭借自己的心可以应对无穷的变化；虽然天下的道理有很多，他却知道将其反之于自身。他致力于专一，异端学说于正统学说并立也不能改变他，圣人再生也不能改变他。他修养的成就，就是和气充沛，可以在声音容貌中看出，但是看着他可以感觉出崇高深沉，让人不敢轻慢；遇到事情从容不迫。然而诚心诚恳，绝不放弃。他自己的责任很重，宁愿学习圣人却达不到，也不想因为一件善事而成就名声；宁愿把一个事物没有被惠泽当作自己的错误，也不想把一时的有利当作自己的功劳。他的自信深厚，如果自己的志向可以实行，就不假装清高不去任职，安于自己的大义，即使是小官也会不屑去担任。

14.25

【原文】

吕与叔撰《横渠先生行状》云：康定用兵之时，先生年十八，慨然以功名自许，上书谒[①]范文正公[②]。公知其远器，欲成就之，乃责之曰：“儒者自有名教，何事于兵？”因劝读《中庸》。先生读其书，虽爱之，犹以为未足，于是又访诸释、老之书，累年尽究其说，知无所得，反而求之《六经》。嘉祐初，见程伯淳、正叔于京师，共语道学之要。先生涣然自信曰："吾道自足，何事旁求！"于是尽弃异学，淳如也。晚自崇文移疾[③]，西归横渠，终日危坐一室，左右简编[④]，俯而读，仰而思，有得则识之。或中夜起坐，取烛以书。其志道精思，未始须臾息，亦未尝须臾忘也。学者有问，多告以知礼成性、变化气质之道，学必如圣人而后已，闻者莫不动心有进。尝谓门人曰："吾学既得于心，则修其辞；命辞无差，然后断事；断事无失，吾乃沛然。精义入神[⑤]者，豫而已矣。"先生气质刚毅，德盛貌严，然与人居久而日亲。其治家接物，大要正己以感人；人未之信，反躬自治，不以语人；虽有未谕，安行而无悔。故识与不识，闻风而畏。非其义也，不敢以一毫及之。

——张载《附录·吕大临横渠先生行状》

【注释】

①谒：拜见。

②范文正公：范仲淹，字希文，汉族，北宋著名的思想家、政治家、军事家、文学家。

③移疾：旧时官员上书称病，多为居官者求退的婉辞。

④简编：内容比较简略的著作。也指某一著作的简本。

⑤精义入神：研究事物的微义，达到神妙的境地。

【译文】

吕大临写的《横渠先生行状》说：康定用兵的时候，先生才十八岁，慷慨激昂地要建立功名，上书拜见范仲淹。范仲淹知道他有远大的志向，想要成就他，就训斥他说："儒者自然有礼教，干什么要从军呢？"劝说他读《中庸》。先生读书，虽然喜爱，但还是不满足，于是又去看了佛教道教的书，多年读尽了它们的言论，知道没有收获，反而去在《六经》中探求。嘉佑初年，在京城看见程颢、程颐，和他们一起讨论道教的关键。先生的疑惑消散，他自信地说："我们的大道已经足够完整了，为什么还向别的学说探求呢！"于是放弃异端学说，只学习儒学。先生晚年因为疾病而从崇文院离职，向西走回到了横渠，整日在屋子里端正地坐着，左右都是书籍，俯下身子就是在阅读，仰起头就是在思考，有收获就记下来，有的时候半夜起床坐起来，拿出烛火读书。他的志向就是大道，为此专一地思考，没有一会儿的休息，也没有片刻遗忘自己的志向。有学习的人提问，大多告诉他们要将外在的礼仪通过实践内化于人心、变化自己的气质，学习一定要到有圣人那样的境界才可以停止，听他说话的人没有不被感动而有进步的。先生曾经对门人说："我学习在心中有了收获之后，就修饰自己的言辞；让自己的话语，没有差错，然后决断事情；决断事情没有失误，我就感到内心充沛。能做到研究事物的微义，达到神妙的境地的人，只是提前干预了而已。"先生气质刚毅，德行充盛，表情严肃，但是与别人居住，时间久了就亲近了。他治理家族待人接物，大多是端正自己来感化别人，人如果不相信他，他就反省自己，不去和别人争辩，虽然有人不理解，也安然地去做而不后悔。所以认识他的和不认识他的人，听到他的名字都觉得敬畏，不符合他的道义的事，一点都不敢让他知道。

14.26

【原文】

横渠先生曰：二程从十四五时，便脱然欲学圣人。

——张载《经学理窟·学大原上》

【译文】

张载说：程颢、程颐从十四五岁的时候，就坚决地想要学习圣人。

参考文献

[1] 程水龙 . 近思录集解［M］. 北京 ：中华书局，2019.

[2] 吕祖谦 . 近思录［M］. 北京 ：团结出版社，2017.

[3] 查洪德 . 近思录［M］. 郑州 ：中州古籍出版社，2009.

[4] 张景华 . 近思录［M］. 长沙 ：岳麓书社，2019.

[5] 黄叔璥 . 近思录专辑［M］. 上海 ：华东师范大学出版社，2018.